受贿罪刑罚制度研究

STUDY ON THE PENALTY SYSTEM OF BRIBERY CRIME

韩晋萍 著

法律出版社
LAW PRESS·CHINA

序　言

卢建平*

受贿罪虽是传统犯罪,相关研究如汗牛充栋,但韩晋萍博士的研究仍有其鲜明的特色:

一是与时俱进,结合最新立法和司法解释的进展与相关争议进行研究。关于受贿罪,1997 年刑法是依照贪污罪的规定进行处罚的,这个刑罚制度设定了一个起刑点(犯罪门槛),刑罚标准以犯罪数额为中心,其他情节为辅助,刑罚结构中包含死刑而缺少资格刑和罚金刑,理论和实务界对上述规定的批评不绝于耳,实践中具体受贿案件判处刑罚的公正性也屡遭公众质疑。近年来,在反腐败形势严峻复杂的背景以及严惩腐败犯罪刑事政策的指引下,2015 年 8 月颁布的《刑法修正案(九)》及 2016 年 4 月最高人民法院、最高人民检察院发布的《关于办理贪污贿赂刑事案件适用法律若干问题的解释》(以下简称"两高司法解释"),对受贿罪的刑罚标准、刑罚结构等进行了调整,但新的规定如何理解、适用同样引发了褒贬不一的热议。本书直面我国受贿罪刑罚制度受到的理论与实践双重挑战,深入探讨该制度的科学性、正当性、实效性等问题,以期对受贿罪刑罚制度的完善有所贡献,助力反腐倡廉。

二是研究方法上的创新,实现了规范分析与实证研究、历史比较与横向比较的结合。具体而言,本书运用

---

* 北京师范大学法学院院长、中国刑法学研究会副会长。

规范分析方法,围绕刑法及司法解释并结合之前的文献资料,对受贿罪刑罚的相关规定进行研究,从法律释义、法律推理、价值判断等角度评论现有法律条文的优劣;通过实证研究方法,对选取的139个副部级以上官员受贿案件和150个其他人员受贿案件进行观察,进而定量分析与定性分析,归纳受贿数额、笔数、持续时间、滥用职权程度、损害后果、主观恶性、认罪态度、退赃情况、判处时间等因素对受贿罪量刑的影响,以检验相关规定在实践中的适用效果。同时注重比较研究,分别对英国、美国、德国、我国香港地区等法域以及我国历史上有关受贿罪刑罚制度的立法进行横向和纵向比较,从中发现其他立法的理念、价值取向和立法模式中的可借鉴之处。

我赞同本书的基本立场,即从犯罪论和刑罚论(制裁论)两个维度对我国受贿罪进行改造。

我国现行刑法关于受贿罪起刑点的规定与世界通行的犯罪概念理论相悖,背离了受贿罪保护法益的应然性定位,无视行为人的主观恶性和受贿行为违背职责、造成损害等情况,仅因受贿数额未达一定标准就作非罪处理,与设立受贿罪所要保护的职务公正性、廉洁性的立法目的相悖,将大量明显破坏职务行为公正性、损害公众对公正性信任的受贿行为排除在刑事规制范围之外,难以实现公平正义。此外,不断调整的起刑点也造成对法律稳定性和严肃性的损害,人为设定的起刑点难以做到恰如其分,实践中起刑点屡被虚置和突破;而且随着起刑点的提高,被排除在犯罪圈之外的受贿行为越来越多,与对腐败"零容忍"的刑事政策以及实现惩治和预防受贿犯罪的刑罚目的背道而驰。我国刑法没有对受贿罪规定专门的刑罚标准,受贿罪的处罚必须依附于贪污罪的刑罚标准,这种贪贿同罚的规定忽视了受贿罪与贪污罪保护法益的差异,造成受贿罪的刑罚与犯罪行为社会危害性的严重不匹配。尤其需要注意的是,当前"以数额为中心,其他情节为辅助"的刑罚标准过于强调了犯罪数额在量刑中的权重,而其他非数额情节,特别是违背职责等情节未被赋予应有的权重。因此,现行受贿罪刑罚标准一方面不能准确体现受贿行为的社会危害程度,违反了罪责刑相适应、刑罚个别化等刑法基本原则,难以实现罚当其罪,导致罪刑失衡在所难免;另一方面,长此以往会引导司法机关产生对受贿罪保护法益的误读和实践掌握的偏差,形成过于依赖犯罪数额的"唯数额论"的倾向,其他情节调整刑罚裁量的功能被虚置。《刑法修正案（九）》对于受贿罪“概括数额+情节”的立法修正在价值取向上是值得肯定的，因为这有助于实现量刑的公正性和合理性，有助于实现全面评价、具体分析和禁止重复评价等基本原则。但“两高司法解释”似乎又对立法修正的进步意义打了折扣，仍然停留在数额评价为主的模式中；而当前我国司法机关对受贿罪量刑情节适用时轻重失度，飘忽不定，或者重视法定情节而忽视酌定情节，或者从宽情节考虑过度而从严情节评价不足，或者罪后情节适用失之于泛、失之于宽。凡此种种表明，法官受“数额中心主义”影响至深，对受贿罪其他量刑情节的认识和适用理念、能力亟待改进。

就我国受贿罪的刑罚结构、体系而言，重刑主义依赖和缺乏针对性是主要问题。首先，对受贿罪保留死刑缺乏正当性和必要性，由死刑衍生出的死缓刑执行方式在法理上存在先天不足，《刑法修正案（九）》独创的“死缓减为无期徒刑后终身监禁”制度的科学性和严谨性面临挑战。其次，没收财产刑自身的缺陷使得该刑种在我国刑罚结构中发挥的作用有限，《刑法修正案（九）》对受贿罪增加规定罚金刑具有积极意义，但是缺少独立性的科处模式又削弱了罚金刑的惩罚功能，罚金刑的判处标准也无法实现罪刑相适应，使得罚金刑面临难以执行的实务困顿。再次，现行刑法没有针对受贿罪渎职性的特点对其设置资格刑，不仅不利于特殊预防，而且难以体现对受贿行为渎职性的否定性评价，一定程度上影响一般预防目的的实现。

基于理论分析和实证研究，同时借鉴古今中外立法、司法的成功经验，本书提出我国受贿罪刑罚制度重构的具体设想：取消受贿罪起刑点，并相应调整立法模式、适用刑罚和诉讼程序；专门针对受贿罪设置以情节为中心的刑罚标准体系；重新设置受贿罪的刑罚结构，设置死刑替代措施以对受贿罪废除死刑，改造资格刑并对受贿罪增加适用资格刑，增加对受贿罪单独适用罚金刑的规定。

总体而论，本书的改革主张与我多年来的学术研究思路有很多相同、相似之处，可谓“同路同行”，而对其面临的质疑和挑战，我也深有同感。除受贿罪设立专条的争议相对较小以外，其余主张的贯彻落实无一不面临主流理论、司法实务或社会观念的强烈排斥，如“零容忍”理念就挑战了“立法定性又定量”的立法传统和刑法谦抑原则，破除“唯数额论”（从以数额为中心到以情节为中心，变数额为诸情节之一）受到刑法理论和司法实务的双面夹击，以废除死刑、推行自由刑和非监禁刑为核心的轻刑化主张自然面临刑法民粹主义的抨击。但我始终认为，真正的学术主张不是因循守旧，也不是人云亦云，而是要引领社会向着更加良善的目标前进。就像德国学者费希特所言，学者的真正使命是要高度重视人类一般的实际发展进程，并经常促进这种发展进程。韩晋萍博士长期在最高人民法院从事刑事审判工作，如今又战斗在反腐败第一线，似乎不是一个纯粹的学者，至少不是一个经院派的学者。但她立足实践，能够在繁重的工作之余执着于刑法理论研究，关注法治进步特别是反腐败法治的发展完善，并积极为之建言献策。这样的学者、这样的学术正是我们这个社会所急需的。

最后，摘引一段费希特的名言作为本序言的结尾，也作为给韩晋萍博士的赠言："学者要忘记他刚刚做了什么，要经常想到他还应当做些什么。谁要是不能随着他所走过的每一步而开阔他的活动的视野，谁就止步不前了。"期待韩晋萍在新的工作岗位上为反腐倡廉理论研究、为我国法治进步完善做出新的贡献！

自　序

时常想起少时对于大同世界的想象，万般井然有序，纷扰皆无，内心恬淡静怡，云淡风轻。然而，日月渐长，岁月流逝，这样的畅想逐渐被厚重的现实一层层包裹起来。只是对于条理秩序的简单渴望，近乎强迫性地始终植根于内心深处。

基于工作原因，笔者参与审理了大量腐败犯罪案件，特别是高级官员的受贿案件。近观每一个案件，皆如跌宕起伏的人生大戏，每个受审的官员，自是曾辉煌一时，却结局潦倒的悲剧角色。而我，作为近距离看剧的观众，甚至是剧情的审视者，难免感慨这些往日精英一朝为囚的跌宕人生。民心所向，国家倾力，严惩腐败，态势高压，然而仍有众多官员心存侥幸，以身试法，周而复始，层出不穷，如此现象引发了笔者很多的思考。这样悲剧的上演，除了当事者的个人操守、人性弱点等因素，更值得反思的是，我们的刑罚制度是否完善，能否有效预防受贿犯罪，如何遏制系统性的权力寻租，从而维护法律秩序的平衡。这样的思考一直萦绕脑海，点点滴滴、断断续续。后来，笔者到香港城市大学学习，准备博士论文期间，得以系统研究长期以来思考的问题。

综观我国受贿罪刑罚制度，1997 年《刑法》规定依照贪污罪的刑罚进行处罚，即有一定数额的起刑点，刑罚标准以犯罪数额为中心、其他情节为辅助，刑罚结构中包含死刑而缺少资格刑和罚金刑的设定。该规定自设立之初，就饱受司法界和法学界诟病，实践中大量受贿案件的判决结果也屡遭公众对于其公正性的质疑。

近年来,2015 年 8 月颁布的《刑法修正案(九)》及 2016 年 4 月最高人民法院、最高人民检察院发布的《关于办理贪污贿赂刑事案件适用法律若干问题的解释》,对受贿罪的刑罚制度进行了一定的调整,但新的规定同样引发良多热议。基于我国受贿罪刑罚制度受到的理论与实践双重挑战,笔者对该制度的科学性、正当性、实效性等问题进行了研究,以期对我国受贿罪刑罚制度的逐步完善有所裨益。

本书从对我国现行受贿罪刑罚制度的立法和司法解释研究入手,结合部分受贿案件的量刑情况予以印证,以探究现行受贿罪刑罚制度中存在的问题,并就重构受贿罪刑罚制度提出相关建议。具体而言,即通过规范分析方法,围绕刑法及司法解释并结合之前的文献资料,对受贿罪刑罚的相关规定进行研究,从法律释义、法律推理、价值判断等角度评论现有法律条文的优劣;通过实证研究方法,对选取的 139 个副部级以上官员受贿案件和 150 个其他人员受贿案件进行观察,使用定量分析与定性分析,归纳受贿数额、笔数、持续时间、滥用职权程度、损害后果、主观恶性、认罪态度、退赃情况、判处时间等因素对受贿罪量刑的影响,以检验相关规定在实践中的适用情况及效果。此外,书中还对英国、美国、德国、中国香港等其他法域以及我国历史上对受贿罪刑罚制度的立法进行纵向和横向比较研究,以从中发现其立法的理念、价值取向及立法模式中的可借鉴之处。

本书的结构分为三部分,首先是分别从起刑点、刑罚标准、量刑情节、刑罚体系四个方面对受贿罪的刑罚制度进行研究,厘清设置受贿罪刑罚制度所遵循的理念和价值观,为完善制度奠定坚实的理论基础;其次是通过对受贿罪刑罚裁量的实证研究,以验证前述章节形成的理论观点;最后一部分则是在前文研究的基础上对完善我国受贿罪刑罚制度提出设想和实施路径。

笔者期望本书的讨论能够在丰富和发展我国的受贿罪刑罚理论上有所贡献。然而,笔者学识尚浅,笔力不足,视野所限,思考犹续,仅期冀能抛砖引玉,引发思考,寄期更多学界同仁的关注探讨。

唯愿官场清明,风清气正,海晏河清,民乐其业。

书写本序,又是深夜,掩卷之时,灯火阑珊,剪影绰绰,又见少时。

是,以为序。

目　录

第一章　导　论

受贿犯罪作为一种典型的腐败犯罪,由于其对社会发展以及国家长治久安的严重危害性,历来是我国政府着力惩治的重点。然而,即使在当前国家将腐败犯罪的危害性上升到亡党亡国高度并强力治理的情况下,受贿犯罪的发生频率仍然没有得到有效遏制。究其原因是多方面的,但可以肯定的是,刑法在规制受贿犯罪,进而有效预防受贿犯罪中没有发挥应有作用是其中一个重要原因。笔者基于多年从事职务犯罪审判工作的思考,发现受贿罪刑罚制度中存在明显不科学、不合理之处,例如,随着起刑点的提高越来越多的受贿行为被排除在刑事追究之外,按照贪污罪"以数额为中心"的刑罚标准处理受贿案件导致罪刑失衡严重,保留死刑造成我国在国际反腐败合作中被动的同时并未起到预想的震慑作用,等等。以上问题对有效惩治和预防受贿犯罪发生所造成的掣肘不容忽视。笔者通过从刑法理论、研究现状以及实践需要等角度论证,认为以上述问题为出发点将受贿罪刑罚制度作为选题进行研究有重要的意义和价值。

一、选题的背景

我国 1997 年《刑法》对于受贿罪刑罚的规定,是完全按照贪污罪的刑罚标准进行处理的,具体而言,就是以一定数额为起刑点,刑罚标准以犯罪数额为中心、其他情节为辅助,刑罚结构中包括死刑却缺少资格刑和罚金刑。由于该规定在法学理论研究和司法实践中暴露出了种种弊端，司法界和法学界对 1997 年《刑法》规定的受贿罪刑罚制度的批评不绝于耳。例如，认为规定受贿罪与贪污罪同罚忽略了两罪在保护法益和犯罪性质上存在的明显差异，无法准确认定受贿罪的社会危害性，造成罪刑不相适应；[①]再如，认为对受贿罪规定起刑点，将不满一定数额的贿赂行为排除在犯罪圈之外，会导致出现"破窗效应"，形成一种全社会容忍贿赂行为的怪圈；[②]等等。党的十八大之后，在从严惩处腐败犯罪刑事政策的指引下，结合当前受贿犯罪易发高发、反腐败形势严峻复杂的背景，我国立法机关和最高人民法院、最高人民检察院（以下简称"两高"）通过修订刑法、出台司法解释，对受贿罪刑罚制度进行了调整，特别是 2015 年 8 月颁布的《刑法修正案（九）》及 2016 年 4 月"两高"发布的《关于办理贪污贿赂刑事案件适用法律若干问题的解释》（以下简称《贪污贿赂解释》），对受贿罪的刑罚标准、刑种设置等作出了新的规定，该规定同样引发了司法界和法学界褒贬不一的热议。结合自己多年审判受贿案件的切身体会，笔者认为，我国现行受贿罪刑罚制度的科学性、合理性、正当性，支撑该制度的理论基础、法学理念和价值判断，以及该制度的实效性等问题都亟待厘清，唯有如此，才能为进一步完善我国受贿罪刑罚制度，使刑法规制在惩治与预防受贿犯罪中发挥应有作用打下坚实的理论基础。

（一）现行刑法关于受贿罪刑罚的立法现状及存在问题

当前我国关于受贿罪刑罚的规定由刑法以及"两高"出台的司法解释和规范性文件组成，其中最主要的是 1997 年《刑法》、2015 年《刑法修正案（九）》以及 2016 年"两高"出台的配套司法解释《贪污贿赂解释》，除此之外，还有"两高"针对受贿等职务犯罪刑罚适用问题制定的《关于办理职务犯罪案件认定自首、立功等量刑情节若干问题的意见》等一系列规范性司法文件。可以说，以上立法和司法解释性文件构建了我国现行关于受贿罪刑罚的基本制度框架。

1. 1997 年《刑法》的规定

我国现行受贿罪的刑罚标准始于 1997 年《刑法》，该法单独设立贪

① 陈兴良：《〈关于办理贪污贿赂刑事案件适用法律若干问题的解释〉总置评》，载《浙江社会科学》2016 年第 8 期，第 19 页。

② 王秀梅：《论贿赂犯罪的破窗理论与零容忍惩治对策》，载《法学评论》2009 年第 4 期，第 67 页。

污受贿罪一章，第 383 条和第 386 条规定了受贿罪的定罪量刑标准，第 386 条规定："对犯受贿罪的，根据受贿所得数额及情节，依照本法第三百八十三条的规定处罚。索贿的从重处罚。"第 383 条规定："对犯贪污罪的，根据情节轻重，分别依照下列规定处罚：(一)个人贪污数额在十万元以上的，处十年以上有期徒刑或者无期徒刑，可以并处没收财产；情节特别严重的，处死刑，并处没收财产。(二)个人贪污数额在五万元以上不满十万元的，处五年以上有期徒刑，可以并处没收财产；情节特别严重的，处无期徒刑，并处没收财产。(三)个人贪污数额在五千元以上不满五万元的，处一年以上七年以下有期徒刑；情节严重的，处七年以上十年以下有期徒刑。个人贪污数额在五千元以上不满一万元，犯罪后有悔改表现、积极退赃的，可以减轻处罚或者免予刑事处罚，由其所在单位或者上级主管机关给予行政处分。(四)个人贪污数额不满五千元，情节较重的，处二年以下有期徒刑或者拘役；情节较轻的，由其所在单位或者上级主管机关酌情给予行政处分。"

从上述规定看，1997 年《刑法》关于受贿罪的刑罚标准体现出以下特点：一是承袭了全国人大常委会 1988 年《关于惩治贪污罪贿赂罪的补充规定》(以下简称 1988 年《补充规定》)中对受贿罪不专门规定刑罚标准，而是援引贪污罪的刑罚标准进行处罚的规定；[①]二是将受贿数额作为基础的量刑标准规定了四个量刑档，设置了各量刑档具体的刚性的数额标准，例如将起刑点由 1988 年《补充规定》明确的 2000 元提高到 5000 元；三是各量刑档在规定数额标准的同时，也规定了情节对刑罚的影响，但对于何为"情节较重""情节严重""情节特别严重"等没有具体规定；四是在对受贿犯罪的构成设定了利用职务便利为他人谋取利益、达到一定数额等多重入罪门槛的同时，又设置了死刑和无期徒刑等重刑，形成典型的"厉而不严"的立法模式；五是法条中除了规定刑罚处罚外，还对根据数额和情节不构成犯罪，给予行政处分的非刑罚处理方式作出了规定。

---

① 1988 年《补充规定》第 5 条规定："对犯受贿罪的，根据受贿所得数额及情节，依照本规定第二条的规定处罚。"第 2 条规定："对犯贪污罪的，根据情节轻重，分别依照下列规定处罚：……"

2. 刑法修正案及规范性司法文件的规定

1997年《刑法》施行后，当时市场经济快速发展，但能够有效监督制衡权力运行的机制没有建立起来，社会管理制度中的缺陷成为滋生权钱交易的温床。[①] 尽管刑法对受贿犯罪的刑罚规定体现出鲜明的重刑主义色彩，却仍然阻挡不住受贿犯罪高发的态势，对受贿犯罪"厉而不严"的立法弊端凸显，成为惩治预防腐败犯罪的掣肘。特别是自20世纪90年代末开始，受贿犯罪愈加频发，而且具有犯罪数额大、涉及领域广、犯罪手段隐蔽等明显趋势，给腐败犯罪的查办带来了新的挑战和困难。为了解决刑法对受贿罪规定"不严"的问题，立法机关通过数度修订刑法，"两高"通过出台多部司法解释性文件、下发会议文件等方式，对1997年《刑法》规定的受贿罪的主体、受贿对象、客观行为等进行不同程度的扩张解释，进一步收紧了对受贿犯罪分子追究刑事责任的法网。但是关于立法在受贿罪刑罚方面存在的刑罚标准不科学、刑种过于严厉等问题，尽管实践中也同样广受质疑，立法机关也针对受贿罪起刑点、刑罚结构等问题进行调研，尝试作出调整，但由于在腐败犯罪愈演愈烈的形势下作出提高受贿罪定罪量刑标准、降低法定刑的立法调整十分敏感，需顾虑社会公众的接受程度，不仅是法律问题，更是政治问题和社会问题，因此为稳妥起见，立法机关在起草《刑法修正案（七）》《刑法修正案（八）》时经过论证，最终还是决定对受贿罪的刑罚规定暂不作调整。在现行法律未作修改的情况下，"两高"对于受贿罪的刑罚标准等根本性规定的改变无能为力，只能在现有法律规定之下进行一些局部调整。例如，为解决实践中对受贿等职务犯罪案件中认定自首、坦白等情节随意性大，适用缓刑、免予刑事处罚比例过高等突出问题，"两高"分别于2009年出台《关于办理职务犯罪案件认定自首、立功等量刑情节若干问题的意见》，2012年出台《关于办理职务犯罪案件严格适用缓刑、免予刑事处罚若干问题的意见》。上述司法解释性文件针对职务犯罪通常先由纪检机关调查等特殊情况，对该类案件中自首、立功等法定量刑情节如何认定作出进一步细化规定，对办理受贿案件中适用缓刑或者免予刑事处罚的情形和程序予以规范，对于解决包括受贿案件量刑中从宽情节认定随意，缓、免刑适用过多等不规范问题

---

① 何家弘：《中国腐败犯罪的原因分析》，载《法学评论》2015年第1期，第73页。

发挥了一定作用,但是对于受贿罪刑罚方面饱受争议的起刑点和死刑的存废、量刑标准的调整、罚金刑和资格刑的缺失等根本性问题,立法机关和最高司法机关(具体是指最高人民法院和最高人民检察院,下同)却均未触及。

直至党的十八大之后,随着查办受贿案件的增多,受贿罪刑罚制度存在的诸多不科学之处导致司法实践中受贿罪量刑不均衡、处理不科学等问题愈加突出,社会公众多有诟病,也严重影响了立法和司法的权威性和严肃性,学界和司法实务界呼吁修订刑法的呼声很高,对受贿罪刑罚制度的修订已经成为一个不可回避的问题。为完善惩治腐败法律规定,加大惩处腐败犯罪力度,[①]2015 年出台的《刑法修正案(九)》对受贿犯罪的刑罚制度进行了重大调整。主要变化包括:

其一是取消了受贿罪定罪及量刑的具体数额标准,仅规定"数额较大""数额巨大""数额特别巨大"这样概括性的数额标准。立法作此修改主要是考虑当前受贿数额越来越大,固定数额标准造成量刑拉不开档次等问题,需要为有关部门结合不同阶段社会经济发展情况确定不同的受贿罪刑罚数额标准提供空间。该规定被媒体称为《刑法修正案(九)》最大的亮点之一。[②]

其二是与数额标准并列规定了其他情节在定罪量刑中的作用,与之前的立法相比,从字面上看更加突出了其他情节的考量权重,打破了长期以来司法实践中"唯数额论"的思维惯性,改变了过去犯罪数额在受贿罪量刑考量因素中的绝对权重的规定。这一改变表明立法者已经关注到,过于强调数额标准,有时难以根据案件的不同情况做到罪刑相适应,[③]对于受贿罪的社会危害性而言,除数额之外,亦应考量是否违背职责(以下简称背职)为他人谋取利益、谋取的是正当利益还是不正当利益、给国家和人民利益造成多大损害等。较之之前的立法,此次调整

---

① 李适时:《关于〈中华人民共和国刑法修正案(九)(草案)〉的说明》,载中国人大网:http://www.npc.gov.cn/npc/lfzt/rlys/2014-11/03/content_1885123.htm,最后访问日期:2017 年 3 月 23 日。

② 陈丽平:《刑法修正案(九)的七大亮点》,载法制网-法制日报:http://finance.sina.com.cn/sf/news/2015-08-31/09162718.html,最后访问日期:2017 年 2 月 23 日。

③ 李适时:《关于〈中华人民共和国刑法修正案(九)(草案)〉的说明》,载中国人大网:http://www.npc.gov.cn/npc/lfzt/rlys/2014-11/03/content_1885123.htm,最后访问日期:2017 年 3 月 23 日。

为“数额加情节”模式，更符合罪责刑相适应原则，[①]为对受贿罪公正、科学判处刑罚奠定了一定的基础。[②]

其三是增设了对受贿罪判处死刑缓期二年执行，法院可以决定依法减为无期徒刑后终身监禁的刑罚执行方式。该规定是针对实践中普遍存在的官员因职务犯罪被判处死刑缓期二年执行，但实际上通过司法机关对其减刑、假释等，执行很短刑期就释放的现象制定的，目的就是杜绝对严重受贿犯罪人员随意减刑、假释以逃避刑罚的操作空间，实现对受贿情节特别严重的罪犯无期徒刑的刚性执行。

其四是将量刑档由之前的四个调整为三个，即“贪污数额较大或者情节较重”“数额巨大或者情节严重”“数额特别巨大或者情节特别严重”。保留了从拘役到死刑的刑罚规定，改变了 1997 年《刑法》中各量刑档之间的刑罚相互交叉的规定，量刑档之间不再交叉。此外，还删除了不构成犯罪酌情给予行政处分的规定。

其五是财产刑设置方面，在 1997 年《刑法》仅对受贿 5 万元以上规定“可以没收财产”的基础上，对受贿犯罪的各量刑档均增设了罚金刑，增加了受贿犯罪成本。

3. 相关司法解释规定

基于《刑法修正案（九）》对受贿罪等所作出的上述重大调整，为便于司法机关准确适用法律，特别是准确把握新的受贿罪刑罚标准，“两高”根据立法授权于 2016 年 4 月发布了《贪污贿赂解释》。[③] 该司法解释在受贿罪的刑罚方面主要解决了两个问题，一是对《刑法修正案（九）》中规定的受贿犯罪刑罚处罚的概括性数额标准作出细化规定，具体而言，就是明确受贿罪的起刑点即“数额较大”的标准为 3 万元，“数额巨大”和“数额特别巨大”的标准分别提高至 20 万元和 300 万元。[④]

---

① 胡云腾：《刑法修正案（九）的理论与实践创新》，载《中国审判》2015 年第 20 期，第 19 页。

② 徐龙、褚文丽：《我国贪污、受贿罪定罪量刑的立法变迁及设想——以〈刑法修正案（九）（草案）〉为契机》，载《法制与社会》2015 年第 8 期（上），第 146 页。

③ 万春、缐杰等：《办理贪污贿赂案件法律适用标准》，载《检察日报》2016 年 5 月 23 日。

④ 根据《贪污贿赂解释》规定，受贿数额在 3 万元以上不满 20 万元的，应当认定为《刑法》第 383 条第 1 款规定的“数额较大”，受贿数额在 20 万元以上不满 300 万元的，应当认定为《刑法》第 383 条第 1 款规定的“数额巨大”，受贿数额在 300 万元以上的，应当认定为《刑法》第 383 条第 1 款规定的“数额特别巨大”。

二是对《刑法修正案(九)》中规定的受贿犯罪刑罚标准中的"其他较重情节""其他严重情节""其他特别严重情节"作出细化规定,明确了九种可能影响受贿罪刑罚的非数额情节,即:(1)贪污救灾、抢险、防汛、优抚、扶贫、移民、救济、防疫、社会捐助等特定款物的;(2)曾因贪污、受贿、挪用公款受过党纪、行政处分的;(3)曾因故意犯罪受过刑事追究的;(4)赃款赃物用于非法活动的;(5)拒不交代赃款赃物去向或者拒不配合追缴工作,致使无法追缴的;(6)造成恶劣影响或者其他严重后果的;(7)多次索贿的;(8)为他人谋取不正当利益,致使公共财产、国家和人民利益遭受损失的;(9)为他人谋取职务提拔、调整的。[①] 以上规定表明,除犯罪数额之外,索贿、受贿行为的危害后果、受贿发生的特定领域、行为人的前科劣迹、案发后的认罪悔罪态度等都成为受贿犯罪定罪量刑的重要考量因素,使《刑法修正案(九)》的相关规定更加具有明确性和可操作性。

总之,1997年《刑法》经过《刑法修正案(九)》的修改,形成了我国现行法律对受贿罪刑罚标准的基础性规定,"两高"《贪污贿赂解释》在此基础上又进一步对受贿罪刑罚的数额标准和非数额情节标准加以明确,上述立法和司法解释构成当前我国受贿罪刑罚设置的核心法律依据。

《刑法修正案(九)》以及"两高"《贪污贿赂解释》所体现出的重视非数额情节对受贿罪刑罚影响等立法理念,较之前的立法规定在向科学化、合理化的道路上前进了一步,理论界和实务界都给予了充分肯定。有学者提出,上述立法和司法解释的规定科学合理地设定了贪污受贿犯罪定罪量刑的具体数额和情节标准,为落实罪刑法定原则、实现积极的一般预防提供了制度空间,[②]相关规定很好地贯彻了宽严相济的基本刑事政策、完善反腐败法治的修法精神以及罪责刑相适应的刑法基本原则,并兼顾了规范的科学性、合理性和可操作性,有利于实现司法公正。[③] 然而,如果放在刑事立法的历史长河中,置于当今世界各国

---

① 详见《贪污贿赂解释》第1、2、3条规定。

② 周光权:《论受贿罪的情节——基于最新司法解释的分析》,载《政治与法律》2016年第8期,第38页。

③ 赵秉志:《略谈最新司法解释中贪污受贿犯罪的定罪量刑标准》,载中国法院网:http://www.chinacourt.org/article/detail/2016/04/id/1841810.shtml,最后访问日期:2017年4月11日。

关于受贿罪的立法趋势以及严惩腐败犯罪的现实背景之下,上述关于受贿罪刑罚标准的调整是否符合现代刑罚理论和价值判断?是否能够从根本上解决长期困扰实践的量刑失衡问题?能否成为惩治和预防受贿犯罪的有力法律武器?这些问题需要进一步考察。

(二)受贿罪刑罚制度面临的实践挑战

从20世纪90年代至2017年年初,判决生效的省部级及以上150余名官员犯罪案件中,有139名涉及受贿罪,约占93%。特别是近几年来查办的职务犯罪案件显示,受贿犯罪作为最主要的腐败方式呈现出愈演愈烈的趋势。随着国家反腐败力度的加大,越来越多的官员因受贿被查处、起诉和审判,最终被处以刑罚。然而,尽管社会公众对查处官员受贿力度加大拍手称快,但法院对受贿案件的判处结果却引起诸多疑问,例如,为什么受贿数额悬殊的案件被判处相同刑罚?为什么对受贿犯罪人判处的刑罚轻于相同犯罪数额的其他犯罪?近些年,一些受贿数额达亿元以上的案件都没有判处死刑立即执行,这是否造成刑罚震慑力不够,以至于成为受贿犯罪高发频发的原因之一?《刑法修正案(九)》生效之后,对受贿犯罪判处的刑罚普遍有明显轻缓的趋势,这与严惩腐败的刑事政策是否矛盾,等等,以上疑问引发了社会公众和法学界广泛的关注和质疑,对司法的权威性和公信力造成了一定负面影响。出现以上情况,到底是因为我国关于受贿罪刑罚的制度规定不够科学合理,还是因为司法机关在对受贿罪裁量刑罚中适用法律不够公正严谨?抑或是二者皆有之?笔者认为,对上述问题的研究,不仅是回应社会关切的需要,更是发现我国受贿犯罪刑罚的立法规定和司法实践中存在的问题并有针对性地加以完善,进而为依法反腐提供立法和司法保障的需要。具体而言,当前受贿案件判处刑罚面临的实践挑战主要体现在三方面。

1.受贿案件罪刑失衡问题普遍存在

近年来法院审理的受贿案件数量逐年大幅上升,①从这些受贿案件的判处结果看,最为突出、也备受质疑的问题就是,无论是横向比较还是纵向比较,具体案件的刑罚结果上体现出明显的罪刑失衡。

一是犯罪情节相似的案件量刑却有很大差异。例如,省部级及以上

---

① 根据最高人民法院工作报告,全国各级法院2015年审结贪污受贿案件3.4万件4.9万人,2016年审结贪污受贿案件4.5万件6.3万人,以上案件中受贿案占绝大部分。

官员受贿犯罪案件(以下简称省部级官员受贿案件)中,2010 年 12 月判决的某省政协原主席黄某案,受贿 954 万余元被判处死缓刑;2014 年 7 月判决的某省原常委王某案,受贿 1073 万余元被判处无期徒刑;2014 年 10 月判决的某自治区原副主席李某案,受贿 1095 万余元被判处有期徒刑 15 年;2015 年 10 月判决的某部原部长蒋某案,受贿 1403 万元被判处有期徒刑 12 年;2016 年 1 月判决的某委原副主任杨某案,受贿 1379 万余元被判处有期徒刑 12 年。[①] 以上案件中,受贿数额都在千万元左右,判决都没有认定被告人具有其他从轻或从重罪中情节,认定各被告人具有的罪后情节也基本上是“坦白部分受贿事实”“赃款全部追缴到案”等,但是,量刑却在几年之内从死缓刑逐步降低至有期徒刑 12 年。

二是受贿犯罪情节截然不同的案件却被判处相似刑罚。最典型的就是受贿数额相似,但行为人对职务的滥用程度、造成的危害后果反差很大,在判处刑罚上却没有明显区别。例如,某省政法委原书记王某受贿 771 万余元,其滥用职权向涉案人通风报信,帮其躲避公安追捕,干预司法机关查处案件,致使多名犯罪嫌疑人逃脱法律追究,被判处死缓;某省人大原副主任米某受贿 628 万元,其利用职权实施的谋利行为主要是帮助企业解决贷款、支持企业经营项目等,未造成严重后果,因受贿罪被判处死缓。[②] 以上两案中尽管受贿数额相近,但是从背职情况看,其滥用职权的程度、干预事项的严重性、危害结果等均有明显差异,而被判处同样刑罚。

三是受贿犯罪与其他非职务犯罪相比,犯罪情节更为恶劣、社会危害性更大,但所受刑罚却比其他犯罪更轻。例如,数年前引发媒体关注的许霆案,许霆利用银行 ATM 发生故障的机会,从中支取现金 17.5 万元,一审法院认定其盗窃金融机构,数额特别巨大,以盗窃罪判处其无期徒刑,在舆论的关注和强烈质疑之下,二审法院在法定刑以下减轻处罚改判为有期徒刑 5 年。[③] 某省委原副书记李某受贿近 4000 万元,其长期、多次收受贿赂,并利用职权违规干预多项土地开发、工程项目承揽等事项,造成大量土地资源被违规开发等严重后果,以受贿罪判处有

---

① 以上内容来源于官方媒体发布的案件审判新闻稿,相关内容与判决相符。

② 以上内容来源于官方媒体发布的案件审判新闻稿,相关内容与判决相符。

③ 参见许霆案的一审、二审判决书,载 http://blog.sina.com.cn/s/blog_4aa9afcf01008isf.html,最后访问日期:2016 年 5 月 20 日。

期徒刑 12 年。[①] 对于许霆案,可以肯定地说,二审法院适用需报经最高人民法院核准的法定刑以下量刑程序大幅度降低刑罚,是在各方压力之下的非常规量刑,按照当时的刑法规定,通常情况下二审改判的可能性不大。两案相比,同样是贪利性犯罪,犯罪数额和情节、行为的危害后果、行为人主观恶性等如此悬殊,但可能判处的刑罚却有巨大反差。此外,同样是盗窃与受贿比较,盗窃 3000 元的以盗窃罪判处刑罚的比比皆是,而受贿 3 万元的以受贿罪判处刑罚的却寥寥无几。

2. 受贿罪起刑点的规定屡被司法突破

根据 1997 年《刑法》规定,收受贿赂 5000 元以上的构成受贿罪。从实践情况看,各地实际对受贿罪起刑点的掌握已经远高于 5000 元,部分省份通过内部文件或者相关部门约定等方式,已将受贿罪追究刑事责任的数额标准提高到 5 万元,有的地方甚至对受贿 10 万元以下的基本上都不作司法处理,仅由纪检监察机关作出党纪、政纪处分(国家监察体制改革后改为“党纪、政务处分”,本书的内容跨越改革前后,为便于表述,本书以下统称为党纪、政务处分)。2016 年“两高”《贪污贿赂解释》将起刑点提高到 3 万元后,笔者在中国裁判文书网上搜索发现,受贿数额为 3 万元或者稍高于 3 万元的案件寥寥无几;而且实践中受贿数额高于 3 万元数倍甚至数十倍的案件,仅作党纪、政务处分而未予刑事追究的不在少数,这种情况在其他罪名中很少出现。司法机关根据各地经济和受贿犯罪发生情况,通过不具有法律效力的指导性文件甚至口头商定等形式,规避刑法和司法解释规定,使受贿罪起刑点的规定实际上形同虚设,法律的权威性受损。对此,有学者批评这种现象形成了事实上的“选择性反腐”。[②]

3. 重刑之下并未取得理想的受贿犯罪预防效果

从我国现行刑法规定的受贿罪刑种看,沿袭了“重典治吏”的立法传统,对受贿罪规定了死刑、无期徒刑、有期徒刑等刑罚,与英国、美国、德国、日本、新加坡、中国香港等其他法域对受贿罪主要适用罚金刑和有期自由刑相比严厉得多;从具体案件的实际判处情况看,我国总体上

---

① 以上内容来源于官方媒体发布的案件审判新闻稿,相关内容与判决相符。

② 孙道萃:《论“零容忍”反腐作为具体刑事政策及其展开》,载《河南师范大学学报》2015 年第 5 期,第 68 页。

标准。立法机关吸纳学界所提建议,《刑法修正案(九)》将受贿罪刑罚标准修改为“数额或情节”的选择性复合标准,同时不再明确规定具体的量刑数额标准,而代之以“数额较大”“数额巨大”“数额特别巨大”。[①]学界普遍认为,《刑法修正案(九)》确定的选择性复合定罪量刑标准更加科学合理,更符合贿赂犯罪实际危害性以及对该类犯罪的惩治重点。但是,《刑法修正案(九)》生效之后,在“两高”配套司法解释出台之前,由于缺少明确的定罪量刑数额标准,全国各级法院积压大批受贿案件迟迟不作判决,[②]这个现象清晰地表明,司法机关坚持认为“犯罪数额在受贿罪定罪处罚中具有基础性作用”,[③]并不认可其他情节在受贿罪量刑中的独立评价地位,受贿数额的决定性作用没有改变,之后“两高”《贪污贿赂解释》中关于受贿罪刑罚标准的规定进一步印证了司法机关对以数额为中心的刑罚标准的坚持。对此有学者提出,由于受贿罪的社会危害性主要体现在行使职权上,虽然受贿数额在一定程度上反映了行为人的主观恶性,但体现不出国家工作人员对其职务行为和职责的违背程度,可能导致对犯罪行为侵害法益程度判断的重大偏差,违背罪刑相一致的原则,对受贿罪应当建立以违背职责义务程度为主的刑罚标准。[④]

3. 关于设置受贿罪起刑点并不断提高数额标准是否与“零容忍”刑事政策相悖

我国刑法采用“定罪加定量”模式,具体到受贿罪就是规定了定罪的数额标准和情节标准,而且经过这些年立法变迁,即使在加大对受贿罪从严惩处力度的刑事政策之下,受贿罪起刑点的规定岿然不动,数额标准反而越来越高。对此立法机关和最高司法机关强调的是,金额不

---

① 《刑法修正案(九)》第 44 条规定,将刑法第 383 条修改为:“对犯贪污罪的,根据情节轻重,分别依照下列规定处罚:(一)贪污数额较大或者有其他较重情节的,处三年以下有期徒刑或者拘役,并处罚金。(二)贪污数额巨大或者有其他严重情节的,处三年以上十年以下有期徒刑,并处罚金或者没收财产。(三)贪污数额特别巨大或者有其他特别严重情节的,处十年以上有期徒刑或者无期徒刑,并处罚金或者没收财产;数额特别巨大,并使国家和人民利益遭受特别重大损失的,处无期徒刑或者死刑,并处没收财产。”

② 参见《建议尽快出台贪污受贿犯罪量刑标准过渡措施》,载 http://shtzb.eastday.com/node2124/node2143/node2194/u1ai1846405.html,最后访问日期:2016 年 5 月 1 日。

③ 裴显鼎、苗有水等:《〈关于办理贪污贿赂刑事案件适用法律若干问题的理解〉的理解与适用》,载《刑事审判参考》(总第 106 集),法律出版社 2017 年版,第 119 页。

④ 于雪婷:《受贿罪法定刑设置研究》,法律出版社 2013 年版,第 188 页。

大的受贿行为，其社会危害性相对较小，没有必要动用刑罚，可以进行党纪、政务处分，同样实现了腐败“零容忍”。[①] 学者对此多有批评，提出设置起刑点将大量受贿行为排除在犯罪圈之外，相当多的职务犯罪被忽视、被容忍、被“谅解”，是对腐败的容忍和退让，一定意义上是对“以罚代刑”“以纪代刑”的默许和纵容，[②]为了防止“破窗效应”，对“适度容忍腐败”“抓大放小”等选择性反腐策略应当彻底纠偏，只有在立法中废除受贿罪的入罪数额、情节标准，规定任何受贿行为都构成犯罪，才是对腐败“零容忍”，才能提高腐败的机会成本，形成强大威慑力。[③]

4. 关于严厉的刑罚是否属于从严惩处刑事政策的应有之义

我国刑法对受贿罪的刑罚规定属于典型的“严不足，厉有余”。“严不足”体现在对受贿罪设置包括起刑点、谋利事项等在内的严苛的定罪条件，造成法网粗疏，很多明显违反职务行为公正性收受不当利益的行为被排除在受贿罪之外，具体在此不展开论述。所谓“厉有余”，就是与其他国家相比，我国对受贿罪的刑罚可谓非常严厉，例如，美国的重型贿赂罪最高刑罚为 15 年以下监禁；[④]日本刑法中加重处罚的因执行公务接受委托收受或约定贿赂，处 7 年以下惩役；[⑤]以严刑峻法著称的新加坡，收受贿赂最高刑则为 7 年监禁；[⑥]等等。而我国刑法规定，受贿罪最高可判处死刑，而且 1997 年《刑法》出台直至 2015 年《刑法修正案（九）》修订，理论上讲，受贿 10 万元以上即可判处 10 年以上有期徒刑、无期徒刑，甚至死刑。相比之下，我国刑法对受贿罪的刑罚规定算得上最重。实践中，2016 年之前审理的省部级以上官员受贿案件中，被判处无期徒刑、死缓的就有 48 人，死刑立即执行 4 人。对受贿罪保留死刑在内的严厉刑罚，对此，立法机关的理由是体现对腐败犯罪的从严惩

---

① 裴显鼎、苗有水等：《〈关于办理贪污贿赂刑事案件适用法律若干问题的理解〉的理解与适用》，载《刑事审判参考》（总第 106 集），法律出版社 2017 年版，第 120 页。

② 孙道萃：《论“零容忍”反腐作为具体刑事政策及其展开》，载《河南师范大学学报》2015 年第 5 期，第 68 页。

③ 魏东：《当下中国反腐政策的考量诠释》，载《法治研究》2013 年第 9 期，第 3 页。

④ 王云海：《美国的贿赂罪——实体法与程序法》，中国政法大学出版社 2002 年版，第 82 页。

⑤ 李思含：《关于日本刑法贿赂罪问题的研究》，载《知识经济》2013 年第 22 期，第 31 页。

⑥ 参见陈新民：《反腐镜鉴的新加坡法治主义——一个东方版本的法治国家》，法律出版社 2009 年版，第 241 ~ 243 页。

处，对腐败分子产生震慑。然而，近代刑法学鼻祖贝卡里亚提出，“对于犯罪最强有力的约束力不是刑罚的严酷性，而是刑罚的必定性——因为即便是最小的恶果，一旦成了确定的，就总令人心悸”。[①] 我国学者也提出，正如民间所说，“杀头的生意有人做，赔本的买卖没人干”，刑罚之所以有效，在于它的不可避免性，而非严厉性，对受贿人而言，受贿罪刑罚的意义不在于判多少年自由刑或者死刑，而在于进入司法程序的可能性大小，他们对判刑可能性的关注远远胜于对刑罚轻重的关注。[②]

通过以上分析可以看出，在实践中，我国受贿罪刑罚制度面临罪刑不均衡、预防犯罪功能发挥有限等尴尬境地；在理论上，掌握决策权的立法机关、最高司法机关在制定和修改规则中坚守的理念和价值观与法学界所提观点频频交锋，而且经过这么多年的论战，各方对立的观点并无融合迹象。建立一个科学合理的受贿罪刑罚制度对有效遏制受贿犯罪至关重要，而厘清实务界和理论界之间的争论焦点是必要前提。为此，笔者希望通过自己的努力为以上这场旷日持久的论战找寻到答案，拟从各方争议的焦点入手对我国现行受贿罪刑罚制度及其理论支撑、实践情况进行研究，以试图找到制度弊端并提出可行的完善建议，这就是本书选题的背景缘由。

二、研究现状

刑法学中，“没有刑罚就没有犯罪”[③]的格言阐释了刑罚学的重要性，如沙俄时期刑法学家斯基特亚考夫斯基所说，“在刑法中，第一把交椅无疑应属于刑罚。在刑罚中表现了刑法的灵魂与思想”。[④] 而且纵览刑法学史，亦有诸多学者基于对刑罚问题的研究形成鸿篇巨制，名垂青史。[⑤] 从理论上讲，刑罚问题在犯罪和刑罚的辩证关系中起着主导和决

---

① ［意］贝卡里亚：《论犯罪与刑罚》，黄风译，北京大学出版社2008年版，第62页。

② 梁根林：《受贿罪法网的漏洞及其补救——兼论刑法的适用解释》，载《中国法学》2001年第6期，第88页。

③ 张明楷：《刑法格言的展开》，法律出版社2003年版，第112页。

④ 转引自苏联司法部全苏法学研究所主编：《苏联刑法总论》（下册），彭仲文译，大东书局1950年版，第491页。

⑤ 例如意大利刑法学家贝卡里亚的《论犯罪与刑罚》、英国功利主义大师边沁的《刑罚的基础理论》、德国刑法学家费尔巴哈的《对实定刑法原理与基本概念的反思》等，为后世研究提供了坚实的理论基石。

定性作用；从实践来讲，对被追究刑事责任的被告人而言亦是如此。然而，不可否认的是，在我国的刑法学研究中历来存在“重犯罪、轻刑罚”的倾向，对刑罚问题的研究实际上并没有受到与犯罪问题同样的重视，①对受贿罪刑罚的研究也不例外。

（一）受贿罪刑罚问题研究的概况

近些年来，由于腐败问题始终是社会关注的热点，由此引发学界对受贿罪研究的热情，以受贿罪为主题的专著、期刊文章以及学位论文众多，成果丰硕。笔者通过对上述文献的检索和梳理发现，绝大多数研究都是着眼于研究受贿罪的主体、犯罪构成、新型受贿的司法认定、罪与非罪的界限等定罪问题。对于受贿罪的刑罚问题，随着近年来查处的受贿案件数量大幅度上升，受贿案件判决结果中呈现出的刑罚失衡以及与社会预期的反差等时常引发质疑，受贿罪刑罚问题才逐渐被学者关注并进行研究。检视现有关于受贿罪刑罚问题的研究成果，我们可以发现，由于起步较晚，除相关文献资料不多之外，现有的研究成果还普遍缺乏应有的广度和深度，系统性、理论性等方面还有很大的提升空间。

通过“中国知网”搜索，1979 年至 2016 年，中国期刊全文数据库中篇名包含“受贿”或“贿赂”的文章共计 8956 篇。以上文章中，篇名同时包含“刑罚”或“量刑”的有 120 余篇，仅约占研究受贿犯罪文章的 1.3%。“中国优秀硕士学位论文全文数据库”中，篇名包含“受贿”或者“贿赂”的硕士论文 1277 篇，其中篇名同时包含“刑罚”或者“量刑”的 31 篇，约占 2.4%。“中国博士学位论文全文数据库”中篇名包含“受贿”的博士论文 14 篇，篇名还包含“刑罚”或者“量刑”的 0 篇。除期刊和学位论文外，以受贿罪的刑罚或量刑问题为研究主题的专著还有：于雪婷的《受贿罪法定刑设置研究》、景景的《受贿罪量刑均衡问题研究》、肖介清的《受贿罪的定罪与量刑》、毕志强编著的《受贿罪定罪量刑案例评析》等。笔者将上述文献中具有代表性的研究成果及观点梳理如下：

1. 关于量刑标准

对于我国刑法中受贿罪适用贪污罪刑罚标准进行处理的规定，学

① 邱兴隆、许章润：《刑罚学》，中国政法大学出版社 1999 年版，第 15 页。

界和司法界几乎众口一词持批评意见，认为受贿罪的保护法益更注重于职务性，贪污罪更注重于财产性，二者在保护法益和犯罪性质上存在明显差异，两罪同罚的规定人为割裂了影响受贿罪社会危害性的情节，造成罪刑不相适应，[①]"两高"在司法解释中对两罪的部分量刑情节作了区别规定，也是为了在此立法前提下尽可能照顾到两罪之间差异采取的无奈之举。[②]

对于受贿罪量刑标准，大部分观点认为《刑法修正案（九）》之前的立法以数额为基本标准来确定受贿罪法定刑幅度，造成实践中的"唯数额论"倾向，长期以来忽视了非数额情节在量刑中的作用，导致了刑罚不当、罪刑失衡等种种不合理状况，[③]有研究抽取一定数量受贿案例进行统计分析及经验访谈，通过实证研究得出实践中受贿数额是影响量刑最重要的因素的结论，并认为该状况是造成受贿罪量刑失衡问题的主要原因。[④]《刑法修正案（九）》和"两高"《贪污贿赂解释》出台后，新规定确定的受贿罪量刑标准模式定位及优劣评判仍是一个研究热点问题，有观点认为，新规定提升了非数额情节在受贿犯罪定罪量刑标准中的地位，确立数额与情节并重的二元标准，使二者都能在受贿罪定罪量刑中发挥决定性作用，[⑤]准确地把握了数额与其他情节对受贿犯罪危害程度影响的辩证关系，符合罪刑相适应原则；[⑥]有观点认为，新规定并未彻底形成"数额加情节"双轨制的定罪量刑标准，而是形成了以数额为

① 赵秉志：《贪污受贿犯罪定罪量刑标准问题研究》，载《中国法学》2015 年第 1 期，第 25 页；陈兴良：《〈关于办理贪污贿赂刑事案件适用法律若干问题的解释〉总置评》，载《浙江社会科学》2016 年第 8 期，第 16 页；卢建平、孙本雄：《我国受贿罪定罪量刑标准之重构》，载《中国人民公安大学学报》（社会科学版）2016 年第 3 期，第 85 页；钱小平：《贿赂犯罪情节与数额配置关系矫正之辨析》，载《法学》2016 年第 11 期，第 41 页。

② 裴显鼎、苗有水等：《〈关于办理贪污贿赂刑事案件适用法律若干问题的解释〉的理解与适用》，载《刑事审判参考》（总第 106 集），法律出版社 2017 年版，第 119 页。

③ 房慧颖、李舒俊：《反腐败视野中贪污受贿犯罪定罪量刑模式的问题与出路——基于〈刑法修正案（九）〉的分析》，载《北京政法职业学院学报》2016 年第 1 期，第 28 页。

④ 景景：《受贿罪量刑均衡问题研究》，人民法院出版社 2015 年版，第 210～211 页。

⑤ 赵秉志：《贪污受贿犯罪定罪量刑标准问题研究》，载《中国法学》2015 年第 1 期，第 41 页。

⑥ 赵秉志：《略谈最新司法解释中贪污受贿犯罪的定罪量刑标准》，载新华网：http://news.xinhuanet.com/legal/2016－04/18/c_128906410.htm，最后访问日期：2016 年 5 月 13 日。

基准、非数额情节为调节的定罪量刑基本适用规则，[①]由于受贿数额相当程度上决定了受贿罪的社会危害性，国家工作人员收受财物数额的大小就反映了其出卖职务公正性的实行程度，因此在受贿罪的定罪量刑中，数额标准具有不可动摇的基础性地位，[②]以数额为基础、情节为补充的标准对受贿罪量刑具有指导意义，契合社会形势发展的需要；[③]还有观点认为，新规定确定的以数额为主、其他情节为辅的处罚规定，仍然保留了计赃论罚观念的残余，受贿数额仍在量刑中占主导地位，只是具体数额转由司法解释规定，明显违背了刑法的基本原则，该模式混同了贪污受贿的评价基点，延用以数额为中心的刑罚梯次设计，情节配置缺乏独立评价能力，不仅不利于发挥法官的主观能动性，也不利于准确裁判案件和适用刑罚，难以做到刑罚个别化，而且背离了国家刑事政策，大有加剧矛盾与冲突之势。[④]

对于下一步完善受贿罪量刑标准的思路，学界一致的观点认为应当构建降低数额权重的受贿罪量刑标准，但在具体模式上又形成不同观点。有观点认为，应当立足于刑事政策目的，重视刑罚预防功能的发挥，构建以情节为主导的量刑评价体系，确立以违背职责义务程度为主的受贿罪处罚标准；[⑤]应赋予法官较大的自由裁量权，以便裁判者根据案件的不同情况，结合刑事政策的考量，准确裁判案件。因此，应当取消贿赂犯罪数额标准，建议在刑法中以单纯情节的形式概括规定受贿罪刑罚标准，如此一来，既可以避免上述以数额作为标准认定贿赂犯罪

---

① 莫晓宇：《非数额情节在受贿案件中定罪量刑的功能分析——〈关于办理贪污贿赂刑事案件适用法律若干问题的解释〉第1~3条评析》，载《浙江社会科学》2016年第8期，第36页。

② 项谷、耿建：《受贿罪定罪量刑标准的立法完善——对刑法修正案（九）修订受贿罪的解读及适用》，载《上海政法学院学报》（法治论丛）2015年第6期，第64页。

③ 陈兴良：《〈关于办理贪污贿赂刑事案件适用法律若干问题的解释〉总置评》，载《浙江社会科学》2016年第8期，第16页；王刚：《我国贪污受贿犯罪依情节定罪量刑之数额问题研究——以两高贪污贿赂司法解释为考察中心》，载《浙江万里学院学报》2016年第6期，第24页。

④ 卢建平、孙本雄：《我国受贿罪定罪量刑标准之重构》，载《中国人民公安大学学报》（社会科学版）2016年第3期，第87页；钱小平：《贿赂犯罪情节与数额配置关系矫正之辨析》，载《法学》2016年第11期，第43页；李元玉：《受贿罪"唯数额论"的探究与反思——以刑法修正案（九）（草案）为视角》，载《公民与法》2014年第10期，第29页。

⑤ 于雪婷：《受贿罪法定刑设置研究》，法律出版社2013年版，第188~191页。

而出现的弊端,也可以有效地预防和打击贿赂犯罪。[①] 有观点建议建立数额与情节并重的量刑标准,既不忽视数额作为受贿犯罪定罪量刑一项参数指标所具有的实质性影响,同时也重视其他因素的作用,可以先规定若干基本情节标准,然后结合受贿数额标准的一定比例,分别认定"情节较重""情节严重""情节特别严重"。[②] 还有观点建议比照最高人民法院《量刑指导意见》对受贿罪量刑进行规范化,即对不同数额在相应幅度确定量刑起点,在此基础上根据自首、坦白、立功、索贿、退赃、谋利情形等增减刑罚量,确定基准刑。[③]

2. 关于起刑点

大多数研究未对起刑点的存在提出异议,焦点主要集中在起刑点数额标准上,实务界和学界很多文章对《贪污贿赂解释》将受贿罪起刑点由5000元提高到3万元持赞成态度,认为随着经济社会发展变化,考虑货币贬值因素和受贿罪大要案不断增加等因素,适度提高起刑点数额标准是合适的,对于不满3万元且无其他较重情节的予以党纪、政务处分,体现党纪严于国法。[④] 同时也有观点认为,《贪污贿赂解释》进一步提高了起刑数额标准,背离了国家刑事政策,不利于刑罚预防功能

---

① 王秀梅:《论贿赂犯罪的破窗理论与零容忍惩治对策》,载《法学评论》2009年第4期,第69页;卢建平、孙本雄:《我国受贿罪定罪量刑标准之重构》,载《中国人民公安大学学报》(社会科学版)2016年第3期,第86页;钱小平:《贿赂犯罪情节与数额配置关系矫正之辨析》,载《法学》2016年第11期,第47页。

② 房慧颖、李舒俊:《反腐败视野中贪污受贿犯罪定罪量刑模式的问题与出路——基于〈刑法修正案(九)〉的分析》,载《北京政法职业学院学报》2016年第1期,第28页;李元玉:《受贿罪"唯数额论"的探究与反思——以刑法修正案(九)(草案)为视角》,载《公民与法》2014年第10期,第31页;项谷、耿建:《受贿罪定罪量刑标准的立法完善——对刑法修正案(九)修订受贿罪的解读及适用》,载《上海政法学院学报》(法治论丛)2015年第6期,第73页。

③ 景景:《受贿罪量刑均衡问题研究》,人民法院出版社2015年版,第211~215页。

④ 裴显鼎、苗有水等:《〈关于办理贪污贿赂刑事案件适用法律若干问题的解释〉的理解与适用》,载《刑事审判参考》(总第106集),法律出版社2017年版,第121页;万春等:《办理贪污贿赂刑事案件要准确把握法律适用标准》,载《刑事审判参考》(总第106集),法律出版社2017年版,第141页;陈兴良:《〈关于办理贪污贿赂刑事案件适用法律若干问题的解释〉总置评》,载《浙江社会科学》2016年第8期,第17页;阮齐林:《依法从严惩处贪污贿赂犯罪——解读〈关于办理贪污贿赂刑事案件适用法律若干问题的解释〉》,载《刑事审判参考》(总第106集),法律出版社2017年版,第218页;王刚:《我国贪污受贿犯罪依情节定罪量刑之数额问题研究——以两高贪污贿赂司法解释为考察中心》,载《浙江万里学院学报》2016年第6期,第23页;等等。

的发挥。①

此外,还有文献对起刑点的存废问题进行研究,认为保留受贿罪起刑点,不足以达到预防和遏制贿赂犯罪,贿赂频发时,贿赂犯罪便出现“破窗”式的多米诺效应。把贿赂行为视为中国传统文化的沿袭而司空见惯,会致使贿赂行为蔓延,终究出现一种全社会容忍贿赂行为的怪圈,②根据现行规定受贿数额不满 1 万元,其他情节无论多么严重都不能构成受贿罪,这显然是荒谬的。③ 对贿赂犯罪应持“零容忍”的刑事政策,基于刑法理论以及适应国家反腐败形势需要的考量,提出应当取消受贿罪起刑点的观点。④

3. 关于量刑情节

有观点认为,《贪污贿赂解释》从不同方面反映了行为人的人身危险性和社会危害性,对受贿罪量刑具有指导意义,契合社会形势发展的需要;⑤还有观点认为,《贪污贿赂解释》对受贿罪非数额情节的规定存在很多缺憾,包括未实现对组织人事任免腐败情形的“闭合”治理和“全覆盖”惩治,未将具有特定身份的公职人员纳入相关情节中,将“谋取不正当利益”情形与次生危害后果绑定,不符合罪刑相适应原则,⑥应将受贿罪的违背职责方式、受贿次数、贿赂内容、为他人谋取利益的形式、造成后果、身份职责、谋利性质、行为方式等纳入非数额情节,以发挥对受贿罪的定罪量刑功能。⑦ 关于受贿罪量刑情节适用问题,有文献通过对部分省部级官员受贿案件的考察,发现这些案件中坦白、退赃等从宽处

---

① 钱小平:《贿赂犯罪情节与数额配置关系矫正之辨析》,载《法学》2016 年第 11 期,第 41 页。

② 王秀梅:《论贿赂犯罪的破窗理论与零容忍惩治对策》,载《法学评论》2009 年第 4 期,第 67 页。

③ 卢建平、孙本雄:《我国受贿罪定罪量刑标准之重构》,载《中国人民公安大学学报》(社会科学版)2016 年第 3 期,第 86 页。

④ 李希慧主编:《贪污贿赂罪研究》,知识产权出版社 2004 年版,第 79 页;游伟:《调整贪污贿赂罪标准怎可轻言》,载《检察风云》2009 年第 23 期,第 65 页;于志刚:《贪污贿赂犯罪定罪数额的现实化思索》,载《人民检察》2011 年第 12 期,第 81 页;等等。

⑤ 陈兴良:《〈关于办理贪污贿赂刑事案件适用法律若干问题的解释〉总置评》,载《浙江社会科学》2016 年第 8 期,第 16 页。

⑥ 莫晓宇:《非数额情节在受贿案件中定罪量刑的功能分析——〈关于办理贪污贿赂刑事案件适用法律若干问题的解释〉第 1 ~ 3 条评析》,载《浙江社会科学》2016 年第 8 期,第 38 页。

⑦ 仲继范:《受贿罪量刑规范化研究》,吉林大学 2014 年硕士学位论文。

罚情节得以充分考虑，但索贿、被告人身份、枉法背职、造成损失等从重处罚情节未予体现或者体现不足，总体上导致受贿罪量刑宽严失据，从严惩处受贿犯罪的刑事政策没有真正贯彻。①

对于如何设置各量刑档的情节，有观点建议，受贿罪“其他较重情节”可包括行为人是高级国家工作人员、司法工作人员或负有食品药品等监管职责的国家工作人员，受贿数额超过基准数额不满第一档法定刑升格数额部分，导致国家或他人数额较大经济损失；“其他严重情节”包括谋取不正当利益、谋取职务提拔调整、实施与贿赂相关的违法行为、多次受贿、受贿数额超过第一档法定刑升格数额不满第二档法定刑升格数额部分、导致国家或他人数额巨大经济损失；“其他特别严重情节”包括导致政府公信力严重丧失、造成极为恶劣社会影响、受贿数额超过第二档法定刑升格数额部分、导致国家或他人经济损失特别巨大。② 还有观点提出，“情节严重”可具体包括受贿数额较大的，索贿的，给社会、集体或其他组织和公民造成较大损失的，受贿再犯的；“情节特别严重”具体包括数额巨大的，给社会、集体或其他组织和公民造成巨大损失的，社会影响极其恶劣的，多次受贿的；适用死刑的情节限定为“造成公民死亡的”。③

4. 关于适用刑罚种类

现有文献对于受贿罪适用刑罚种类的观点大同小异，认为当前规定对受贿罪适用死刑不妥，《刑法修正案（九）》增加罚金刑，但资格刑的缺失仍是遗憾，提出应当借鉴国外的立法经验，建议对职务犯罪的刑罚体系进行调整，限制并逐步废除生命刑，建立自由刑与财产刑、资格刑并重的刑罚体系，使职务犯罪的犯罪成本高于犯罪收益，从而更好地预防和减少职务犯罪。④

---

① 孙国祥：《受贿罪量刑中的宽严失据问题——基于2010年省部级高官受贿案件的研析》，载《法学》2011年第8期，第145页。

② 钱小平：《贿赂犯罪情节与数额配置关系矫正之辨析》，载《法学》2016年第11期，第49页。

③ 于雪婷：《受贿罪法定刑设置研究》，法律出版社2013年版，第199页。

④ 张蓉：《论职务犯罪刑罚体系的调整——刑事政策视角下之比较研究》，载《湖北社会科学》2008年第9期，第139页；龙在飞、张勇：《关于受贿罪刑罚配置完善的研究》，载《社科纵横》2012年第10期，第57页；许海峰：《受贿罪刑罚设置若干问题研究》，吉林大学2009年硕士学位论文；王经俊：《受贿罪刑罚研究》，华东政法大学2011年硕士学位论文；等等。

（二）当前受贿罪刑罚问题研究的不足

总的来讲，当前关于受贿罪刑罚问题的研究成果中，对现行制度中存在的问题、争议的焦点做了比较清晰的梳理和总结，各自也都进行了较为充分的论述。但是当前研究还存在以下不足之处：

一是多数研究流于表面，讨论的内容还停留在量刑的数额标准是否应提高、死刑应否废除，司法实践中应当如何把握宽严相济、如何限制受贿罪缓免刑适用比例等偏向操作层面的讨论上，缺乏从刑罚理论出发进行有深度的探讨。

二是涉及受贿罪刑罚制度设置正当性问题的研究文献中，对受贿罪起刑点、以数额为中心的刑罚标准、受贿罪适用的刑罚结构等规定的利弊进行了较为充分的论证，但是缺乏系统的基础理论指导，对于争议问题的分析和阐释不深入，从法学理论、理念和价值判断角度探寻原因和解决思路不够。

三是对于进一步完善受贿罪刑罚制度的思路，各文献基本上是点到为止，缺少系统的理论指导和论证，亦未作系统的重构制度设计，所提建议可行性和协调性较差，属于“头痛医头，脚痛医脚”，难以为完善我国受贿罪刑罚制度提供行之有效的指引。

四是现有研究的针对性和时效性不强，与实践脱节。已有文献中大部分是针对《刑法修正案（九）》修订之前的规定进行的研究，观点有些陈旧，对当前的理论建设和司法实践针对性较差。《刑法修正案（九）》及配套司法解释出台后已有不少研究文章，但其中一部分文章从发表的时间和内容看很明显是学者应有关部门之邀为配合制度出台而作；另一部分对上述修正案及司法解释相关规定的研究，基本上都是单纯的规范研究，而且对新规定中存在的问题把握不够准确，一定程度上存在与实践脱节的问题。例如，大多数文章充分肯定了修正案和司法解释规定的受贿罪新的刑罚标准，认为新规定的“数额加情节”标准可以科学评价受贿犯罪的社会危害性，实现罪刑相适应，但上述研究都忽视了修正案与司法解释关于刑罚标准规定的质的不同，而且对司法解释关于刑罚标准中有关情节规定的合理性、科学性没有深入研究。此外，由于新规定施行时间不长，对新规定施行后受贿案件判处情况的研究还是空白。

五是现有文献基本上采用单一的研究方法，缺乏其他研究方法的检验、印证,研究结论容易有失偏颇。具体而言,现有绝大部分文献采用规范研究方法,基本上是从理论到理论,顶多列举个别案例进行例证,缺乏对一定数量司法案例研究的实践支撑,造成理论研究不接地气、与实践脱节现象。此外,还有少部分文献单纯采用实证研究方法,但在收集样本和设计考察变量上面临挑战。众所周知,当前我国法院对包括受贿在内的职务犯罪判决公开程度不高,因此上述文章的作者大部分是以自己工作所在地区的受贿案例为研究对象,而以省部级官员受贿案件为研究对象的,只收集到了部分案例,而且除了少数依据的是判决书外,相当一部分案件判决情况来源于各种报道,这种情况下,收集样本在典型性、代表性、准确性上大打折扣,在此基础上进行的实证研究面临差之毫厘、谬以千里的风险。而且,部分实证研究在设计考察变量上不够严谨,分析变量得出的结论可能与真实情况存在差距,进而对整个研究形成误导,例如有文章在实证研究后就得出了自首、坦白、退赃、立功等情节对受贿案件的量刑影响有限的明显错误结论。

三、研究的意义与创新

(一)研究的意义

刑罚是预防犯罪的基本手段之一,刑罚手段运用得好坏,对于社会上犯罪现象的多少有明显的、直接的影响。[①] 开展受贿罪刑罚问题研究,不仅是一个法学理论问题,更是充分利用好刑罚这一利器有效打击和预防腐败犯罪,建设清正廉洁的国家公职人员队伍的重要内容。基于理论研究和实践功能的双重需求,本书通过从刑罚论的基础理论出发,结合省部级官员受贿案以及部分其他公职人员受贿案刑罚的实证分析,评析我国受贿罪的刑罚设置以及司法对受贿罪的刑罚裁量中存在的问题,进而有针对性地尝试提出完善受贿罪刑罚制度的方向和建议,对于解决面临严峻考验的中国反腐司法实践中的难题,遏制腐败蔓延势头,实现全面依法治国、全面从严治党,确保国家经济发展和长治久安具有积极的理论和现实意义。

---

① 许章润主编:《犯罪学》,法律出版社 2007 年版,第 390 页。

1. 构建科学的受贿罪刑罚制度的需要

本书将我国现行受贿罪刑罚制度分解为若干具体问题，主要包括受贿罪的起刑点、刑罚标准、各类情节在影响受贿罪刑罚中所占权重、受贿罪适用刑罚结构等。针对立法机关、最高司法机关，以及学术界对于以上问题和其赖以支撑的理论依据提出的观点，从法学基础理论出发进行法律推理，从理论基础、价值取向等视角对相关制度的利弊进行分析评述；还通过对一定数量受贿案件的裁判情况进行实证研究，分析归纳受贿案件的刑罚在司法实践中的真实状况，用以验证以上法律分析形成的结论。通过以上不同角度的研究论证，形成系统化的指导构建受贿罪刑罚制度的理论体系，为构建科学的受贿罪刑罚制度奠定基础。

2. 推动反腐败司法公平公正的需要

公平公正是刑罚体系的核心价值。反观我国查办受贿罪的司法实践，一方面部分法律规定被司法机关悍然无视，例如，起刑点的规定形同虚设，大量已构成犯罪的受贿行为未进入司法程序；“数额加情节”的刑罚标准被简单机械地以“唯数额论”替代，非数额情节未发挥应有作用。另一方面部分法律规定运用到司法活动中无法体现公平公正的价值，例如适用贪污罪以数额为中心的刑罚标准裁量受贿案件，罪刑失衡现象普遍存在；对受贿罪动辄施以重刑，不仅造成罪刑不相适应，而且无法实现积极预防功能。究其原因，主要是有关法律规定存在的缺陷，此外还有司法机关的司法理念和价值取向上出现了偏差。笔者希望通过本书的研究，为找准现行制度的症结所在，建立一个科学完善的受贿罪刑罚制度提供有益参考，在树立法律权威、要求司法机关严格执法的同时赋予司法机关适当的自由裁量空间，规范受贿罪的刑罚裁量，进而实现对受贿犯罪惩罚的公平公正，提升受贿案件司法裁判的公信力。

3. 实现积极预防受贿犯罪目的的需要

预防犯罪是刑罚的一项重要功能，我国当前法律对受贿罪的刑罚在实现预防犯罪功能上作用微弱已是较为明显的事实，这一问题能否解决直接影响腐败犯罪标本兼治的工作成效，事关反腐败工作全局。本书通过对反腐败“零容忍”、严惩腐败刑事政策等的研究，探索影响预防受贿犯罪的主要因素，并认为应完善受贿罪刑罚制度，真正实现刑罚对潜在受贿犯罪人的震慑，进而使其打消侥幸心理，提高受贿罪刑罚的积极预防犯罪功效。

(二)本书的创新

目前对受贿罪刑罚问题虽然有一些研究成果,但是,正如笔者前面所述,现有研究存在明显不足,本研究力求弥补这些不足,并在学术上有所创新和贡献。具体而言:

一是结合最新制度和司法实践情况对受贿罪刑罚的前沿性问题进行研究,具有更强的现实意义。受贿罪刑罚制度中存在的争议问题早已有之,但2015年出台的《刑法修正案(九)》及配套司法解释对受贿罪刑罚的规定作出了力度空前的调整,包括大幅提高起刑点、设置详细的刑罚标准、规定并处罚金刑、增加终身监禁的刑罚执行方式等。新规定出台后,关于受贿罪刑罚制度的争议问题也随之发生了很大变化,本书以上述新规定为重点进行研究,并在实证研究部分对新规定出台后的省部级受贿案件以及其他普通受贿案件的判处情况进行专门分析,因此,与已有文献相比,本书的研究不仅具有更强的前沿性和现实针对性,而且还通过实践情况检验了新规定的实际效果,例如发现新规定的施行并没有从根本上改变犯罪数额在受贿罪量刑中占据绝对主导地位以及非数额罪中情节被忽视这一状况,有利于对现有制度做出更为准确的评价。

二是综合运用规范分析和实证研究两种研究方法,相辅相成,相互印证,确保研究结论的客观性、科学性。对受贿罪刑罚制度从法学原理、价值判断等角度分析评述,并通过对司法案例归纳分析形成的结论进行检验,使本书研究结论更经得起检验。

三是选取的案例具有权威性和代表性,为实证研究提供了可靠的基础。本书收集了一定时期所有省部级官员的受贿案例,基于保密考虑,判处情况依据的是官方媒体发布的新闻稿和解读等公开信息,笔者经过认真核对,能够确保这些信息的准确性。由于上述案件重大且敏感,审判机关的裁判极为慎重,这些案件中对刑罚标准、量刑情节、刑罚尺度等的把握,体现了我国最高司法机关认可的法律理解、司法理念和价值判断,权威性毋庸置疑。此外,普通受贿案件数量虽然不多,但是同样具有代表性和典型性。以上述案例的数据为基础进行定量统计分析,能够在研究我国受贿罪量刑失衡问题是否存在、何种程度地存在、影响量刑失衡的因素是什么等问题上得出更为准确、客观的结论。

四是从定罪模式、刑罚标准、刑罚结构三方面提出系统重构受贿罪刑罚制度的思路，通过综合施策从根本上有效实现对受贿犯罪的惩罚和预防。本书本着完善受贿罪刑罚制度是个系统工程的理念，论证了受贿罪刑罚的理论架构体系，并在此指引下提出通过严密法网、科学设置刑罚标准、改造刑罚结构等一系列举措重构受贿罪刑罚制度的思路。该系统构建思路避免了已有文献中常见的“头痛医头，脚痛医脚”的弊端，更加具有系统性、协调性和可行性。

五是提出对受贿罪情节分类并分步骤适用的思路。对受贿罪单独设置以情节为中心的刑罚标准的观点在已有文献中早已提出，本书在此基础上又对具体如何设置以情节为中心的受贿罪刑罚标准提出了构想。现行制度将受贿案件中涉及的各类情节混为一谈是造成当前受贿案件中重要情节不能发挥作用，进而罪刑失衡的主要原因，针对此，本书提出将受贿案件中的情节分为社会危害性情节和人身危险性情节两类，具体划定了两类情节涵盖的内容，并且确立了先根据社会危害性情节确定基准刑、再根据人身危险性情节修正基准刑形成宣告刑的分步骤量刑思路。以此构建一个以背职情况等罪中情节为基础，有犯罪记录、自首等罪前和罪后情节为辅助的受贿罪刑罚标准体系。

六是从兼顾法理和刑事政策的角度出发提出重构受贿罪刑罚制度的建议，即为使受贿罪刑罚制度既与受贿罪保护法益相吻合，符合公平正义的价值取向，同时还能够增强威慑力，符合“零容忍”的刑事政策，本书提出了对受贿罪取消起刑点，将受贿行为一律纳入刑法规制范围的观点。此外，为回应已有文献中提到的废除起刑点对实践的挑战和顾虑，本书在提出废除受贿罪起刑点的同时，对由此带来的诉讼程序、刑罚种类等问题一并作出设计，充分论证了该变革的可行性，有助于消除障碍，为增强受贿罪法网的严密性规划了具体的实现路径。

四、研究方法与文章结构

（一）研究方法

正如黑格尔所说，“学科的方法不是外在的形式，而是内容的灵魂”。① 特别是对于复杂的法律研究，在某种意义上，科学的研究方法比

---

① 张明楷：《法益初探》，中国政法大学出版社2003年版，第596页。

结论更为重要。对于法学来说,单纯的理论研究难免流于空泛,简单的案例、数据堆砌又缺乏理论的升华,因此,对法学的研究应将理论研究与实证研究结合起来,从而实现刑法理论和司法判例的良性互动。[①] 在本书的写作中,笔者结合选题和构思经过反复斟酌选择了两种研究方法。关于犯罪的刑罚,包括刑罚的种类、幅度,其具体规定都体现在刑法条文中,因此,对于刑罚的研究,离不开刑法规范性的研究。同时,由于受贿罪的刑罚又是一个实践性很强的问题,该项制度经过了司法实践中大量案例的检验,因此还需通过收集分析数据,对刑罚的现象性进行实证研究来揭示其中的问题。综上,本书采用规范分析方法和实证研究方法进行研究。

一是规范分析方法。在过去相当长时间,规范分析方法是最为普遍和传统的法学研究方法,也是法学院学生所需掌握的最基本的法学研究方法,就是“围绕重要法规(black-letter law),运用解释或者法律推理评估法律条文,并提出相关建议。这种方法侧重于研究自成一体的法律本身,通过研究相关法律及法院判决(普通法系)进行释法”。[②] 尽管近些年随着跨学科法律研究方法的兴起,一些学者批评该研究方法过于死板,但是该方法仍是法学研究中最为广泛采用的研究方法,其主导地位是不可撼动的。本书中围绕刑法及司法解释中对受贿罪刑罚问题的相关规定进行研究,结合之前的文献资料,从法律释义、法律推理、价值判断等角度评论现有法律条文的优劣。

二是实证研究方法。如前所述,基于法学和其他社会科学研究的沟通交流,经济学、社会学等领域的研究方法对法学研究产生了越来越大的影响,[③]实证研究方式被法学界重视起来。所谓法律实证研究,“是指按照一定程序规范对一切可进行标准化处理的法律信息进行经验研究、量化分析的研究方法”。[④] 刑法本身是一门实践性很强的学科,其中关于受贿罪刑罚的规定,是在对大量案件的分析归纳的基础上,提炼相

---

① [日]山口厚:《从新判例看刑法》,付立庆、刘隽译,中国人民大学出版社 2009 年版,序言。

② 麦高伟、崔永康主编:《法律研究的方法》,中国法制出版社 2009 年版,第 4~7 页。

③ 麦高伟、崔永康主编:《法律研究的方法》,中国法制出版社 2009 年版,何家弘序,第 5 页。

④ 白建军:《论法律实证分析》,载《中国法学》2000 年第 4 期,第 29 页。

关规范，归纳整合为一个完整的刑罚制度。同时，该规定也在实践中被应用于具体案件，因此，收集受贿案的具体情况并加以定量分析，通过实证研究来检视关于受贿罪刑罚的法律规定，可以印证学理分析的结论。为此，笔者建立了两个案例库。

第一个案例库是选取1991年至2017年2月判决的部级官员受贿案例，共计139个。由于该类案件社会关注度高，相关法院通常会将包括指控事实、判处结果和裁判理由在内的审理情况通过官方媒体对社会发布，本书从公开信息中提取要素，同时为确保数据的准确，笔者还与有关判决进行了逐一核对。对这部分案件的审理基本以中级法院为一审法院，由省高级法院进行二审或死缓刑复核，少数被判处死刑立即执行的案件还经最高人民法院复核，因此这些案件判处结果所体现的司法理念和价值观符合最高司法机关的要求，而且，由于该类案件备受关注，判处结果对全国审判机关亦有很强的示范效应。

第二个案例库是从中国裁判文书网上选取2010年至2016年年底判决的150件普通受贿案件。关于选取案例数量的说明：我国审判机关历来重视职务犯罪案件审判的对下指导，各省区市高级法院除了对市县两级法院审理的一定级别的、有一定社会关注度的受贿案件直接把关，还通过下发文件、业务培训、领导讲话等方式对审理受贿案件中定罪量刑的把握提出相对明确的指导性意见，因此，省内各级各地法院对受贿案件量刑的把握大同小异，地区之间的差异主要存在于经济发达程度不同以及东、中、西部各省区市之间。据此，笔者按照经济发达程度不同分别在我国东、中、西部选取不同省份法院审判的案件。尽管数量不多，但能够确保其代表性和典型性。关于选取地区的考虑：考虑地区经济差异对受贿罪量刑的影响，笔者根据地域以及经济发展程度选取五省市法院公布的受贿案件，分别是经济发达的北京、浙江，经济欠发达的甘肃、贵州，以及中等水平的湖南，每省30个案例。关于时间范围的考虑：中国裁判文书网于2013年7月开通，根据《最高人民法院关于人民法院在互联网公布裁判文书的规定》，2014年1月1日起各地各级法院的生效裁判文书统一在该网公布。从搜索结果看，2009年之前的刑事裁判文书公布数量不多，能够搜索到的受贿案更少，从中选取案例缺少代表性，因此选取2010年至2016年的案例。

两个案例库中，笔者设置了受贿数额、笔数、持续时间、受贿时间节点(事前还是事后受贿)、利用职务便利谋利情况、谋利行为给国家或他人利益造成损害情况、自首、坦白、立功、退赃等其他量刑情节,以及判处结果、判处时间等指标。以上述案例为研究样本,观察高官和其他国家工作人员受贿罪的判处情况,分析受贿数额、滥权程度、主观恶性、危害后果、认罪悔罪态度等因素分别对受贿罪量刑的影响,以及两个数据库之间的对比情况。此外,以上两个案例库中的案例都跨越了《刑法修正案(九)》和"两高"配套司法解释出台的时间,通过观察和比较前后两部分案例判处的刑罚,还可以了解新规定在实践中的适用情况,前后两个阶段对受贿案件的总体判处情况是否发生变化,法律规定的变化对受贿罪刑罚的影响有多大,立法机关和最高司法机关起草相关规定的初衷是否得以实现,相关规定的实践效果到底如何,等等。通过以上实证研究,揭示刑罚制度在具体受贿案件中的实际适用情况和成效,从不同的角度去检视法律问题,对学理研究得出的结论加以印证,弥补了单纯学理研究的不足,使得出的研究结论更加具有说服力。

(二)本书的结构

本书由导论和正文共七个章节组成。

第一章导论部分主要包括选题的背景、研究现状、研究的意义和创新、研究方法和本书的结构四部分内容,以便能够在此清晰地呈现本书之脉络。

第二章是受贿罪起刑点的设置。本章针对我国现行刑法关于受贿罪起刑点的规定进行研究,指出受贿罪规定起刑点与世界通行的犯罪概念理论相悖,背离了对受贿罪保护法益的应然性定位,无视行为人的主观恶性和行为的背职、危害等情况,仅因受贿数额未达一定数额就做非罪处理,与设立受贿罪所要保护的职务公正性的立法目的背道而驰,将大量明显破坏职务行为公正性和公众对公正性信任的受贿行为排除在刑事规制范围之外,难以实现公平正义。此外,不断调整的起刑点也造成对法律稳定性和严肃性的损害,人为设定的起刑点很难做到恰如其分,实践中起刑点屡被虚置和突破;而且随着起刑点的提高被排除在犯罪圈之外的受贿行为越来越多,与对腐败"零容忍"的刑事政策以及实现惩治和预防受贿犯罪的刑罚目的背道而驰。

第三章是受贿罪刑罚标准的设置。我国刑法没有针对受贿罪规定专门的刑罚标准,而是规定受贿罪依附于贪污罪的刑罚标准进行处罚,这种贪贿同罚的规定忽视了受贿罪与贪污罪保护法益的差异，造成受贿罪的刑罚与犯罪行为社会危害性的严重不匹配。当前受贿罪以“数额为中心，其他情节为辅助”的刑罚标准过于强调了犯罪数额在量刑中的权重，而其他非数额情节，特别是体现背职情况的情节未被赋予应有的权重，因此现行受贿罪刑罚标准一方面不能准确体现受贿行为的社会危害程度，违反了罪刑相适应、刑罚个别化等刑罚基本原则，难以实现罚当其罪，导致罪刑失衡在所难免；另一方面，久而久之引导司法机关产生对受贿罪保护法益的误读和实践掌握的偏差，形成过于依赖犯罪数额的“唯数额论”的倾向，其他情节调整刑罚裁量的功能被虚置。当今其他法域和我国古代立法中对受贿罪刑罚标准的立法例在紧扣受贿罪保护法益、重视背职情况等方面具有借鉴意义。

第四章是受贿罪量刑情节的设置与适用。根据不同的标准，可将受贿罪量刑情节分为法定量刑情节和酌定量刑情节，从宽处罚情节和从严处罚情节，以及罪前情节、罪中情节和罪后情节等。为实现量刑的公正性和合理性，受贿罪量刑情节的设置和适用需遵循全面评价、具体分析和禁止重复评价等基本原则。但当前我国司法机关对受贿罪量刑情节适用中存在重视法定情节而忽视酌定情节，从宽情节考虑过度而从严情节评价不足，罪后情节适用失之于泛、失之于宽等突出问题，通过对英国和我国各一个刑事案例的比较可以看出两国法官对量刑情节适用能力和所持理念的较大差异。当前我国受贿罪量刑情节体系中，罪中情节方面存在背职情况、受贿行为的特定主体、发生的特定领域、行为实施的频次等直接反映受贿行为法益侵害程度的重要情节缺失，据此作出的判决仍然难以实现罪刑相适应，司法解释规定的各情节之间没有形成逻辑严密的情节体系，各情节的含义也多有争议等问题；罪前情节法定化程度不高，司法解释关于违纪犯罪记录对量刑影响的规定突破了刑法规定，有“越界”之嫌；罪后情节中过于追求犯罪人表现对突破案件和节约司法成本的功利价值诉求，对如实供述、认罪悔罪等情节的从宽尺度突破了刑法总则的规定，打破了对相关情节处罚的平衡，缺乏合理性和正当性，造成不同犯罪之间刑罚的失衡；另外对受贿犯罪格外从宽所释放的信号也与严惩腐败犯罪的精神不符。

第五章是受贿罪刑罚体系的设置。本章主要研究了我国刑罚结构中存在的重刑主义和缺乏针对性问题。首先，论证受贿罪保留死刑缺乏正当性和必要性，违背刑法谦抑性和罪刑相适应原则，亦无益于增强对受贿罪的震慑和预防效果，还对反腐败国际司法协助造成障碍。由死刑衍生出的死缓刑执行方式从法理上来讲存在先天不足，《刑法修正案（九）》独创的“死缓减为无期徒刑后终身监禁”制度与国际通行的终身监禁有本质的区别，该制度必须以犯贪污、受贿犯罪被判处死缓刑为前提，因此在立法上无法发挥取代死刑的作用，而且该制度设计的科学性和严谨性面临刑法理论的挑战，能否产生实效亦不容乐观。其次，没收财产刑自身的缺陷使该刑种在我国刑罚结构中发挥的作用有限，《刑法修正案（九）》对受贿罪增加规定罚金刑具有积极意义，但是缺少独立性的科处模式削弱了罚金刑的惩罚功能，罚金刑的判处标准也无法实现罪刑相适应原则，从而使罚金刑面临难以执行的实务困顿。最后，现行刑法没有针对受贿罪渎职性的特点对受贿罪设置资格刑，不仅不利于特殊预防，而且体现不出对受贿行为渎职性的否定性评价，一定程度上影响一般预防目的的实现。

第六章是受贿罪刑罚裁量的实证研究。本章对 139 件省部级官员受贿犯罪案件、150 件从裁判文书网抽取的其他人员受贿案件，以及另外一些被判处死刑和死缓减为无期徒刑后终身监禁的案件的一审判决书进行研究，在统计分析的基础上，对受贿罪适用死刑（仅指死刑立即执行）、死缓、无期徒刑、有期自由刑（包括有期徒刑和拘役）的刑罚裁量情况的表象进行描述，并对实践中数额和其他各类非数额情节对量刑的影响、各量刑情节功能差异的体现、《刑法修正案（九）》施行前后司法机关对受贿罪量刑情节掌握的变化等问题进行探究，以印证前面章节对受贿罪刑罚制度的论述。

第七章是我国受贿罪刑罚制度的重构。本章在前文研究的基础上对进一步完善我国受贿罪刑罚制度提出设想和建议。首先总结梳理了现行受贿罪刑罚制度与现代刑法理念和通行价值观的偏离，对有效预防受贿犯罪形成的掣肘，以及腐败“零容忍”的刑事政策，当前已经进行的认罪认罚从宽制度试点等为受贿罪刑罚制度重构奠定的政策、制度、理念基础等，论述了重构该制度的必要性和可行性。其次是对重构受贿罪刑罚制度所依赖的理念和价值观进行厘清，包括刑罚目的、受贿罪保护法益、刑法谦抑性原则的考量、从严惩处刑事政策的把握等，为完善制度奠定坚实的理论基础。最后是针对我国受贿罪刑罚制度存在的问题,在前述理论和价值观指引下,借鉴其他法域及我国古代立法的成功经验,从三方面对重构我国受贿罪刑罚制度提出具体设想和路径:一是取消受贿罪起刑点,并对相应的立法模式、适用刑罚和诉讼程序等提出建议;二是单独针对受贿罪设置以情节为中心的刑罚标准体系;三是重新设置受贿罪的刑罚结构,设置死刑替代措施以对受贿罪废除死刑,改造资格刑并对受贿罪增加适用资格刑,增加对受贿罪单独适用罚金刑。

第二章 受贿罪起刑点的设置

受贿罪的定罪模式从字面上看是一个定罪问题，但是定罪模式中的定量标准即起刑点也是刑罚标准的基础和重要组成部分，特别是对于以数额为标准的犯罪，更是刑罚标准中不可分割的一部分，而且，定罪模式中反映出的立法理念及价值判断在刑罚中同样适用。例如受贿罪中，入罪的数额标准与各量刑档的数额标准密切相关，如果调整入罪标准，各量刑档的数额标准也必然要随之调整。回顾历史，我国对受贿罪起刑点的规定经历了从无到有的过程，最早的有史料记载的先秦时期，法律对受贿罪未规定起刑点，例如秦朝《云梦秦简·法律答问》记载："通一钱者，黥为城旦。"①即受贿一个铜钱就要以犯罪论处，该受贿罪定罪模式为后世沿用，一直到1979年《刑法》，对受贿罪都没有规定定罪的数额标准。直至20世纪80年代末，在贪污受贿等腐败现象日益严重的情况下，为解决因《刑法》没有规定具体的数额标准而导致实践中司法机关案件数量压力大、掌握标准不统一等问题，缓解司法机关的办案压力，②1988年全国人大常委会在总结职务犯罪审判司法实践的基础上出台的《补充规定》，第一次明确规定2000

---

① 黥，又称墨刑，即以刀刻凿人面（体），再用墨涂在刀伤创口上，使其永不褪色。城旦，即强制男性犯人修筑城墙的劳役刑。

② 刘以政：《惩治贪污罪贿赂罪的补充规定的特点》，载《法学》1988年第4期，第15页。

元为追究受贿罪刑事责任的起刑点，[①]从此，起刑点成为受贿罪刑罚体系中的一个重要因素并在之后的历次修法中得以保留。之后1997年的《刑法》沿袭该做法并将起刑点提高到5000元，2015年《刑法修正案（九）》仍保留规定起刑点，不同的是将起刑点的标准抽象化为“数额较大”，由司法解释再将起刑点明确提高为3万元。当然，我国刑法对受贿罪起刑点的规定也不是绝对的，1997年《刑法》第383条第1款第4项规定，“个人贪污数额不满五千元，情节较重的，处二年以下有期徒刑或者拘役”，《刑法修正案（九）》规定，贪污数额较大或者有其他较重情节的，处3年以下有期徒刑或者拘役，并处罚金；“两高”司法解释进一步说明，贪污数额在1万元以上不满3万元，具有相关情形之一的，认定为“其他较重情节”。以上规定表明，自1997年《刑法》以来，对受贿罪的定罪标准并非绝对数额标准，对于受贿数额未达起刑点数额标准的，如果具有较重情节的也构成受贿罪。从以上规定的字面上看，受贿罪的定罪除了数额因素外，其他情节也是重要的考量因素，但是，由于规定可操作性差且与实践脱节等原因，上述条款并未受到司法机关的重视，实际上成为虚置条款，笔者在人民法院裁判文书库中未搜索到适用该条款定罪的案例。因此，上述条款的存在丝毫不影响我国刑法中受贿罪起刑点数额标准的绝对地位，理论界通说将受贿罪归为“数额犯”，更有部分学者称其为“单一数额犯”。[②]

从我国刑法首次设置受贿罪起刑点的背景和过程来看，相关规定更多的是一个应对现实问题的权宜之计，并未建立在对法学理论深思熟虑的基础之上。受贿罪起刑点的规定为司法机关提供了明确的界定受贿罪罪与非罪的数额标准，由于便于操作，近30年来，无论对立法者

---

①　《关于惩治贪污罪贿赂罪的补充规定》第5条规定，对犯受贿罪的，根据受贿所得数额及情节，依照本规定第2条的规定处罚。第2条规定：“对犯贪污罪的，根据情节轻重，分别依照下列规定处罚：……（3）个人贪污数额在二千元以上不满一万元的，处一年以上七年以下有期徒刑；情节严重的，处七年以上十年以下有期徒刑。个人贪污数额在二千元以上不满五千元，犯罪后自首、立功或者有悔改表现、积极退赃的，可以减轻处罚，或者免予刑事处罚，由其所在单位或者上级主管机关给予行政处分。（4）个人贪污数额不满二千元，情节较重的，处二年以下有期徒刑或者拘役；情节较轻的，由其所在单位或者上级主管机关酌情给予行政处分。”

②　例如赵秉志：《中国反腐败刑事法治领域中的国际合作》，载《国家检察官学院学报》2010年第5期，第20页；于志刚：《单一数额犯的司法尴尬与调和思路——以〈刑法修正案（九）〉为切入点的分析》，载《法律适用》2016年第3期，第90页；等等。

还是司法者,受贿罪起刑点已经深入人心,其必要性无可置疑,因此立法机关和司法机关争论的多是数额标准是否该提高的问题,而鲜有对起刑点的存在提出质疑。① 事实上,我国对受贿罪规定起刑点的立法模式,在犯罪概念、保护法益、刑罚原则等理论层面存在诸多值得探讨之处,司法实践中起刑点的存在也是导致个案处理不公、失衡等问题的重要原因,因此是否设立受贿罪入罪的门槛才是问题的关键。对此,有许多学者基于刑法理论以及适应国家反腐败形势需要的考量,提出应当取消受贿罪起刑点的观点。② 笔者认为,刑法关于受贿罪起刑点的规定,将数额较小的受贿行为排除在犯罪圈之外,表面上看似乎更符合刑法谦抑性原则,而且客观上为司法机关提供了明确、统一的定罪标准,其存在对于司法实践有一定的合理性,但是,受贿罪起刑点的存在对构建反腐败的严密法网、实现对腐败"零容忍"的刑事政策、实现司法公正等方面所产生的消极影响亦不容忽视,需慎重研究。

第一节　受贿罪设置起刑点与通行的犯罪概念理论

一、定罪标准和定罪模式

所谓定罪标准,是指将某种行为认定为犯罪,并对行为人施以刑罚的最低限量标准。③ 定罪标准直接决定什么样的行为具有刑事可罚性,对此,各国因政治体制、法律传统各异形成两种不同的模式,即"立法定性、司法定量"模式和"立法定性亦定量"模式。关于"立法定性、司法定量"模式,是法国等国家受刑事古典学派影响,在反对罪刑擅断、强调罪刑法定的思想影响下形成的注重形式的犯罪概念,即立法从犯罪行

① 例如,全国人大法工委对《刑法修正案(九)》的说明中,以及最高人民法院对《贪污贿赂解释》的新闻发布中,强调的都是随着经济发展和物价水平的变化,贪污贿赂定罪的数额标准应当提高的理由。

② 参见李希慧主编:《贪污贿赂罪研究》,知识产权出版社2004年版,第79页;王秀梅:《论贿赂犯罪的破窗理论与零容忍惩治对策》,载《法学评论》2009年第4期,第69页;游伟:《调整贪污贿赂罪标准怎可轻言》,载《检察风云》2009年第23期,第65页;于志刚:《贪污贿赂犯罪定罪数额的现实化思考》,载《人民检察》2011年第12期,第82页;等等。

③ 韩劲松:《论起刑点》,载《学术交流》2012年第8期,第57页。

为的法律特征方面来界定和描述犯罪，而不对法益侵害程度等任何定量因素进行描述，只要违反刑事法律的行为就构成刑法上的犯罪。[①] 目前世界上绝大部分国家和地区的立法采用“立法定性、司法定量”模式。考察当今其他法域关于受贿罪的立法，基本上都采用立法定性不定量模式构建受贿罪构成要件，即法律只规定受贿犯罪的行为要件和特征，符合行为描述的即构成受贿罪，不存在起刑点的要求。当然，采用这种模式并不意味着上述国家和地区对于任何有刑事可罚性的行为无论危害性大小都一律进行刑事追究。上述法域的立法通常还设立了相应的过滤制度，即由司法机关通过刑事诉讼程序将法益侵害轻微的行为排除在刑罚惩罚范围之外。例如英国的《1985 年犯罪起诉法》和《皇家检察官守则》规定的同意起诉制度、[②]日本刑事诉讼法中规定的检察机关起诉独占和起诉便宜制度等，都是通过司法程序将轻微侵害法益的不值得动用刑罚处罚的行为排除出追究刑事责任的范围。[③] 这样的模式，能够在保证实现罪刑法定原则的基础上兼顾实现刑法谦抑性原则。

“立法定性亦定量”模式，是我国刑法中采用的特有的定罪模式。我国刑法立法基本沿袭苏俄刑法典规定，而苏联刑法基于政治考量，在认定犯罪概念时，除考虑犯罪的法律特征外，还格外强调实质特征在界定犯罪中的作用，具体而言就是在刑法中对犯罪进行实质性规定，即犯罪行为不仅形式上要符合刑法分则规定，而且实质上也具有社会危害性。[④] 我国刑法沿袭了上述立法理念，同时也深受“法不治众”的传统法律文化影响，[⑤]对苏联的立法理念进一步发展，形成了我国特有的“立

---

① 郭世杰：《犯罪概念二元论之提倡——基于比较法的视角》，载《河南司法警官职业学院学报》2011 年第 1 期，第 46 页。

② 高铭暄、曹波：《中英受贿犯罪立法比较研究》，载《法学杂志》2016 年第 8 期，第 7 页。

③ 李洁：《日本受贿罪立法及对我国的借鉴价值》，载《北方法学》2007 年第 1 期，第 159 页。

④ 1926 年《苏俄刑法典》第 6 条规定：“目的在于反对苏维埃制度，或者破坏工农政权向共产主义过渡时期所建立的法律秩序的一切作为或不作为，都认为是危害社会的行为。对于形式上虽然符合本法分则任何条文所规定的要件，但因为显著轻微并且缺乏损害结果，而失去危害社会的性质的行为，不认为是犯罪行为。”1960 年《苏俄刑法典》第 7 条第 2 款规定：“形式上虽然符合刑事法律所规定的某种行为要件，但是由于显著轻微而对社会没有危害性的行为或不作为，不认为是犯罪。”

⑤ 储槐植、张永红：《善待社会危害性观念——从我国刑法第 13 条但书说起》，载《法学研究》2002 年第 3 期，第 89 页。

法定性亦定量"的定罪模式,即以行为的性质和危害程度相结合来区分罪与非罪。[①] 在这种模式下,立法规定某行为是否构成犯罪,不仅要求其具备犯罪本体要件,还要求该行为对法益的侵害程度具备一定的数量要件,[②]这个数量要件就是罪量。在此,要求对法益侵害程度所需达到的最低数量标准,就是起刑点。[③] 具体体现在法律上,一方面就是刑法总则中第13条以"但书"的形式,将符合犯罪的基本性质,"但是情节显著轻微、危害不大的"情形排除在犯罪之外,规定了认定犯罪的罪量限制;[④]另一方面又体现在刑法分则许多条文中,特别是涉及财产性犯罪的条文中,描述具体某一犯罪罪状的同时,还规定了"数额较大""情节严重""造成严重后果""造成重大损失"等构成该犯罪所需达到的数额、情节、后果等体现对法益侵害程度的罪量标准。据此,相关行为只有同时符合定性描述和罪量标准的才构成刑法上的犯罪,仅符合定性描述而未达到定量标准即没有达到起刑点的则被排除在刑法规定的犯罪之外。

对于我国的"立法定性亦定量"定罪模式的优劣,学界形成了不同观点。有观点认为,该模式有利于司法机关对犯罪概念的把握,而且有利于贯彻刑法的辅助性原则,可有效缩小刑罚的打击面,缓和社会矛盾,减少标签效应。[⑤] 另有观点认为,该模式使司法呈现极大的形式主义和机械化的倾向,将复杂的犯罪行为和精密的司法活动通过一种极为简单、幼稚的方式加以处理。[⑥] 在此,笔者赞成后一种观点,具体理由在后文针对受贿罪定罪模式的探讨中一并阐述。

---

① 参见《受贿罪起刑点"红线"应在哪里》,载《法制日报》2010年5月27日。

② 陈兴良:《口授刑法学》,中国人民大学出版社2007年版,第235页。

③ 韩劲松:《论起刑点》,载《学术交流》2012年第8期,第57页。

④ 我国1997年《刑法》第13条规定:"一切危害国家主权、领土完整和安全,分裂国家、颠覆人民民主专政的政权和推翻社会主义制度,破坏社会秩序和经济秩序,侵犯国有财产或者劳动群众集体所有的财产,侵犯公民私人所有的财产,侵犯公民的人身权利、民主权利和其他权利,以及其他危害社会的行为,依照法律应当受刑罚处罚的,都是犯罪,但是情节显著轻微、危害不大的,不认为是犯罪。"

⑤ 韩劲松:《论起刑点》,载《学术交流》2012年第8期,第57页。

⑥ 陈国庆:《我看刑事司法中"唯数额"倾向》,载《光明日报》2001年1月2日。

二、受贿罪罪量因素的设定缩小了犯罪概念的外延

现代刑法对犯罪的定义建立在以“犯罪即恶行”这样的定性分析为根基的犯罪构成理论之上，[①]对社会危害行为的量并不做要求，体现社会危害程度的罪量因素只具有量刑意义，不具有定罪意义。[②] 具体体现到受贿罪立法上，世界上绝大多数国家采用的是“立法定性、司法定量”的定罪模式，即刑法只有罪质的描述，而没有罪量的规定，危害社会的行为就是犯罪，犯罪不存在定量因素，在美国、英国等国的法律和判例中，行为人的行为只要符合刑法规定的受贿犯罪行为特征，无论受贿数额多少、造成何种严重后果，一律构成受贿罪，不存在起刑点的规定。

一国刑法关于犯罪概念的规定，体现了该国家认为违法行为的社会危害性达到一定程度而给予刑罚处罚的价值判断，[③]具体到受贿罪的规定，我国现行刑法和司法解释对受贿罪起刑点的规定，通过罪量因素的规定缩小受贿犯罪概念的外延，将本质一样的行为人为地作出罪与非罪这种应有实质性不同的区分，混淆了罪质和罪量对犯罪概念影响的区别，直接影响罪刑法定原则在犯罪定义中的体现。[④] 这种受贿罪的定罪模式在定性表述之外增加了数额、情节等定量因素，从立法层面就将大量受贿行为排除在犯罪之外。正如储槐植教授提出的，“犯罪概念的定量因素造成刑法结构性缺失，定量因素的载体只能是行为造成的客观损害结果，这一点决定了我国刑法奠基于结果本位”。[⑤]

第二节 受贿罪设置起刑点与受贿罪保护法益

法益体现犯罪的本质，犯罪行为对法益的侵害是该行为社会危害

---

① 储槐植：《刑事一体化与关系刑法论》，北京大学出版社 1997 年版，第 270 页。

② 李居全：《也论我国刑法中犯罪概念的定量因素——与储槐植教授和汪永乐博士商榷》，载《法律科学》2001 年第 1 期，第 97 页。

③ 储槐植、张永红：《善待社会危害性观念——从我国刑法第 13 条但书说起》，载《法学研究》2002 年第 3 期，第 91 页。

④ 樊文：《罪刑法定与社会危害性的冲突——兼析新刑法第 13 条关于犯罪的概念》，载《法律科学》1998 年第 1 期，第 26 页。

⑤ 储槐植：《论教养处遇的合理性》，载《法制日报》1999 年 6 月 3 日。

性之所在;此外,保护法益使刑法具有正当目的性,因此一个行为是否侵害法益、侵害程度如何是判断应否将其纳入刑罚处罚范围,以及处以何种刑罚的判断依据。[①] 对受贿罪而言,科学认定保护法益是准确界定何种行为属于受贿犯罪行为、判断受贿犯罪行为社会危害性大小的基础。

一、关于受贿罪法益的观点梳理和法理辨析

关于受贿罪的法益,是受贿罪刑罚制度设置的重要的理论基础,因此为了便于本书对受贿罪起刑点和刑罚标准的研究,有必要在此先对受贿罪法益进行探讨。

(一)受贿罪法益的观点梳理

梳理中外学者关于受贿罪法益的观点,可以归纳出三个有代表性的学说:

一是公正性说。公正性说来源于日耳曼法,是德国、日本等国家理论界和实务界的通说。现在的观点通常认为其包含两层含义,即职务行为的公正性和职务行为公正性的社会一般信赖。[②] 根据该学说,刑法不仅要保护职务行为的公正性,即使行为人公正行使职务行为,但就此收受贿赂的,由于国民因此会对职务行为公正性产生怀疑,导致国民不安进而对政府产生不信任,因此也应当构成受贿罪。[③] 根据香港特别行政区法律,代理人无合法权限或合理辩解收受利益的即构成犯罪,[④]在此,代理人作为主事人的雇员,[⑤]负有忠实于雇主、公正履行职务的义务,其若实施受贿行为,就意味着侵害了雇员对雇主的忠实义务,侵害了职务行为的公正性。二是不可收买性说。不可收买性说来源于罗马法,认为

---

① 牛猛:《论受贿罪的法益》,载《福建公安高等专科学校学报》2007 年第 2 期,第 67 页。

② [日]西田典之:《日本刑法各论》(第 3 版),刘明祥、王昭武译,中国人民大学出版社 2007 年版,第 380 页。

③ 张明楷:《刑法学》,法律出版社 2011 年版,第 1059 页。

④ 香港特别行政区《防止贿赂条例》第 9 条(1)规定了代理人索贿/受贿罪,即"任何代理人无合法权限或合理辩解,索取或接受任何利益,作为他作出以下行为的诱因或报酬,或由于他作出以下行为而索取或接受任何利益,即属犯罪"。

⑤ 香港特别行政区《防止贿赂条例》第 2 条规定,"主事人"(principal)包括:(a)雇主;(b)信托受益人;(c)信托产业(犹如该产业是一个人);(d)享有遗产实益权益的人;(e)遗产(犹如该遗产是一个人);及(f)(就公共机构的雇员而言)有关的公共机构。"代理人"(agent)包括公职人员及受雇于他人或代他人办事的人。

受贿罪法益是职务行为的不可收买性。该学说认为，国家的作用就是公务，公务必须得到公正执行，如果公务员基于裁量公务行为的对价而收受利益，就会导致巨大的不公正裁量的危险，因此规定受贿罪就是为了禁止将公务作为与相对人作交易的筹码。[①] 三是廉洁性说。廉洁性说是被我国学界广为认可的通说，即受贿罪保护法益是职务行为的廉洁性。[②] 但是由于“廉洁性”一词概括性强，对于“廉洁性”含义的理解始终有争论，形成了包括“职务行为廉洁性说”“公务人员廉洁制度说”等在内的多种观点。[③] 此外，在我国1979年《刑法》颁布后，学界在相当一段时间内认为受贿罪法益是国家机关的正常管理活动以及公私财产所有权，[④]直至1997年《刑法》颁布后，该观点才逐步被廉洁性说所替代。

（二）对受贿罪法益各学说合理性的辨析

关于公正性说，早期的观点只强调职务行为的公正性，意味着收受贿赂只要没有不公正履职就不构成受贿罪，有很大的片面性，后来学者将公正性的内涵加以延伸，增加民众对职务行为公正性的信赖以弥补单纯强调职务行为公正性的片面性，使公正性说的概念更加完善，该解释更符合受贿罪的本质特征。此外，从英、美、德、日等大多数国家和地区的立法看，无论是英美法系还是大陆法系，对受贿罪规定的犯罪构成及刑罚标准，无不体现出对公正性说的认可和遵从。在我国，公正性说也越来越被学界认同。[⑤]

关于不可收买性说，其建立在“职务行为的无报酬性”基础理论之上。[⑥] 只有职务行为不可收买，才能杜绝公职人员将职务行为与他人交易，进而影响职务行为的合法性和公正性，损害他人利益。[⑦] 从含义上

---

① ［日］平野龙一：《刑法概说》，东京大学出版会1977年版，第294～295页。

② 高铭暄、马克昌：《刑法学》，北京大学出版社、高等教育出版社2010年版，第709页。

③ 黄铁文：《浅谈新时期受贿罪客体的新探讨》，载《法制与经济》2012年第12期，第31页。

④ 刘白笔、刘用生：《经济刑法学》，群众出版社1995年版，第504页。

⑤ 如黎宏：《刑法学》，法律出版社2012年版，第950～951页；李邦友、黄悦：《受贿罪法益新论——以“为他人谋取利益”为切入点》，载《武汉理工大学学报》（社会科学版）2013年第2期，第276页；王春福：《受贿罪法益之展开》，载《人民检察》2009年第21期，第55页；牛猛：《论受贿罪的法益》，载《福建公安高等专科学校学报》2007年第2期，第67页；等等。

⑥ 林山田：《刑法特论》（下），台湾地区三民书局1979年版，第842页。

⑦ 张明楷：《论受贿罪中的“为他人谋取利益”》，载《政法论坛》2004年第5期，第144页。

讲,职务行为的不可收买性也从根本上切中受贿罪的本质特征,作为受贿罪法益也是适当的。我国亦有许多学者赞同该学说。① 从具体内容看,不可收买性说认为,一旦职务行为与贿赂形成对价,就会产生不公正行使职务行为的危险;公正性说认为,一旦公职人员基于职务行为收受贿赂,民众便会因此对职务行为的公正性产生不信赖。以上两种学说尽管所站角度不同,但逻辑推理是相同的,依据以上任何一种学说都可以得出如下结论,即只要公职人员要求、约定或收受与职务行为有关的不正当报酬,无论其职务行为是否正当,都构成受贿罪。可以说,职务行为不可收买是保障公正行使职务行为的最基本的措施,不可收买性是公正性的一种形式性的说明,②受贿罪中职务行为的不可收买性被侵犯,归根到底,其社会危害性体现在因被收买而对公权力的不公正行使上。因此有学者提出"民众对职务行为公正性的信赖"是"职务行为不可收买性"的内容之一。③ 笔者认为,不可收买性与公正性两个学说在本质上并没有根本的不同,二者相较,公正性更为具体,反映受贿罪法益侵害的本质更为深刻。

关于廉洁性说,虽说是我国的通说,但"廉洁性"一词含义的概括性使其与"公正性""不可收买性"相比稍显空洞,学界对其具体内容的界定难以形成一致意见,④进而对受贿罪的构成要件也多有争论。同时也有人提出,如果以职务行为的廉洁性为受贿罪法益,在解释收受贿赂而正当履行职务的行为能否构成受贿罪时会成问题。⑤ 关于"廉洁"的含义,意为不贪财货,立身清白,⑥从"廉"字的词源来看,其意为"不苟取"。⑦ 综合以上词义,在刑法语境下,"廉洁"应当是指不收受以职权交换的钱财,因此"廉洁性"从根本上强调的也是职务行为不可收买,以

---

① 例如张明楷:《法益初论》,中国政法大学出版社2003年版,第627页。

② 李邦友、黄悦:《受贿罪法益新论——以"为他人谋取利益"为切入点》,载《武汉理工大学学报》(社会科学版)2013年第2期,第276页。

③ 王春福:《受贿罪法益之展开》,载《人民检察》2009年第21期,第54页。

④ 牛猛:《论受贿罪的法益》,载《福建公安高等专科学校学报》2007年第2期,第67页。

⑤ 李邦友、黄悦:《受贿罪法益新论——以"为他人谋取利益"为切入点》,载《武汉理工大学学报》(社会科学版)2013年第2期,第275页。

⑥ "廉洁"一词最早出现在战国诗人屈原的《楚辞·招魂》中:"朕幼清以廉洁兮,身服义尔未沬。"东汉学者王逸在《楚辞·章句》中对"廉洁"一词注释为:"不受曰廉,不污为洁",意为不接受他人钱财,不让自己清白的人品受到玷污。

⑦ 王力主编:《王力古汉语字典》,中华书局2000年版,第278页。

此保证公正履行职务行为。

综上,前述公正性说、不可收买性说和廉洁性说,在解释受贿罪法益的立场上尽管表述不同,但实质上大同小异,都有其合理性。相比较而言,不可收买性说在解释法益中存在稍显表面化、间接化问题,廉洁性说存在含义不明确等问题,公正性说的表述更为精准。笔者认为,将受贿罪法益界定为职务行为的公正性和民众对职务行为公正性的信赖更为妥当。

二、受贿罪起刑点的规定与保护法益脱节

我国刑法规定受贿罪定罪模式中对罪量因素的强调是造成很多情况下受贿罪罪与非罪处理失衡的主要原因。表 2－1 列举两组案例,笔者拟通过比较依法可能受到的处理结果加以说明。

表 2－1 相关受贿案件处理结果的比较情况

甲	依据刑法规定可能受到的处理	乙	依据刑法规定可能受到的处理
利用职务便利为他人谋利并收受贿赂 3 万元(依据《刑法修正案(九)》修订之后的《刑法》)	构成受贿罪,处 3 年以下有期徒刑或者拘役,并处罚金	利用职务便利为他人谋利并收受贿赂 2.9 万元,不具有其他较重情节(依据《刑法修正案(九)》修订之后的《刑法》)	不构成受贿罪
利用职务便利为他人谋利并收受贿赂 2.9 万元,不具有其他较重情节(依据《刑法修正案(九)》修订之前的《刑法》)	构成受贿罪,处 1 年以上 7 年以下有期徒刑	利用职务便利为他人谋利并收受贿赂 2.9 万元,不具有其他较重情节(依据《刑法修正案(九)》修订之后的《刑法》)	不构成受贿罪
利用职务便利为他人谋利并收受贿赂 300 万元(依据《刑法修正案(九)》修订之后的《刑法》)	构成受贿罪,处 10 年以上有期徒刑或者无期徒刑,并处罚金或者没收财产	利用职务便利为他人谋利,接受他人提供的某种商品的特许经营权,其家族企业获得亿元利润(依据《刑法修正案(九)》修订之后的《刑法》)	不构成犯罪

续表

甲	依据刑法规定可能受到的处理	乙	依据刑法规定可能受到的处理
正常履职进行工程招标,工程顺利完成且质量合格,事后中标企业为感谢送给其20万元(依据《刑法修正案(九)》修订之后的《刑法》)	构成受贿罪,处3年以上10年以下有期徒刑,并处罚金或者没收财产	收受价值2.9万元款物,并接受请托利用职务便利帮助不具有资质的企业中标工程,未造成严重损失(依据《刑法修正案(九)》修订之后的《刑法》)	不构成受贿罪
收受好处费9900元,利用职务便利为他人谋取不正当利益,致使国家利益遭受重大损失(依据《刑法修正案(九)》修订之前的《刑法》)	构成受贿罪,处1年以上10年以下有期徒刑	收受好处费9900元,利用职务便利为他人谋利,致使国家利益遭受重大损失,(依据《刑法修正案(九)》修订之后的《刑法》)	不构成受贿罪
正常履职进行工程招标,工程顺利完成且质量合格,事后中标企业为感谢送给其20万元(依据《刑法修正案(九)》修订之后的《刑法》)	构成受贿罪,处3年以上10年以下有期徒刑,并处罚金或者没收财产	接受他人请托为不符合安全标准的煤矿办理生产许可证,并约定收受一定比例煤矿股权,后煤矿发生安全事故造成重大人员伤亡,行为人未敢实际收受股权。(依据《刑法修正案(九)》修订之后的《刑法》)	不构成受贿罪

受贿罪保护的法益是职务行为的公正性及民众对公正性的信赖,受贿行为对法益的侵害直接体现在公权力的滥用上,至于受贿数额,只是间接体现对法益侵害的因素之一,因此,我国刑法将受贿数额这一并不直接体现法益侵害的因素作为定罪的必要条件的合理性是值得商榷的。[①] 表2-1中列举的案例及处理结果的对比表明,根据我国法律对

① 李洁:《日本受贿罪立法及对我国的借鉴价值》,载《北方法学》2007年第1期,第159页。

受贿罪的规定可以得出以下结论:行为人实施了滥用公权力的行为,无论是否已有约定,只要没有最终获得财产性利益,或者获得的利益不是直接的物质利益,即使滥用公权力行为造成了严重危害后果,其行为也不构成受贿罪;行为人同样利用职务收受贿赂的行为,因实施时间或者接受审判时间不同,在罪与非罪、判处刑罚等处理结果上可能产生巨大差异;根据修订后的刑法和司法解释规定,行为人利用职务收受贿赂,只要受贿数额不满 1 万元,其他情节无论多么严重都不构成受贿罪,这显然是荒谬的。[①] 事实上,基于职务谋取个人利益的行为已经对受贿罪保护的法益造成了侵害,有的已经是严重侵害,但依据现行法律由于种种罪量因素未达到而被排除在受贿犯罪圈之外。这样的结果与设立受贿罪的维护职务行为公正性的立法目的是背道而驰的。

反观我国古代和其他法域的立法例,对受贿罪都没有规定起刑点,例如英国、美国、德国、日本、新加坡、中国香港等,只要收受或者约定收受就构成受贿罪(即使 1 元钱),他们所奉行的理念是,只要基于职务收受不当利益,就违背了职责要求,破坏了国家的廉政制度,受贿 1 元钱与受贿 1 万元只有一步之遥。[②] 以上立法例体现了立法者对受贿罪保护法益的把握,即公职人员只要允诺收受他人不当利益,就表明职务是可收买的,职务行为的公正性就已经受到损害,国民对职务公正的信任也就无从谈起。只要公职人员允诺收受不当利益,无论是否实际收受,也无论该利益是物质利益还是其他利益,无论是否利用职务便利为他人谋利等,受贿犯罪所保护的职务公正性等法益就已经受到侵害。上述立法对受贿罪采用定性的定罪模式,体现了对职务的公正性以及国民对职务公正信赖的法益的保护。[③]

综上,行为人收受不当利益的行为本身就已经侵害了受贿罪保护的法益,具有应受刑罚惩罚性,收受利益的多少不存在影响行为性质从量变到质变的问题,因此法律对受贿罪设置起刑点,以受贿数额衡量该行为是否应受刑罚惩罚,与受贿罪保护的法益明显不相吻合,直接影响

---

① 卢建平、孙本雄:《我国受贿罪定罪量刑标准之重构》,载《中国人民公安大学学报》(社会科学版)2016 年第 3 期,第 86 页。

② 戎明昌:《贪污贿赂犯罪起刑点该不该调高——专家两种观点 PK》,载《法制与经济》2009 年第 12 期,第 2 页。

③ 张明楷:《外国刑法纲要》,清华大学出版社 1999 年版,第 776 页。

受贿罪刑罚一般预防功能的实现。

第三节　受贿罪设置起刑点与刑法原则及价值追求

一、设置起刑点难以实现司法公平正义的价值追求

公平正义是刑事法治追求的终极目标。以固定的数额标准作为受贿犯罪这一具有复杂客体的犯罪的定罪标准，会忽视案件的具体情况，形成执法中的僵化模式，并造成事实上和形式上的不平等和不公正。① 长期以来，关于受贿罪起刑点的规定给立法和司法带来的混乱和不公正饱受诟病。

（一）对同样实施受贿行为的人员处理不公正

如前所述，我国在司法中突破法定受贿罪起刑点的情况比比皆是，而且从相关统计数字看绝非少数，这样就导致实施相似受贿行为的人很可能面临相差巨大的处罚。例如，按照监察体制改革之前的腐败犯罪查处机制，甲、乙、丙三人均为国家工作人员，同样实施了收受贿赂 10 万元的行为，受贿情节也相似，当地纪委对甲先立案调查后查实了相关事实，同时认为甲认错态度好，对其作出留党察看的党纪处分和行政降级处分，未移送司法机关进行刑事追究，甲仍担任公职；纪委对乙立案调查后查实相关事实，但认为乙态度不好，因此对其作出开除党籍和开除公职处理并移送司法机关；丙直接被检察机关立案侦查，检察机关查实事实并向法院起诉。对于甲，其所受到的处分就是党纪处分和职务调整，保留了公职身份。而乙和丙的受贿行为进入司法程序，法院就要依法判决，如果在《刑法修正案（九）》施行后，二人可能被判处 3 年以下有期徒刑，如果在《刑法修正案（九）》施行前，二人可能被判处的刑罚则高达 10 年以上有期徒刑，同时还要受到开除党籍和公职的处分。这种同案不同罚的现象难言公平正义。对此，最高人民法院的一位副院长也曾在一次学术研讨中指出了这一现象

① 陈国庆：《我看刑事司法中"唯数额"倾向》，载《光明日报》2001 年 1 月 2 日。

的不合理。[①] 法定的受贿罪起刑点在司法实践中被虚置的现象如此普遍，[②]则折射出一个深层次的问题，那就是法律对受贿罪起刑点规定的不科学和不可行。在受贿罪起刑点不断提高的情况下还被司法机关一再突破，而在同样被规定了起刑点的盗窃、诈骗等其他犯罪中则并非如此，这表明问题的根本不是起刑点的高低，而是起刑点存在的合理性。

(二)整个刑罚体系内难言公正

受贿罪与盗窃罪、诈骗罪等侵犯财产型犯罪在侵害法益上有本质的不同，但行为人在贪利上是相同的，我国刑法对上述犯罪均以数额作为定罪的罪量标准。关于受贿罪，立法机关或最高司法机关考虑到社会经济发展等因素，三度提高受贿罪的起刑点至 3 万元，而对于盗窃罪和诈骗罪等典型的侵财性犯罪，立法机关和最高司法机关则未对社会经济发展等因素对起刑点的影响给予同样关注，以至于在当前受贿罪起刑点为 3 万元的情况下，盗窃罪的起刑点为 1000 元至 3000 元(各省区市在该幅度内确定本地区的具体数额标准)；[③]诈骗罪的起刑点为 3000 元至 1 万元(各省区市在该幅度内确定本地区的具体数额标准)。[④] 受贿罪入罪数额标准是盗窃罪入罪数额标准的至少 10 倍，诈骗罪的至少 3 倍。上述起刑点之间的差异，造成整个刑罚体系中不同犯

---

① 参见《最高法副院长：贪污贿赂罪起刑点应调整》，载《重庆晚报》2009 年 11 月 4 日。

② 根据法院某课题组调研，对盗窃、各类诈骗等多个设有起刑点的犯罪的判决情况抽样统计发现，各部门对盗窃罪、诈骗罪的起刑点执行情况较好，超过起刑点而未追究刑事责任的所占比例不高，而受贿罪的起刑点执行情况则非常差，被有关部门突破的绝对数量和比例远高于其他罪名。

③ 2013 年发布的《最高人民法院、最高人民检察院关于办理盗窃刑事案件适用法律若干问题的解释》第 1 条规定，盗窃公私财物价值 1000 元至 3000 元以上、3 万元至 10 万元以上、30 万元至 50 万元以上的，应当分别认定为《刑法》第 264 条规定的“数额较大”“数额巨大”“数额特别巨大”。各省、自治区、直辖市高级人民法院、人民检察院可以根据本地区经济发展状况，并考虑社会治安状况，在前款规定的数额幅度内，确定本地区执行的具体数额标准，报最高人民法院、最高人民检察院批准。

④ 2011 年发布的《最高人民法院、最高人民检察院关于办理诈骗刑事案件具体应用法律若干问题的解释》第 1 条规定，诈骗公私财物价值 3000 元至 1 万元以上、3 万元至 10 万元以上、50 万元以上的，应当分别认定为《刑法》第 266 条规定的“数额较大”“数额巨大”“数额特别巨大”。各省、自治区、直辖市高级人民法院、人民检察院可以结合本地区经济社会发展状况，在前款规定的数额幅度内，共同研究确定本地区执行的具体数额标准，报最高人民法院、最高人民检察院备案。

罪之间定罪标准的不平衡，向社会释放的信号就是国家对包括受贿罪在内的公职人员腐败犯罪有着比对盗窃、诈骗等普通公民犯罪更为宽容的态度，这样的法律规定明显违反了平等原则，也造成实践中不同身份人群权利保护的不公正状况。上述差异被学界和社会公众广为诟病，质疑因身份不同而刑罚有异，对此，最高人民法院也表态注意到这个问题，将对此进一步研究以解决不同犯罪之间的罪刑均衡问题。[①]

二、设置起刑点未必符合诉讼经济原则

坚持认为受贿罪应设置起刑点的观点还提出，针对当前公职人员的廉洁状况，如果取消起刑点，将出现大量的小数额受贿案件，消耗大量司法资源，最终却只判处很轻的刑罚，也不符合诉讼经济原则。[②] 刑罚对受贿罪起刑点的规定确实将大量小数额的受贿案件阻挡在了司法程序之外，看似为检察机关和审判机关节省了不少人力、物力、财力，但是相比之下，由于法网粗疏导致的贿赂犯罪频发，给国家和社会在政权稳固、社会管理以及经济发展等方面造成的损失难以估量，国家为此也要付出巨大的预防、治理成本，因此设置法律制度在考虑当下直接的经济账的同时，更应当考虑对国家、社会、公民权利保障等造成的根本的、长远的影响。此外，对于设置起刑点是否必然比取消起刑点更符合诉讼经济原则，笔者认为，只要合理设计诉讼程序，取消受贿罪起刑点并不必然导致诉讼成本增加。国家监察体制改革后，监察委员会同时拥有对贪污受贿等职务违法行为和犯罪行为的调查权，这就意味着无论是否涉嫌犯罪，改革后都由监察委员会进行调查，涉嫌犯罪的直接移送检察机关公诉部门审查起诉即可，无需像过去一样由检察机关反贪部门再进行立案侦查，避免了重复劳动。检察机关的不起诉制度过滤掉一部分案件，提起公诉的案件中，可以适用刑事速裁程序或者参照该程序设计一套专门针对轻微受贿案件的简便程序，这样即使取消受贿罪起刑点，也不会增加太多的诉讼成本。

---

① 最高人民法院《关于〈最高人民法院、最高人民检察院关于办理贪污贿赂刑事案件适用法律若干问题的解释〉的问答》，载《刑事审判参考》（总第 106 集），法律出版社 2017 年版，第 280 页。

② 参见法院某课题组的调研材料。

三、设置起刑点与对腐败“零容忍”的刑事政策背道而驰

社会生活中，法律规范具有指引、评价和指示功能。① 起刑点的设置涉及刑法上犯罪圈范围的划定，体现了国家对某种危害行为的容忍程度，达到起刑点的行为就是国家所不能容忍的危害行为。② 反过来讲，未划入犯罪圈的行为就是国家一定程度上尚可容忍的危害行为。法国社会学家迪尔凯姆提出，社会对于侵害行为的容忍是随着社会的进步而改变的，为此，作为追究犯罪的标准的起刑点也应随着这种容忍度的改变而降低。③

（一）反腐败“零容忍”刑事政策的域外立法

对犯罪行为的“零容忍”政策源自美国犯罪学家乔治·凯琳和政治学家詹姆斯·威尔逊20世纪70年代提出的“破窗理论”，④即一幢建筑有一些破损窗户，如果这些窗户不被及时修好，别人就可能受到某种示范去破坏更多窗户，最终甚至会闯入建筑内，久而久之这里就成为一个滋生犯罪的无序场所。“破窗理论”蕴含的意思是，如果不及时制止违反道德的行为，向社会传递一个社会接受这种行为的错误信号，那么这些行为就会演变为违反法律的行为；如果国家对轻微违法行为置若罔闻，那么这些行为就会演变成犯罪行为；如果对犯罪行为惩治不力，那么公众就会对政府失去信心，导致社会责任感和正义感降低，进而犯罪得以蔓延。⑤ 20世纪90年代美国纽约警察局依据“破窗理论”推行“零容忍”打击犯罪的警务政策，通过对轻微犯罪，特别是扰乱公共秩序犯罪采取强有力的执法措施，使纽约的治安状况明显改善，实现了犯罪率的大幅度下降。⑥

---

① 张文显：《法理学》，法律出版社2007年版，第296页。

② 王刚：《我国受贿罪处罚标准立法评析》，载《环球法律评论》2016年第1期，第130页。

③ ［法］埃米尔·迪尔凯姆：《社会学方法的规则》，胡伟译，华夏出版社1999年版，第55页。

④ George Kelling and James Q. Wilson, “Broken Windows: The police and neighborhood safety”, at ATLANTIC MONTHLY, March 1982.

⑤ 王秀梅：《论贿赂犯罪的破窗理论与零容忍惩治对策》，载《法学评论》2009年第4期，第67页。

⑥ 据《纽约警方“零容忍”见效》披露，1994年至1997年，纽约犯罪率降低了37%，凶杀案件的犯罪率甚至降低了50%以上；1993年至1995年，纽约市的机动车犯罪案件下降了40%，抢劫案件下降了32%，入室盗窃案件下降了38%。参见http://www.nmg.xinhuanet.com/nmgwq/2006－12/18/content_8816890.htm，最后访问日期：2017年4月20日。

“零容忍”作为一项刑事政策亦被世界各国在惩治腐败犯罪中广泛接纳并适用。通过对英国、美国、德国、日本、新加坡、中国香港等国家和地区受贿罪立法例的考察，各法域普遍对受贿罪构建了严密的法网，划定了范围宽泛的受贿罪犯罪圈，对受贿罪规定了很低的入罪门槛，除了未设定起刑点外，还规定只要有期约、收受、要求贿赂三行为之一的就构成受贿罪（如英国、德国、日本、中国香港），而且受贿标的内容广泛，包括各种物质利益和非物质利益，有的法域甚至既不要求实际收受利益，更不要求有为他人谋利行为，例如中国香港，为了防止腐败分子规避处罚，还规定凡公务人员生活水准和拥有的财产与其薪金收入不相称又无法解释的，即推定为犯罪所得。[①] 各法域在此基础上，针对受贿行为不同的手段、方式、程度等设置了精细多元的罪名体系，对受贿罪构建了严密法网。

一个国家和地区立法对受贿犯罪法网的严密程度，直接决定着以受贿犯罪进行惩罚的犯罪圈的大小，反映着打击贿赂犯罪的力度，有重要的标尺作用，[②]也折射出这个国家和地区政府对职务公正性的防护程度。上述法域法律对受贿罪规定的细密法网，即对于公职人员来说，只要其基于职务由他人提供利益的，无论是物质性利益还是非物质利益，无论以何种形式实施受贿行为，无论是否已经实际获得利益，无论是否有利用职权为他人谋利的意愿和行为，就被认为损害了受贿罪保护法益，一律认定为受贿罪。上述法域对受贿犯罪的立法模式，体现出以社会防卫为重点的价值取向，对职务公正性等法益最大限度的保护，强调公职人员行使职务的公正性、严肃性的理念，在刑事规范层面宣示了对受贿犯罪“零容忍”的态度。

（二）我国受贿罪起刑点与反腐败“零容忍”刑事政策的背离

在我国，腐败犯罪也是历代政权严厉打击的犯罪之一，对腐败犯罪“零容忍”亦是当代社会的价值共识。但是在我国过去很长一段时间，对于包括受贿在内的腐败行为“零容忍”还是“适度容忍”的争论却时

---

① 香港《防止贿赂条例》第 10 条规定，任何现任或曾任订明人员的人维持高于与其现在或过去的公职薪俸相称的生活水准，或控制与其现在或过去的公职薪俸不相称的金钱资源或财产，除非就其如何能维持该生活水准或就该等金钱资源或财产如何归其控制向法庭作出圆满解释，否则即属犯罪。

② 高铭暄、张慧：《论受贿犯罪的几个问题》，载《法学论坛》2015 年第 1 期，第 79 页。

有发生。[①] 党的十八大之后，在腐败犯罪愈演愈烈，反腐败形势严峻复杂的背景下，党和国家领导人明确提出了反腐败“零容忍”的要求，[②]纪检、立法、司法等机关也都积极回应，“零容忍”无可争议地成为我国惩治腐败犯罪的重要的刑事政策。

为适应惩治腐败以及刑事政策的要求，我国立法机关对受贿犯罪的法律规定不断修改，最高司法机关的司法解释紧随其后，以期实现“对腐败零容忍，从严惩治腐败”。[③] 然而，每次在期待和赞许中出台的法律和司法解释，并没有像“醉驾入刑”的立法从根本上解决醉酒驾车问题那样从根本上遏制受贿犯罪频发现象，在实效上也没有实现公众的期许。事实上，《刑法修正案（九）》保留了受贿罪的起刑点，就是为腐败“零容忍”保留了一扇“破窗”；而司法解释将起刑点由5000元提高到3万元，更是加大了“破窗”的损坏程度。我国对受贿罪越来越高的起刑点和粗疏的法网所折射出的是对职务行为公正性并不严密的防范，甚至有些许容忍，所产生的负面宣示效应与严厉打击腐败犯罪的刑事政策不符，而且在一定程度上助长了公职人员的侥幸心理，不利于对受贿犯罪产生有效的预防作用，与对腐败“零容忍”的刑事政策并不吻合，不利于有效预防和惩治腐败。

司法案例也证明了这一点，本书选取的法院审理的139个省部级官员受贿案件中，除了发生在20世纪的6起案件中被告人只有1笔受贿事实，其余案件中被告人都有多笔受贿行为。大部分人有相似的受贿发展轨迹，即受贿行为持续十余年甚至更长，其间经历数次职务升迁，收受贿赂的次数多达数十次甚至百余次之多，而且，最重要的一个特点就是受贿数额往往由小到大，许多案件都是从收受千元左右的小恩小惠开始，最终受贿达数千万元甚至数亿元之巨。假设我国从立法到司法都做到了对腐败“零容忍”，在官员收受很小贿赂时就给予惩罚，不仅在党纪、政务上，而且在刑法上给予坚决的否定性评价，其本人就

---

① 例如：《环球时报》2012年5月26日社论《反腐败是中国社会发展的攻坚战》一文中提到，腐败在任何国家都无法“根治”，关键要控制到民众允许的程度，民间要在大道理上理解中国无法在现阶段彻底压制腐败的现实性和客观性。对此观点一度引起广泛争论。

② 中共中央总书记习近平在公开场合的讲话及中央纪委全会报告等文件中都明确指出，“反腐败高压态势必须继续保持，坚持以零容忍态度惩治腐败”。

③ 裴显鼎、苗有水等：《〈关于办理贪污贿赂刑事案件适用法律若干问题的理解〉的理解与适用》，载《刑事审判参考》（总第106集），法律出版社2017年版，第116页。

不会在受贿道路上越走越远，其他人在这种“零容忍”价值观的指引下亦不敢去以身试法，久而久之，就会在全社会形成不应当受贿的道德底线。也就是在窗户被打破后及时进行了修补，这样就可以避免越来越多的人实施更多的破坏行为。

总之，“破窗理论”表明，轻微的违法行为如果不加以及时惩罚，必然演变成严重的犯罪，“零容忍”政策是一种有效修补“破窗”的策略。[①]然而，刑法规定受贿罪起刑点却释放了窗户破损未达到一定程度之前不用刑法去修补的信号，客观上就造成了因窗户始终有破洞而导致侵入者屡禁不绝的状况。这样的规定不符合国家对受贿“零容忍”的刑事政策，不利于实现刑罚的威慑与一般预防。

四、设置起刑点会陷入永远找不到适当标准的尴尬境地

我国关于受贿罪的起刑点，最初在1988年全国人大《补充规定》中为2000元，1997年《刑法》调整为5000元，2016年“两高”《贪污贿赂解释》又提高至3万元。也就是说，近30年之内，我国法律先后作出三个关于受贿罪入罪数额标准的规定，而且数额变化幅度达15倍。起刑点数额标准频繁变化，给立法和司法带来的负面影响不容忽视。追随社会经济的发展调整起刑点，不仅影响刑法的严肃性和稳定性，而且会陷入永远找不到适当标准的尴尬境地。

（一）减损了法律应有的严肃性和稳定性

《刑法修正案（九）》将受贿罪的起刑点由过去立法规定具体数额改为“数额较大”这一概括性表述，意在解决过去立法规定具体数额标准太过机械，如果因调整数额标准而频繁修改刑法会影响法律的严肃性问题，因此，刑法改为概括性表述。然而，基于立法者的本意以及司法者对明确起刑点标准的依赖，必然需要最高司法机关通过出台司法解释确定具体起刑点标准并根据社会发展和犯罪情况变化及时作出调整。[②] 根据《立法法》规定，“两高”司法解释是“属于审判、检察工作中

---

① 《纽约警方“零容忍”见效》，载 http://www.nmg.xinhuanet.com/nmgwq/2006-12/18/content_8816890.htm，最后访问日期：2017年4月20日。

② 《赵秉志：修改贪污受贿罪定罪量刑标准利于惩治腐败犯罪》，载正义网：http://news.jcrb.com/jxsw/201411/t20141119_1451003.html，最后访问日期：2017年4月20日。

具体应用法律的解释”,[①]具有普遍司法效力,在刑法规定相对笼统、可操作性不强的情况下,这些年“两高”出台了大量的司法解释,刑法的适用已经逐渐有被司法解释架空的趋势,甚至有学者称,“离开司法解释,刑法的适用已变为不可能,刑法的统一性和权威性难以为继”。[②] 笔者认为,上述说法并非耸人听闻,以受贿罪为例,1997 年《刑法》第 385 条、第 388 条和第 383 条对受贿罪的定罪量刑作出规定,之后为解决上述条款在实践中的适用问题,“两高”先后出台十余个司法解释和规范性文件,成为司法机关适用刑法办理受贿案件的重要依据。《刑法修正案(九)》对受贿罪的定罪量刑规定作出调整后由于“两高”司法解释未同步出台,全国各级法院积压了大批受贿案件不做处理,直到司法解释出台后才依据解释规定作出判决,这一情况生动地印证了以上学者所说的“离开司法解释,刑法的适用已变为不可能”的说法。至于大量出台司法解释是否合理,司法解释对立法权是否已构成僭越等问题,已经超出本书之范畴,不作具体讨论。但可以得出的结论是,在我国当前的立法现状下,司法解释的规定对司法的影响,以及对社会公众的引导、宣示效应并不亚于刑法本身。因此,如果司法解释随着社会经济发展状况对受贿罪起刑点不断进行调整,同样会影响法治所应有的严肃性和稳定性。

同时,对受贿罪起刑点不断作出调整,对于社会公众而言,就意味着法律关于受贿罪的定罪条件具有不确定性,随时可能发生变化,这样的立法实际上剥夺了公众的知情权和行为选择权,违反罪刑法定原则,不能有效保障公众权利之实现。

(二)恰如其分的受贿罪起刑点数额标准并不存在

1. 司法解释提高起刑点的理由不充分

据了解,此次将受贿罪的起刑点确定为 3 万元的主要背景是,很长一段时间以来,学界和司法界关于提高受贿罪起刑点的呼声此起彼伏。“两高”调研后也认为,导致法院审理受贿案件中存在失之于严、量刑不均衡等突出问题的主要原因就是起刑点偏低,因此决定对

---

① 《立法法》第 104 条规定,最高人民法院、最高人民检察院作出的属于审判、检察工作中具体应用法律的解释,应当主要针对具体的法律条文,并符合立法的目的、原则和原意。

② 王祖书:《论刑事司法解释的粗疏性及其克服——以涉税犯罪刑事司法解释为中心》,载《辽宁警专学报》2010 年第 1 期,第 1 页。

相关法律规定进行修改完善。在起草司法解释征求意见中,对于是否将受贿罪起刑点即“数额较大”的数额标准上提存在较大争议。认为起刑点不宜提高的意见认为,贪污受贿犯罪起刑点问题较为敏感,因此应站在反腐败全局高度,为增强社会公众对党和政府反腐败的信心,需充分考虑社会舆情,维持5000元起刑点数额不变。“两高”经过反复论证,决定对受贿罪的入罪数额标准进行适当提高。主要理由是:第一,与1997年相比,2014年我国人均GDP增长了6.25倍,加之通货膨胀因素,1997年受贿5000元与现如今收受5000元的社会危害性不可等量齐观,起刑点适度提高有客观社会基础。第二,近年来查办腐败案件的实践中,各地司法机关对受贿罪起刑点的掌握已经远高于5000元,受贿2万元以下被刑事追诉的案件极少。[①] 抽样数据显示,2013年至2014年,某省全省法院审理犯罪数额在1万元以下的受贿案件为零。从全国情况来看,受贿数额低于2万元被追诉的基本上都是因为其他犯罪牵连,且多是被判处免予刑事处罚。[②] 第三,在刑罚之外,惩治腐败的措施还有党纪处分和政务处分。对于数额不达起刑点而且没有其他严重情节的受贿行为,可给予党纪、政务处分,因此仍然可以做到对腐败的“零容忍”。[③]

笔者不同意以上观点。首先,受贿数额的大小并不直接影响受贿行为对法益的侵害程度,因此仅以数额来评价受贿行为的社会危害性显然着眼点不准,有失偏颇。其次,之前的起刑点在实践中被司法机关虚置并突破,该现象并不能当然得出起刑点数额需要提高的结论,相反应促使立法机关和最高司法机关思考设立受贿罪起刑点的科学性问题。试想,如果大家不遵守、执行现行法律规定,就认为是规定不合理而进行修改,按照这个逻辑就会形成法律迁就违法行为的乱象,法律的权威性则无从谈起。最后,党纪、政务处分与刑罚处罚分别是从不同角度、按照不同标准对相关行为作出评价的,二者不能相互替代、补充,党纪、政务处分的行为并不意味就可以不作出刑

---

① 刘为波:《贪污贿赂罪刑罚体系的修正与适用》,载《中国审判》2015年第20期,第25页。

② 该情况来源于某法院的调研材料。

③ 刘为波:《贪污贿赂罪刑罚体系的修正与适用》,载《中国审判》2015年第20期,第25页。

罚处罚。

2. 司法解释确定的起刑点数额标准并无实证基础和科学测算

关于“两高”司法解释中将受贿罪起刑点确定为3万元的考虑，根据最高人民法院有关人员的解读，1997年人均GDP为6420元，2014年增加到46,531元，增长了6.25倍，因此将受贿罪起刑点由5000元提高到3万元有客观社会基础。[①] 然而同样参与该司法解释起草工作的最高人民检察院有关人员的解读文章则称，确定起刑点参考的是城镇人均可支配收入，即1988年《补充规定》对受贿罪规定的起刑点数额标准是2000元，当时我国城镇居民人均可支配收入为1181元；1997年将起刑点数额调整为5000元，当时城镇居民人均可支配收入为5160元；2015年城镇居民人均可支配收入为31,195元，因此，对照以往规定，贪污受贿犯罪的起刑点调整为3万元较符合现实情况。[②] 基于以上解读，同为司法解释的起草人员，对于确定起刑点标准的考虑却阐释不一致，这让人难免质疑起刑点的确定是否经过严格论证和科学测算，而且无论是人均GDP还是城镇居民人均可支配收入，以此作为确定起刑点依据的科学性和合理性都值得商榷。

3. 实践证明3万元的起刑点标准同样难逃被虚置和突破的命运

如前所述，据笔者在工作中了解到的情况，《刑法修正案（九）》出台之前的很长一段时间，各地司法机关对受贿罪起刑点的掌握已经远高于5000元，在广东、江苏等经济发达省份，很多地方通过内部文件或者约定俗成的不成文的规则，已将受贿罪追究刑事责任的数额标准提高到5万元，有的地方甚至对受贿10万元以下的基本上不作司法处理。对此，部分检察机关的统计数据也可印证。例如，某省检察院2010年查办贪污贿赂案件336件，其中大案314件，大案率93.4%；[③]某市检

---

① 最高人民法院负责司法解释起草工作的人员的文章，以及之后赵秉志文章中都提到该考虑。刘为波：《贪污贿赂罪刑罚体系的修正与适用》，载《中国审判》2015年第20期，第25页。

② 万春、缐杰等：《办理贪污贿赂案件法律适用标准》，载《检察日报》2016年5月23日、24日。（该文作者均为参与起草“两高”《贪污贿赂解释》的人员。）

③ 参见《江苏省人民检察院2010年工作报告》，载 http://blog.sina.com.cn/s/blog_62a06b6e0100gz79.html，最后访问日期：2017年3月14日。

察院2008年至2010年共查办贪污贿赂等职务犯罪64件，大案率达100%。[①] 以上尽管是部分检察机关的统计数据，但实际上在全国各级检察机关具有普遍性。根据《人民检察院直接受理立案侦查的渎职侵权重特大案件标准（试行）》，受贿5万元以上的属于职务犯罪大案。据此可以得出结论，在当时法律规定受贿罪起刑点为5000元的情况下，检察机关实际查处的受贿案件中绝大部分受贿数额超过5万元，对受贿少于5万元的案件，实践中很少被刑事追究。可以说，“两高”《贪污贿赂解释》将起刑点提高到3万元，仍然不能解决规定与司法实践脱节的问题。司法解释出台之前，司法机关查处受贿案件掌握的数额标准就已经高于3万元，就是说，该起刑点出台的同时就已经是一个难以被执行的标准；司法解释出台之后的实际情况是，2017年4月，笔者在中国裁判文书网搜索了2016年基层法院宣判的所有判处免予刑罚处罚的受贿案件，并随机查看了其中100件案件的判决书，发现受贿数额为3万元或者稍高于3万元的案件只有2件。而且据笔者了解，目前实践中受贿数额高于3万元数倍甚至数十倍，因受贿人认罪态度好等原因仅作党纪、政务处分，而未予刑事追究的不在少数。这个情况也充分印证了上述推断。

同样道理，可以预见，受贿罪起刑点的规定总是追赶不上司法机关认可和执行的步伐，若干年之后，立法机关或者司法机关根据社会经济发展水平和司法的实际掌握再次上调受贿罪起刑点，仍然改变不了在新标准确立之日就被突破的命运。如此一来，起刑点的攀升，不仅使法律文件的严肃性受损，刑罚标准的明确性和稳定性难以实现，更为严重的是暗示了社会容忍度的提高，在受贿犯罪惩治和预防方面产生的负面影响令人担忧。

第四节　小　结

本章针对我国现行刑法关于受贿罪起刑点的规定，分别从犯罪概

---

① 参见卢志坚、张剑轩：《张家港反贪这样“上台阶”》，载《检察日报》2011年4月20日。

念、保护法益，以及刑法原则和价值追求角度进行研究，得出以下结论：一是对受贿罪规定起刑点与世界通行的犯罪概念理论相悖，缩小了受贿犯罪概念的外延，偏离了受贿罪保护法益的应然性定位。现行规定无视行为人的主观恶性和受贿行为违背职责、造成损害等情况，仅因受贿数额未达一定标准就做非罪处理，与设立受贿罪所要保护的职务公正性的立法目的相违背，将大量明显破坏职务行为公正性和公众对公正性信任的受贿行为排除在刑事规制范围之外，难以实现公平正义。二是对受贿罪设置起刑点并不必然符合诉讼经济原则，人为设定的起刑点也难以做到恰如其分，实践中起刑点屡被虚置和突破的现象，严重损害了法律的稳定性和严肃性。三是随着起刑点的提高，越来越多的受贿行为被排除在犯罪圈之外，与对腐败“零容忍”的刑事政策以及实现惩治和预防受贿犯罪的刑罚目的背道而驰。

第三章　受贿罪刑罚标准的设置

当前我国受贿案件审判中存在的量刑失衡等突出问题，有刑事立法和刑事司法两方面的原因，其中受贿罪刑罚的立法缺陷是造成这一现状的根本原因。立法对受贿罪刑罚标准的设置，法理上直接涉及对一国法律中刑罚体系是否科学严谨的评价，实践中影响该国预防和惩治受贿犯罪功能的发挥，①因此对受贿罪刑罚标准设置的研究，在理论研究和司法实践中均有重要的现实意义。规定明确、科学的刑罚标准，是构建严密的受贿犯罪刑罚制度，实现对受贿犯罪的有效惩罚和预防必不可少的法律要素。② 本章拟从刑法的基本理论出发，从法益保护、刑罚原则、刑事政策、价值判断等刑法理论的角度评析当前我国受贿罪刑罚的数额与情节标准设置，以探讨我国相关法律规定的优劣。

第一节　受贿罪与贪污罪同罚

当今，作为我国公职人员腐败犯罪的两种最常见形式，受贿罪与贪污罪常被相提并论。从历史沿革看，我

---

①　骆群：《受贿罪刑罚配置发展中的立法思辨》，载《社会科学辑刊》2016年第4期，第92页。

②　徐龙、褚文丽：《我国贪污、受贿罪定罪量刑的立法变迁及设想——以〈刑法修正案（九）（草案）〉为契机》，载《法制与社会》2015年第8期（上），第146页。

国对贪污罪与受贿罪刑罚标准的立法经历了夏商周时期的同罪同罚、战国起纵贯整个封建社会的异罪异罚、近代直至中华人民共和国成立前后再度同罪同罚、1979 年《刑法》规定异罪异罚，以及自 1982 年《关于严惩严重破坏经济的罪犯的决定》起至今的异罪同罚的数度分合。1979 年《刑法》对贪污罪、受贿罪采用异罪异罚模式，即单独定罪并确定不同的刑罚标准，而且将两罪分别规定在渎职犯罪和财产犯罪不同的章节中。1997 年《刑法》则在之前立法解释的基础上做出大幅度调整，将受贿罪和贪污罪专门设立贪污贿赂罪一章，二罪分别定罪，但规定受贿罪依照贪污罪的定罪量刑标准进行处罚。1997 年《刑法》作出如此规定有当时的背景和考虑，首先，20 世纪 90 年代正值国有企业改制中侵吞国有资产的贪污案件高发时期，因此立法机关把贪污罪作为腐败犯罪的重点打击对象；其次，当时受贿罪的情况远没有现在这样复杂，与贪污罪之间共性大于个性，因此立法未单独规定受贿罪的刑罚标准，而是比照贪污罪规定进行处罚。[①] 将受贿罪的刑罚标准依附于贪污罪，无论从法理还是刑罚原则上讲都存在理论上的悖论，而且在后来受贿犯罪逐渐高发并呈复杂化发展趋势的情况下，上述规定在实践中已经造成了明显的量刑不均衡，1997 年《刑法》施行以来，法学界和包括最高人民法院在内的实务界对受贿罪依照贪污罪量刑标准处罚的批评不绝于耳，一致呼吁对受贿罪单独规定刑罚标准。然而，在一片质疑声中，即使在《刑法修正案（九）》对贪污受贿犯罪相关规定作出大幅度修改的情况下，立法机关仍未采纳上述意见，没有对受贿罪量刑依附于贪污罪的规定作出改变。对于立法机关坚守的理由，笔者不得而知，但对于目前受贿罪比照贪污罪量刑的规定，笔者认为存在诸多弊端，体现出立法机关理念和价值判断上的误区。

一、贪贿同罚不能准确评价受贿行为的社会危害性

如前所述，受贿犯罪的保护法益是“职务行为的公正性以及民众对职务行为公正性的信赖”。而贪污犯罪是利用职务便利非法占有公共财物，贪污罪保护的法益也有职务行为的廉洁性，但主要还是公共财产

---

① 项谷、耿建：《受贿罪定罪量刑标准的立法完善——对刑法修正案（九）修订受贿罪的解读及适用》，载《上海政法学院学报》（法治论丛）2015 年第 6 期，第 65 页。

的所有权,属于典型的财产性犯罪。两罪相比,受贿罪的保护法益更注重于职务性,贪污罪更注重于财产性,二者在保护法益和犯罪性质上存在明显差异。①

对某一犯罪刑罚标准的设置,主要的依据就是相关行为对被保护法益的侵害程度,因此,立法应当将最能够体现法益侵害严重程度的因素作为刑罚处罚的标准。尽管受贿罪与贪污罪的罪状描述中都有行为人利用公职和获取不当利益的特征,但是二罪保护的法益却有质的不同。贪污罪中,对法益的侵害是通过非法占有公共财产所有权实现的,非法占有公共财产的数额越大,贪污行为对公共财产所有权造成的损害越大,对法益的侵害就越严重,因此在贪污罪中对法益侵害的程度主要体现在非法占有财产的价值上,刑法对贪污罪规定以数额为中心的刑罚标准具有一定合理性。但是受贿罪保护的法益不同,尽管受贿所得数额越大,利用职务便利为他人谋取的利益可能也更大,违背职责滥用公权力的程度可能更深,进而导致对法益的侵害程度更为严重,但是受贿数额小而背职程度重,或者受贿数额大而背职程度轻的情况在实践中也并不鲜见。因此受贿罪与贪污罪不同,最能够体现对职务行为的公正性以及公众对公正性的信赖等法益侵害程度的,应当是行为人对公权力的行使情况,具体而言就是在收受不当利益的同时是否滥用了公权力、滥用公权力的程度、造成的危害后果如何等,至于行为人为此收受好处的数额大小,与对法益的侵害程度并无直接、必然关系。现行刑法将两个保护法益完全不同的犯罪规定适用同样的量刑标准,违背了罪刑相一致原则。

回顾历史,我国古代刑法在发展早期就将受贿与贪污分设罪名,并设定了不同的衡量社会危害性程度的量刑标准,而且将两罪归入不同的律例或章节之下,②这表明当时立法者清楚地认识到两种犯罪的保护法益不同,这样的认识为后世所认可,相关规定沿袭数千年。1982 年全

---

①　项谷、耿建:《受贿罪定罪量刑标准的立法完善——对刑法修正案(九)修订受贿罪的解读及适用》,载《上海政法学院学报》(法治论丛)2015 年第 6 期,第 66 页。

②　战国时期,魏国的成文法典《法经》的《杂法》中规定"六禁",其中包括"金禁",即有关官吏受贿的禁令,此外,《杂法》中另外规定了"假借不廉",指的是官吏的贪污行为,《法经》首次将贪污罪和受贿罪分别定罪。唐朝的《唐律疏议》更是将两罪分别规定在不同的律例之下,《名例律》和《职制律》中规定了贿赂罪名,贪污罪则规定在《贼盗律》中。参见于雪婷:《受贿罪法定刑设置研究》,法律出版社 2013 年版,第 12 页。

国人大常委会发布的《关于严惩严重破坏经济的罪犯的决定》之所以作出受贿罪比照贪污罪论处的改变，笔者并不确切了解立法原意，但分析当时的历史背景，可能是立法机关为了实现加重受贿罪法定最高刑以严惩腐败犯罪的目的而采取的权宜之计，而该绝无仅有的模式在质疑声中一直沿用至今，值得深思和检讨。

笔者认为，该立法模式可以说明两个问题：一是立法机关对两罪重视程度的巨大差异，试想如果刑法将某犯罪作为惩治重点，怎会不为其专门规定刑罚标准？二是立法机关关注到受贿罪与贪污罪的保护法益中都有贪利性这一共同点，但忽视了两罪保护法益之间的明显差异。这样规定的弊端是，将影响受贿罪社会危害性的情节人为割裂开，①使得刑罚标准与法益侵害程度不能对应，真正体现受贿罪社会危害性的行为方式、背职情节、危害后果等受贿罪重要的刑罚因素在刑罚标准中没有体现。这样的刑罚标准偏离了受贿犯罪保护法益的特性，难以对受贿行为的社会危害性作出准确、全面评判。据笔者了解，"两高"历来力主将受贿罪和贪污罪分别规定刑罚标准，但无奈立法机关未予考虑，在此情况下，"两高"只能在司法解释中尽可能对两罪的量刑标准进行区分。在2016年发布的《贪污贿赂解释》中，除与贪污罪共同的情节之外，还专门针对受贿罪规定了多次索贿，为他人谋取职务提拔、调整等情节，这也算是最高司法机关在现行立法之下解决准确判断受贿罪刑罚标准问题的无奈之举。正如最高人民法院在对司法解释的解读中所提，受贿罪与贪污罪在危害性方面的差异，将通过解释中对两罪其他情节的区别规定加以体现。②

二、贪贿同罚无法实现罪刑相适应原则

社会危害性是定罪量刑的前提和依据。现行刑法对受贿罪刑罚标准的规定，违反了罪刑相适应原则，造成司法实践中对相关案件的量刑失衡。具体体现在两方面，即受贿罪与贪污罪之间，以及不同的受贿犯罪之间。

---

① 卢建平、孙本雄：《我国受贿罪定罪量刑标准之重构》，载《中国人民公安大学学报》（社会科学版）2016年第3期，第84页。

② 裴显鼎、苗有水等：《〈关于办理贪污贿赂刑事案件适用法律若干问题的解释〉的理解与适用》，载《刑事审判参考》（总第106集），法律出版社2017年版，第122页。

(一)受贿罪与贪污罪之间量刑失衡

现行刑法对受贿罪与贪污罪规定了完全相同的法定刑,根据罪刑相适应原则,意味着在立法机关看来两罪具有相同的社会危害性,然而,对此学界和司法机关均不认可。学界有观点认为,贪污罪的社会危害性普遍大于受贿罪,[①]贪污属于掠夺性腐败,受贿属于交易型腐败,掠夺性腐败不但直接减少国家资产,而且将风气传染给其他公职人员甚至政治领导人,在共同掠夺的基础上把腐败官员捆绑在一起,形成既得利益集团,进而更加疯狂地盗取国家财产。[②] 而交易性腐败虽然总体上讲也是有害的,但至少短期内可能促进经济繁荣与发展。[③] 此外从主观上看,贪污罪是积极主动盗取国家财产,主观能动性强,主观恶性大,而受贿人多数是碍于情面收受财物,是被行贿人拉拢、腐蚀走上腐败道路,具有被动性(索贿除外),主观恶性较小。[④] 司法机关对此则普遍持有相反观点,笔者在工作中了解到,最高司法机关之所以提出对受贿罪单独规定刑罚标准,就是认为受贿罪的社会危害性往往大于贪污罪,具体来说,贪污罪盗取国家财产,给国家造成的是财产性损失,而受贿罪中受贿人为一己私利而滥用职权,给国家造成的损失可能是各方面的,因此同样数额的贪污罪和受贿罪,受贿罪的社会危害性往往更为严重。

笔者赞同司法机关的意见,贪污行为的社会危害就是公共财产的损失,损失通常是明确的、可计量的;但受贿人因收受贿赂而不正当行使权力造成的损失则通常远远大于其所得利益,很多时候是不可计量的。实践中,受贿人收受蝇头小利而向行贿人输送巨大利益的案例并不鲜见。例如,国有企业会计甲通过使用假发票入账贪污公款 100 万元,国有企业总经理乙收受原材料供应商贿赂 100 万元,在与行贿企业签订的合同中提高产品价格、降低质量要求,国有企业为此多支付货款 1000 万元,同时还因原材料质量问题影响产品质量,造成大批产品滞

---

① 例如[美]魏德安:《双重悖论——腐败如何影响中国的经济增长》,蒋宗强译,中信出版社 2013 年版,第 71 页;卢建平、孙本雄:《我国受贿罪定罪量刑标准之重构》,载《中国人民公安大学学报》(社会科学版)2016 年第 3 期,第 84 页。

② 参见[美]魏德安:《双重悖论——腐败如何影响中国的经济增长》,蒋宗强译,中信出版社 2013 年版,第 71、161 页。

③ 卢建平、孙本雄:《我国受贿罪定罪量刑标准之重构》,载《中国人民公安大学学报》(社会科学版)2016 年第 3 期,第 84 页。

④ 卢建平:《刑事政策与刑法变革》,中国人民公安大学出版社 2011 年版,第 321 页。

销。比较两个案例可以看出,同样数额的贪污和受贿,受贿犯罪造成的直接社会危害性往往更大。针对前述认为贪污罪社会危害性更大的理由,笔者认为,两罪相比较,贪污是个人独自实施,该行为的损害后果仅针对相关财产的所有人,影响面有限。而受贿罪尽管也是在行、受贿双方之间秘密进行,但是受贿人因此行使职权所作的决策的影响面可能是与行贿人有竞争关系的其他人,也可能是不特定的社会公众,损害后果涉及面可能非常广泛,可以说与贪污罪相比,受贿行为对社会风气、政商关系所传导的不良影响,对官员行为的负面导向作用更为突出;此外,即使受贿行为的存在会提高官员履职的积极性,对经济繁荣产生一定推动作用,但是,贿赂给社会管理、经济发展带来的竞争无序、成本增加等不利影响远比其积极作用大。至于受贿人多是被动、碍于情面受贿,主观恶性较小的说法更是不能成立,从当前的受贿案件中可以看出,许多人受贿行为持续多年,行贿人动辄数十个,受贿次数动辄数百次,行、受贿人之间已经形成约定俗成的"潜规则",将收受贿赂与谋利当成交易,受贿人不存在被动、碍于情面问题。总而言之,无证据证明贪污犯罪往往比受贿犯罪主观恶性更大,而且贪污罪造成的是针对特定对象的、可以计量的危害后果,而受贿罪的危害不仅可能是经济上的,还可能危及公众生命、健康、安全,甚至影响国家政治生活,而且影响深远、难以用金钱计量。总的来看,受贿罪的社会危害性比贪污罪更为严重、复杂,现行刑法规定受贿罪依照贪污罪的刑罚标准进行处罚与罪刑相适应原则不符。

(二)不同受贿案件之间量刑失衡

如前所述,贪污罪的社会危害性主要体现在对相关财物的非法占有上,因此以数额为基准确定的刑罚能够体现具体贪污行为对法益的侵害程度,能够实现罪刑相适应。而受贿罪保护法益主要体现在职务公正性方面,与贪污罪相比保护法益相对复杂,衡量法益侵害程度的因素包括背职情况、涉及领域等诸多方面,依照贪污罪以数额为中心的刑罚标准对受贿罪量刑,会导致许多体现法益侵害程度的重要因素未予考虑,而简单依据数额确定受贿罪刑罚,造成案件之间量刑失衡。

三、贪贿同罚影响刑罚一般预防功能的发挥

如前所述,受贿罪与贪污罪之间、同样数额的受贿犯罪中违背职责

的与未违背职责的犯罪之间在社会危害性上均存在差异，如果对其适用同样刑罚，一定程度上会影响刑罚一般预防功能的发挥。如贝卡里亚所说，“如果对两种不同程度地侵犯社会的犯罪处以同等的刑罚，那么人们就找不到更有力的手段去制止实施能带来较大好处的较大犯罪了”。[①]

有研究认为，在我国，公职人员作为社会的精英分子掌握着各种利益和资源分配的重权，并不丰厚的收入容易让其产生失落感和反差，因此普遍存在相对剥夺感，[②]特别是在面对靠政策优惠或漏洞获利的服务对象时，一旦遇到诱因很容易激发选择腐败犯罪的动力。[③] 笔者认为，这是腐败犯罪产生的一方面诱因，另一方面是公职人员看到其他公职人员实施受贿的腐败行为而未被及时惩罚，这样会产生更加强烈的失衡和不公平感。以上两方面因素叠加，导致受贿犯罪屡禁不止。此外，立法对受贿罪和贪污罪这两种社会危害性差异明显的犯罪配置相同刑罚，这种罪责刑不相适应的刑罚设置会降低公众对相关规定的理解和认同，一定程度上也降低了遵守规则的自觉性，影响刑法对受贿罪一般预防功能的实现。同时，现行规定对受贿罪危害性的判断聚焦在受贿数额上，忽视了对职务行为方面的评价，这个立法导向使公职人员对影响定罪量刑的受贿数额的大小有所顾虑，但对于行使职务行为正当与否、是否给国家和人民利益造成损害等并不在乎，一定程度上可以说立法纵容了在行使权力上的任性，从这个角度讲刑罚的一般预防功能也有所削弱。

总之，受贿罪作为我国当前最严重、最多发的腐败犯罪，是严厉惩治的重点，然而对于这样一个罪名，刑法居然未给其单独设置刑罚，而是依附于贪污罪刑罚标准。立法模式上，与在刑法规制腐败犯罪中的地位格格不入；规定内容上，设置的刑罚标准背离保护法益导致严重的罪刑不相适应，进而造成实践中量刑失衡，严重影响一般预防效果的发挥。

---

① ［意］贝卡里亚：《论犯罪与刑罚》，黄风译，中国法制出版社 2005 年版，第 79 页。

② 相对剥夺感是美国社会学家斯托弗于 1949 年在《美国士兵》一书中首先提出，后在《社会理论与社会结构》一书中加以系统阐释，指的是贫富差距悬殊造成的相对剥夺感和社会不公感，会导致愤怒情绪和犯罪行为。

③ 雍自元：《从相对剥夺到理性选择：贪污贿赂犯罪原因解析》，载《犯罪研究》2013 年第 2 期，第 3 页。

第二节　受贿罪刑罚标准的立法理念

一、数额与其他情节在受贿罪刑罚中的地位与作用

1997年《刑法》施行以来，为顺应立法理念的变化及司法实践的需要，我国通过修订刑法、出台司法解释，受贿罪的刑罚标准几经变迁。以中间量刑档为例，相关立法及司法解释的规定简单归纳如下：修订前的1997年《刑法》规定，“数额在五万元以上不满十万元的，处五年以上有期徒刑，可以并处没收财产；情节特别严重的，处无期徒刑，并处没收财产”。《刑法修正案（九）》修订后的《刑法》规定，“数额巨大或者有其他严重情节的，处三年以上十年以下有期徒刑，并处罚金或者没收财产”。“两高”配套出台的《贪污贿赂解释》对此进一步细化，规定数额在20万元以上不满300万元的为“数额巨大”，判处3年以上10年以下有期徒刑，并处罚金或者没收财产；数额在10万元以上不满20万元，具有该解释第1条第2款规定的八种情形之一的为具有“其他严重情节”，判处3年以上10年以下有期徒刑，并处罚金或者没收财产。司法解释不仅对修订后的刑法关于受贿罪刑罚规定的“数额较大”“数额巨大”“数额特别巨大”以及“较重情节”“严重情节”“特别严重情节”作出了具体规定，同时也对数额与其他情节对受贿罪刑罚所产生的作用力作出了规定。

对于受贿罪刑罚标准的以上变化，有学者认为，是从数额为主、情节为加重量刑因素模式变更为数额与情节并列模式，变更后的刑罚标准更加科学；①有观点提出，1997年《刑法》的规定是单一数额犯，《刑法修正案（九）》规定的情节因素只是对数额标准的有限修正，有明显的局限性；②还有观点认为，之前刑法对受贿罪规定的是单纯数额标准，《刑法修正案（九）》设立了数额与情节并重的双重处罚标准，但在数额之外

---

① 孙超然：《论贪污罪、受贿罪中的“情节”——以高官贪腐案中裁判考量因素的实证分析为切入点》，载《政治与法律》2015年第10期，第60页。

② 于志刚：《单一数额犯的司法尴尬与调和思路——以〈刑法修正案（九）〉为切入点的分析》，载《法律适用》2016年第3期，第95页。

规定的情节标准笼统,会造成规定虚置。[①] 综观关于受贿罪刑罚标准研究的文献,基本上都聚焦在一个问题上,即受贿数额和情节在量刑中的地位和作用。笔者认为,上述观点都有一定道理,但是也各有不完善之处,相关问题尚需进一步厘清。

(一)前后规定中对“数额”与“情节”含义的关系定位

“数额”与“情节”是影响受贿罪刑罚标准的重要因素,然而关于二者之间的关系,从我国修改前后的规定中能够读出不同的含义,因此在探讨受贿罪刑罚标准时首先需要将二者之间的逻辑关系进行厘清。

所谓情节,是指法律规定的犯罪构成要件以外的,与犯罪行为或犯罪人有关的,体现行为社会危害性程度和行为人人身危险性程度,因而在法官决定对犯罪人从宽或者从严处罚时必须予以考虑的各种具体事实情况。[②] 修改前的1997年《刑法》第385条第2款规定:“对犯受贿罪的,根据受贿所得数额及情节,依照本法第三百八十三条的规定处罚。”结合《刑法》第383条第1款对受贿罪刑罚标准的具体规定来看,1997年《刑法》将数额作为独立于情节之外的量刑因素予以规定,在此“数额”与“情节”是并列关系。《刑法修正案(九)》修订后的《刑法》中,第385条第2款的规定没有变化,但对第383条第1款的规定作出了不同的规定,即“数额较大或者有其他较重情节”“数额巨大或者有其他严重情节”等类似规定,将“数额”与“其他情节”并列,显然又是将数额作为情节之一。

笔者认为,犯罪数额是体现犯罪行为危害程度、影响犯罪人处罚的事实情况之一,因此也属于情节。根据“数额”与“情节”的概念,数额显然属于情节范畴,[③]而不应当是与情节并列的量刑因素,《刑法修正案(九)》在“情节”之前增加“其他”二字,表明立法机关意识到之前的规定中存在的逻辑关系不严谨问题,新规定是对该问题的修正。也就是说,刑法立法实质上是将量刑情节分为“数额情节”和“非数额情节”两

---

① 项谷、耿建:《受贿罪定罪量刑标准的立法完善——对刑法修正案(九)修订受贿罪的解读与适用》,载《上海政法学院学报》(法治论丛)2015年第6期,第67页。

② 陈兴良、莫开勤:《论量刑情节》,载《法律科学》1995年第2期,第42页。

③ 情节是指能够体现犯罪行为社会危害性程度和行为人人身危险性程度,法官据以作出刑罚所需考量的各种具体事实。参见陈兴良、莫开勤:《论量刑情节》,载《法律科学》1995年第2期,第42页。

类，只是将“非数额情节”表述为“其他情节”。可以说，立法已经将数额和情节的关系进行了准确定位，但是从《刑法修正案（九）》发布后的大量研究文章看，许多学者仍沿袭长期以来约定俗成的表述方式，将“数额”从情节中抽离出来，作为与“情节”并列的量刑因素，无论是“数额与情节并重”还是“数额为主、情节为辅”等表述，都表明这些文章对于二者的含义及相互之间关系的定位不够准确。在本书中，为准确表述和区分二者关系，笔者拟对习惯性提法进行调整，分别用“数额”和“其他情节”来表述。

（二）受贿罪刑罚标准中数额与其他情节地位作用的定位

关于数额与其他情节在受贿罪刑罚中的地位和作用，修订前后的刑法与配套司法解释的规定各不相同，学者也作出不同评价。

1. 关于修订前1997年《刑法》的规定，有学者认为，该规定忽略了其他情节对受贿罪定罪量刑的影响，仅以数额作为标准，采用单纯“数额模式”，形成对受贿行为的单一评价。[①] 还有学者提出，1997年《刑法》以数额为受贿罪的定罪量刑标准，不能全面体现出该罪的社会危害性，违背了罪责刑相一致的原则。[②] 笔者认为，以上对修订前1997年《刑法》规定的评价有些偏颇，从条文内容看，1997年《刑法》中的“数额”并非受贿罪唯一的定罪量刑标准，法条在明确规定数额标准的同时，也规定了“情节较重”“情节严重”“情节特别严重”对受贿罪定罪量刑的影响，只不过对于“情节较重”等规定原则，缺乏可操作性而已，因此，关于“单一数额标准”或者“绝对数额标准”的说法并不准确。客观来讲，修订前的1997年《刑法》关于受贿犯罪的刑罚标准是“以数额为中心，其他情节是辅助”模式。

2.《刑法修正案（九）》首先取消了受贿罪的具体数额标准，改为“数额较大”“较重情节”等概括性规定；其次将数额与其他情节并列规定，即受贿罪的三个量刑档分别对应的是“数额较大或者有其他较重情节”“数额巨大或者有其他严重情节”“数额特别巨大或者有其他特别严重情节”。对此变化，立法机关的解释是为解决“此类犯罪情节差别

① 孙国祥：《贪污贿赂犯罪刑法修正的得与失》，载《东南大学学报》（哲学社会科学版）2016年第3期，第71页。

② 赵秉志：《贪污受贿犯罪定罪量刑标准问题研究》，载《中国法学》2015年第1期，第28页。

很大,情况复杂,单纯考虑数额,难以全面反映具体个罪的社会危害性。同时,数额规定过死,有时难以根据案件的不同情况做到罪刑相适应"[①]等问题。笔者认为:一方面,尽管刑法规定从字面上看与之前规定相比具有更强的灵活性,但是"数额较大""较重情节"这样的表述又具有极大的模糊性和不确定性,如果没有相关规定作出进一步明确,公众对于受贿行为的后果无法预见,罪与非罪、罪轻与罪重的边界完全赖于司法人员的判断,会造成公众的无所适从和司法的混乱,有违于罪刑法定原则对明确性的要求,还需相关司法解释作出具体规定,作为司法机关对受贿罪定罪量刑的依据。因此,《刑法修正案(九)》改为概括数额标准并没有从根本上解决"数额规定过死"等问题,只是将具体数额和其他情节的标准等规定转由司法解释承担,从而避免因相关规定的滞后而频繁修订刑法,以维护刑法的稳定性。

另一方面,《刑法修正案(九)》将过去"以数额为中心,其他情节为辅助"的受贿罪量刑标准模式修改为"数额与其他情节并重"的模式,[②]"其他情节"与"数额"并列,弱化了犯罪数额与定罪量刑之间的刚性关系,[③]数额与其他情节是二选一的关系,二者相互独立,只要具备其中之一即可适用相应量刑档,有利于全面衡量受贿犯罪的社会危害性程度,实现罪刑均衡和司法公正。[④] 这一立法改变表明,立法机关对于确定受贿罪刑罚中数额之外其他情节的重要性给予了更多的重视,把其他情节作为与数额并列的受贿犯罪定罪量刑标准看待。[⑤] 笔者赞成上述观点,修订后的刑法对受贿罪规定的"数额与其他情节并重"的刑罚标准,从字面上看,二者在对受贿罪刑罚的影响力上分量均等,不存在孰重孰轻问题,有利于发挥其他情节在量刑上的作用力,更加准确地评价受贿

---

① 《〈刑法修正案(九)〉草案的七大变化》,载《中国人大新闻》:http://npc.people.com.cn/n/2014/1209/c14576-26175859.html,最后访问日期:2017年1月22日。

② 赵秉志:《略谈最新司法解释中贪污受贿犯罪的定罪量刑标准》,载《人民法院报》2016年4月19日。

③ 刘为波:《贪污贿赂罪刑罚体系的修正与适用》,载《中国审判》2015年第20期,第25页。

④ 张胜英:《解读〈刑法修正案(九)〉对贪污受贿犯罪定罪量刑标准的修正——略谈贪污受贿犯罪定罪量刑》,载《中州大学学报》2016年第6期,第30页。

⑤ 赵秉志:《略谈最新司法解释中贪污受贿犯罪的定罪量刑标准》,载《人民法院报》2016年4月19日。

犯罪的社会危害性。

3. 对于"两高"《贪污贿赂解释》的规定，有学者认为，司法解释的规定契合了《刑法修正案（九）》的修法精神，同样体现出了"数额与其他情节并重"的理念，[①]还有观点认为，司法解释将其他情节与数额标准相结合认定不同的犯罪情节，是对立法规定的受贿罪刑罚标准的细化，使数额与其他情节两种标准形成互补关系，具体且具备可操作性，这是值得充分肯定的。[②] 笔者对以上观点不认同。笔者认为，"两高"司法解释并未遵从立法的理念和规定，其规定并非对《刑法修正案（九）》确定的"数额与其他情节并重"的细化，而是对其作出了本质性的改变；反而是与修订前的1997年《刑法》相对比，尽管二者对受贿罪刑罚标准的表述不同，但对于数额与其他情节在其中的作用本质上相类似，都可以归纳为"以数额为中心，其他情节为辅助"模式。具体理由将在下文详细阐述。

综上，笔者认为，我国目前关于受贿罪的刑罚存在双重标准，即立法上的"数额与其他情节并重"模式，以及司法解释规定的"数额为中心，其他情节为辅助"模式。通常情况下，如果不同法律或司法解释之间对同一事项作出不同的规定，会造成司法机关无所适从和适用上的混乱。然而以上立法与司法解释规定的不同并未导致司法的混乱，司法机关毫不犹豫地选择司法解释中"数额为中心，其他情节为辅助"的受贿罪刑罚标准作为侦查、公诉和审判依据，而刑法规定的"数额与其他情节并重"的规定则成了立法机关的自说自话。

二、以数额为中心的刑罚标准所体现的立法理念

对于受贿罪的刑罚标准，我国历来有以"计赃论罚"为主的立法传统。1979年《刑法》没有对受贿罪的刑罚规定数额标准，但很快被立法机关修改。之后的屡次修改，变化的只是数额的大小和表述的抽象与具体，不变的是数额在受贿罪刑罚中不可动摇的决定性地位。即使《刑法修正案（九）》实现了历史性的突破，赋予其他情节等同于数额的独立

---

① 例如，周光权：《论受贿罪的情节——基于最新司法解释的分析》，载《政治与法律》2016年第8期，第32页。

② 赵秉志：《略谈最新司法解释中贪污受贿犯罪的定罪量刑标准》，载《人民法院报》2016年4月19日。

地位,但未及实施便被“两高”司法解释拉回原地。这不禁让人疑问,为什么尽管与世界其他绝大多数国家的立法以及《联合国反腐败公约》的规定格格不入,尽管饱受质疑与批评,我国立法和最高司法机关非要坚守以数额基准的受贿罪刑罚标准?这一问题只有在研究立法和司法机关的一些根深蒂固的理念和价值观中才能找到答案。

(一)对受贿罪保护法益认识的偏差

基于对受贿罪保护法益的定位,职务行为与贿赂之间的对价关系是贿赂犯罪成立与惩罚的核心要件。车浩教授在研究行贿罪中谋取不正当利益的内涵时提出,行贿罪的设立不是为禁止行贿人谋取利益,而是为禁止贿赂双方设立贿赂与职务行为之间的对价关系,至于行贿人是否获取了利益,与保护法益无关,仅是国家工作人员职务行为的一个盖然性结果。[①] 笔者赞成车浩教授的观点,同时还认为,上述理论对于受贿罪同样适用,受贿罪的设立同样也是为禁止双方设立贿赂与职务行为之间的对价关系,至于受贿人是否实际获取了利益以及获取多少利益,与保护法益的侵害程度并无直接关系。“两高”司法解释过于强调数额在受贿罪定罪量刑中具有基础性作用,归根到底还是对受贿罪保护法益认识上的偏差,即过于重视受贿罪的贪利性,而忽略了渎职性。

司法解释剥夺其他情节在受贿罪刑罚中的独立地位,将其降格为辅助性情节,“两高”对此解释称,对于贪污受贿等贪利性职务犯罪,犯罪数额是衡量危害程度的重要的基础性因素,对该类犯罪的定罪量刑不能离开对犯罪数额的考量,这是罪刑相适应原则的要求和体现,仅根据情节决定刑罚可能出现数额较小而刑罚过重的罪刑不相称问题。[②] 此外,还有不少学者也对此作出类似解读,例如周光权教授认为,司法解释在规定情节标准的同时作出数额的限制,主要是考虑到犯罪数额对判断法益的侵害性具有基础性的作用,若单纯考虑情节会导致司法适用的混乱。[③] 还有观点提出,司法解释规定的初衷一方面可能是考虑到贪污贿赂犯罪属于贪利性犯罪,情节的严重程度与数额的大小密切

---

① 车浩:《行贿罪之“谋取不正当利益”的法理内涵》,载《法学研究》2017 年第 2 期,第 135 页。

② 裴显鼎、苗有水等:《〈关于办理贪污贿赂刑事案件适用法律若干问题的解释〉的理解与适用》,载《刑事审判参考》(总第 106 集),法律出版社 2017 年版,第 122 页。

③ 周光权:《论受贿罪的情节——基于最新司法解释的分析》,载《政治与法律》2016 年第 8 期,第 37 页。

相关,另一方面也可能是考虑到数额对于情节认定的参考性作用。①

笔者认为,“两高”之所以格外强调数额在定罪量刑中具有基础性作用,归根到底还是将贪污罪与受贿罪混为一谈,忽略了两罪保护法益本质的差异,将受贿数额视作衡量受贿罪社会危害性的重要情节。社会危害性是处以刑罚的前提和依据。长期以来,受贿罪被作为数额犯与贪污罪有着共同的定罪量刑标准。事实上,尽管受贿罪中行为人在主观上具有贪利性,但是该犯罪侵害的法益是职务行为的公正性以及公众对公职的信赖,并非财产所有权,与贪污罪有实质性的区别。犯罪数额在判断贪污罪的法益侵害性中具有基础性作用是毋庸置疑的,因此对于贪污罪,司法解释的规定是适当的,但是对于受贿罪却难免偏颇。当然,现实生活中权钱交易一定程度上确实存在“收多少钱,办多大事”的“潜规则”,行为人受贿数额大的可能利用职务便利为他人谋取利益也大,对职务行为的公正性的侵害程度可能更深,但是它们之间不存在必然的关联性和对应性,以上情况不足以成为解释数额标准基准作用的理由。受贿罪对法益的侵害程度,更多地体现在对公职的滥用程度、受贿的次数、职务行为给国家及他人利益造成的损害程度等犯罪情节上。因此,受贿数额较小但对职务行为公正性侵害程度深的应当判处较重刑罚;而受贿数额较大但对职务行为公正性侵害程度轻的应当判处较轻刑罚。

“两高”司法解释作出的“数额为中心,其他情节为辅助”的受贿罪刑罚标准,反映了最高司法机关重视受贿罪的贪利性,忽视了渎职性,没有真正准确把握受贿罪所保护的职务行为公正性的真谛,对保护法益的理解表面化,以至于产生了“受贿数额较小而因其他情节判处重刑属于罪刑不相称”,以及简单地将追缴赃款赃物视作“减少损害结果发生”②等认识。

(二)体现了对受贿对象认识的局限性

现行法律和司法解释将一定金额设定为受贿罪的定罪量刑基础性标准,这样的规定体现了将受贿的对象仅限定于财产性利益的理念。我国刑法规定受贿对象为“财物”,这是定罪和刑罚标准“以数额为中

---

① 张胜英:《解读〈刑法修正案(九)〉对贪污受贿犯罪定罪量刑标准的修正——略谈贪污受贿犯罪定罪量刑》,载《中州大学学报》2016 年第 6 期,第 30 页。

② 孙超然:《论贪污罪、受贿罪中的“情节”——以高官贪腐案中裁判考量因素的实证分析为切入点》,载《政治与法律》2015 年第 10 期,第 59 页。

心”的基础。为适应腐败犯罪手段的变化，司法解释逐步将“财物”扩张解释为包括可以折算为货币的物质利益如房屋装修、债务免除等，以及需要支付货币的其他利益如会员服务、旅游等“财产性利益”。从规定看，无论是刑法规定的“财物”还是司法解释规定的“财产性利益”，归根到底都是可以以一定货币为对价的物质利益。事实上，现实生活中，可与公职人员职务行为做交易的利益除了财产性利益外，还有大量非财产性利益以及介于财产和非财产之间的利益，“以数额为中心”的规定直接导致这部分无法以一定货币计量的利益被排除在受贿犯罪范围之外，这一立法理念与世界通行的受贿罪对象范围的理念相悖。甚至在当前已将受贿对象扩大到物质性利益的情况下，由于有些财物或物质性利益的经济价值无法量化，例如收受一级馆藏文物、[①]约定通过按照一定比例分红的形式收受好处但尚未实际分红等，在以上情况下受贿数额是无法认定的，如果坚持以犯罪数额作为刑罚基础，就可能会出现受贿行为对法益侵害程度很严重而无法罚当其罪甚至无法定罪的情况。

（三）体现了倾向于司法便利的理念

我国法律和司法解释规定的“以数额为中心”的受贿罪定罪量刑标准，在实践中已经暴露出明显的缺陷，因规定过于刚性和客观化而在很大程度上限制了法官的自由裁量权，造成了受贿罪明显的量刑失衡。尽管如此，这种模式同时所具有的明显优势使司法机关对其欣然接受，那就是其具有的很强的确定性和可操作性，使包括取证、示证及量刑在内的诉讼过程中司法机关的工作更为简便，而且裁判结果有较强的可预见性和确定性，因此各司法机关基于司法便利的理念对该规定并不反对，反而形成了过于倚重数额标准的偏好。“两高”之所以在《贪污贿赂解释》中再度恢复犯罪数额的基础性作用，其中一个重要的考虑就是认为数额之外其他情节的严重程度难以量化，如果以此为标准对被告人判处刑罚，司法机关难以准确把握，自由裁量空间过大，极易造成罪刑失衡。因此，为了防止受贿罪量刑上的随意性，司法解释并没有赋予“其他情节”在定罪量刑中的独立地位，而是借鉴有关侵财犯罪司法解释的做法，采用数额与情节挂钩的方式规定受贿罪的刑罚标准，即具备一定情节的情况下，

---

① 根据法律规定，国家博物馆保管的文物和国家所有的一、二级文物禁止买卖，因此没有市场价。一旦涉及犯罪，有关部门无法对此作出价格认证，造成无法认定犯罪数额。

数额只要达到起刑点的三分之一就可以定罪,达到量刑档数额标准的二分之一就可以升格量刑,这样可以增进量刑的确定性。[①] 此外,部分学者也提出了单纯考虑情节会导致司法适用混乱的担忧。[②]

最高司法机关和学者对赋予其他情节在受贿罪刑罚中独立地位的忧虑,体现了基于多年来司法实践"以数额为中心",甚至"唯数额论"而形成的过于依赖犯罪数额的惯性思维。特别是有关机关明知受贿罪与贪污罪的保护法益不同,受贿数额不足以反映受贿犯罪的危害性,而为了便于司法机关的实践操作、便于对受贿罪刑罚的准确性进行衡量,明显弱化难以量化的其他情节的应有作用,表明其在实现罪刑相适应与司法便利之间的权衡中选择向司法便利倾斜。

(四)体现了对宽严相济刑事政策的片面理解

宽严相济是我国一项重要的基本刑事政策,其基本内容是"该严则严,当宽则宽;严中有宽,宽中有严;宽严有度,宽严审时"。[③] 在对腐败犯罪的立法层面,宽严相济刑事政策在历次修订刑法和出台司法解释中得到了充分体现。"宽"的一面,提高了贪污受贿罪的定罪量刑标准,将如实供述、真诚悔罪、积极退赃等酌定从宽情节法定化等;"严"的一面,增加规定了"利用影响力受贿"等罪名,扩张解释了"财物""谋取利益"等受贿罪的构成条件,扩大了受贿罪的犯罪圈,对贪污受贿犯罪增加规定了罚金刑,规定了严格的"终身监禁"等。总的来说,对腐败犯罪的立法中体现了宽严相济的精神,为在保护人权的同时加大对腐败犯罪惩治力度提供了法律保障。[④]

但是在司法层面,司法机关在审理贪污、受贿等腐败案件时对宽严相济政策缺乏全面、均衡把握,有明显的过于强调"宽"的倾向。司法实践中,如实供述、赃款追缴、认罪悔罪等从宽情节在受贿罪量刑中普遍适用,而诸如多次受贿、受贿中违背职责、受贿行为给国家、社会或者他人造成损害等加重行为人罪责的情节,在实践中则很少考虑,甚至在

---

① 裴显鼎、苗有水等:《〈关于办理贪污贿赂刑事案件适用法律若干问题的解释〉的理解与适用》,载《刑事审判参考》(总第106集),法律出版社2017年版,第122页。

② 例如,周光权:《论受贿罪的情节——基于最新司法解释的分析》,载《政治与法律》2016年第8期,第38页。

③ 马克昌:《宽严相济刑事政策研究》,清华大学出版社2012年版,第75页。

④ 卢建平:《宽严相济与刑法修正》,载《清华法学》2017年第1期,第54页。

《刑法修正案(九)》和相关司法解释已经作出明确规定后都很少在裁判文书中体现。司法机关在受贿案件量刑中对于从宽情节和从重情节的区别对待体现出对受贿罪被告人更加关注从宽政策的考虑。最高司法机关正是沿袭了这一考虑,在刑法已将"其他情节"与"数额"并列规定为受贿罪量刑标准的情况下,又在司法解释中重新确立了"数额"在量刑中唯一的基准地位,而将体现受贿行为对法益严重侵害以及受贿人严重人身危险性的其他情节降格为辅助性情节,降低了这些情节在决定定罪量刑中的分量,导致在包括受贿罪在内的腐败案件处理上对宽严相济政策把握的不均衡。

第三节　受贿罪刑罚标准存在的问题及其他立法例的借鉴

毋庸置疑,《刑法修正案(九)》关于"数额与其他情节并重"的规定打破了长期以来立法和司法界在受贿罪刑罚标准上对犯罪数额过于依赖的窠臼,在准确定位具体受贿行为的社会危害性上迈进了一大步。但是"两高"司法解释很显然否定了其他情节的独立作用,将立法迈出去的一步又拉回到以数额为量刑基础的轨道上来,与立法原意并不吻合。在此,笔者不去探讨司法解释能否突破立法的问题,[①]仅从司法解释内容本身看,笔者研究后发现,经过一系列刑法修正和司法解释,我国关于受贿罪刑罚的规定中,犯罪数额对于受贿罪定罪量刑的决定性作用并没有被撼动,司法解释尽管明确了其他情节影响定罪量刑的具体幅度,与1997年《刑法》规定相比所占权重也明显加大,并将情节的内容进一步明确和细化,但仍然难以根本性地保证情节发挥应有的作用,实现罪刑相当。可以说,在以犯罪数额为受贿罪刑罚基准方面,司法解释的规定与我国古代的以"计赃论罚"为主的模式以及修订前刑法的立法模式一脉相承,这样的模式虽然给

① 根据《立法法》第104条的规定,最高人民法院、最高人民检察院作出的属于审判、检察工作中具体应用法律的解释,应当符合立法的目的、原则和原意。但实践中"两高"制定的突破法律、与立法原意不符的司法解释并不少见,特别是近年来出台的关于职务犯罪的一系列司法解释,从某种意义上讲,就是为突破现行刑法规定而制定的。

司法带来了便利，但在适应社会发展变化、顺应现代刑法理念、实现罪刑相适应要求等方面显现出了明显的弊端和局限性。

一、受贿罪刑罚标准背离了刑罚基本原则

（一）难以实现罪刑相适应原则

《刑法修正案（九）》及相关配套司法解释的规定表明，立法机关和最高司法机关意识到了之前以数额决定受贿罪刑罚的标准与受贿罪保护法益之间的偏离，但是从司法解释的具体条文看，影响受贿罪量刑的情节主要是前科劣迹、赃款用途、退赃表现等罪前、罪后情节以及既有的索贿情节，真正能体现公权力滥用情况的罪中情节仅有“为他人谋取不正当利益”和“为他人谋取职务提拔、调整”两项内容，因此，只能说立法者和最高司法机关在理念上开始重视反映公权力滥用情形的罪中情节对受贿罪量刑的影响，但出台的相关规定仍未脱离以具体数额为主要量刑标准的局限，距离全面、准确考量受贿行为对法益侵害程度的要求，实现罪刑相适应还有较大差距。

社会危害性是定罪量刑的前提和依据，这是罪刑相适应原则的应有之义。根据《联合国反腐败公约》第 30 条第 1 款的规定，各缔约国均应当使根据本公约确立的包括受贿罪在内的各种腐败犯罪受到与其严重性相当的制裁。而按照司法解释的思路，对于受贿案件，首先要根据受贿数额确定对应的量刑档，对于未达到数额较大、巨大、特别巨大起点的，再考察其是否具有司法解释规定的八种加重情节，在此基础上决定是否定罪并确定对应量刑档和具体刑罚。可以看出，司法解释赋予了特定犯罪情节加重受贿罪处罚的功能，本质上与 1997 年《刑法》的规定同属于“以数额为中心，其他情节为辅助”的模式。这种模式下，数额在受贿罪刑罚中所占权重过大，不能准确体现犯罪的社会危害性，难以实现罪刑相适应。

根据罪刑相适应原则，刑罚标准的规定既要体现报应，更要利于预防。如前所述，尽管其他国家和我国对受贿罪保护法益的侧重点不同，但都是着眼于职务行为，即受贿犯罪的危害性主要体现在对职务行为的侵害上，而非受贿数额上。在我国现行以数额为中心的刑罚标准中，受贿数额成为认定受贿罪社会危害性的最重要的考量标准，而真正反映受贿行为对法益侵害程度的背职情况、危害后果等其他情节有的未在规定中体现，有的只是规定为辅助性情节予以考虑，以此认定受贿行

为的社会危害性、严重性是片面的,与《联合国反腐败公约》规定的严重性相当原理相悖,[①]导致实践中同罪异罚、异罪同罚、罪刑失衡现象普遍存在,[②]违反了罪刑相适应原则。在报应方面无法实现真正意义的罪刑相适应,而且使相当一部分受贿行为逃脱法律制裁或者未受到足够刑罚惩罚,在功利方面也不利于实现预防受贿犯罪的社会防卫目的。

(二)违反刑罚个别化原则

受贿案件情况复杂,数额相近的受贿案件中,其他情节上的差异可能导致受贿犯罪的危害性呈现出巨大差异,因此,在确定刑罚时需对个案其他情节进行个别分析后才能准确认定对法益的侵害程度,做到罪刑均衡。受贿罪中数额之外的其他情节体现出个案之间的差异性。然而对于我国长期以来采用的"以数额为中心"的受贿罪量刑模式,立法机关有关人员也坦言,从实践的情况看,受贿等犯罪情节差别很大,情况复杂,单纯考虑数额,难以全面反映具体个罪的社会危害性。[③] 例如,甲与乙均受贿 20 万元,甲平日拒贿多次,偶尔因家人生病急需用钱而受贿 1 次,收受财物后正常履职,案发后积极退赃;而乙为解决赌资而多次受贿,而且为行贿人谋取的都是不正当利益,案发后因赌博输光未退缴赃款。两案中,二人的受贿数额相同,真正体现二人受贿行为社会危害性及其本人人身危险性的情节各不相同,这些情节正是体现个案之间差异的因素。根据司法解释,受贿 20 万元所应判处的刑罚区间是三年以上十年以下有期徒刑,而行为人受贿的动机、次数、谋利正当性等个性化情节在相关规定中并未明确规定,导致类似体现受贿案件复杂性、差异性的因素在司法机关对受贿罪量刑中被不同程度地忽略,形成"以数额为中心",其他情节"估堆"判断的司法习惯。在这种情况下,这些情节应有的犯罪独立评价能力未得到重视,[④]司法机关在量刑

① 李元玉:《受贿罪"唯数额论"的探究与反思——以刑法修正案(九)(草案)为视角》,载《公民与法》2014 年第 10 期,第 31 页。

② 徐龙、褚文丽:《我国贪污、受贿罪定罪量刑的立法变迁及设想——以〈刑法修正案(九)(草案)〉为契机》,载《法制与社会》2015 年第 8 期(上),第 146 页。

③ 参见李适时:《关于〈中华人民共和国刑法修正案(九)(草案)〉的说明》,载中国人大网:http://www.npc.gov.cn/npc/lfzt/rlys/2014-11/03/content_1885123.htm,最后访问日期:2017 年 3 月 23 日。

④ 钱小平:《贿赂犯罪情节与数额配置关系矫正之辨析》,载《法学》2016 年第 11 期,第 42 页。

中对数额之外其他情节的考量，无异于“带着镣铐跳舞”，做不到针对具体案件中的情节进行个别分析，权衡的结果难以全面反映具体个罪的社会危害性，难以实现刑罚个别化。①

二、司法机关对受贿罪刑罚标准的实际掌握出现明显偏差

1997 年《刑法》规定，对犯受贿罪的要“根据受贿所得数额及情节”进行处罚。同时，刑法进一步对数额标准作出明确规定，而对于情节，除“索贿”之外刑法只作出“情节较重”“情节严重”和“情节特别严重”的量刑标准规定。这样的规定使法官在量刑时缺乏相对明确的情节适用依据，长时间以来造成受贿罪量刑中明确、简便的数额标准被不当强化，而抽象、笼统的情节标准被不当弱化的状况。②《刑法修正案（九）》将受贿罪量刑标准修改为数额与情节并重模式后，“两高”司法解释一方面将其他情节降格为受贿罪的辅助性量刑标准，另一方面又在条款中列举了八项具体情节，但这些情节没有形成逻辑严密的情节体系，部分情节是对已有法定和酌定情节的强调，而且对于受贿人的身份、对职务行为违背程度、犯罪次数等直接反映法益侵害程度的重要量刑情节均未体现。因此与之前规定相比，现行刑法和司法解释在理念上更加重视其他情节在量刑中的作用，但是相关内容仍未脱离“以数额为中心，其他情节为辅助”的模式，加之对其他情节没有形成科学完善、具有可操作性的规定，因此没有从根本上解决过于依赖数额、犯罪情节不能发挥应有作用的状况。

（一）司法解释加固了司法机关对受贿罪保护法益的片面认识

将犯罪数额规定为受贿罪刑罚的基准，表明最高司法机关认为，数额是表征受贿犯罪严重程度的重要因素。此外，相比较而言，数额标准简单、明确，更便于掌握，而其他情节相对复杂、抽象，难以把握。因此，基于立法技术及立法传统的影响，尽管 1997 年《刑法》在规定数额标准的核心地位的同时也明确了其他情节的作用，但犯罪数额的绝对地位导致司法机关对受贿罪危害性产生不正确认识，以至于出现有关机关长期以来坚持将受贿罪保护法益局限于职务行为的廉洁性，而忽视职务行为

---

① 李元玉：《受贿罪“唯数额论”的探究与反思——以刑法修正案（九）（草案）为视角》，载《公民与法》2014 年第 10 期，第 31 页。

② 王刚、娄霞等：《我国贪污受贿犯罪量刑情节适用状况研究》，载《太原师范学院学报》（社会科学版）2016 年第 2 期，第 42 页。

的公正性，同时提出犯罪数额是衡量受贿罪社会危害性的最重要因素的观点。《刑法修正案（九）》虽然赋予其他情节独立决定受贿罪刑罚的地位，但实际情况表明，司法机关在实践中并没有采用，《刑法修正案（九）》生效后直至“两高”司法解释出台这近5个月时间，全国法院大量在审的受贿案件暂缓宣判，[①]为的就是等待司法解释确定新的数额标准，据此再作出判决。可以看出，尽管修正案明确数额与情节并重的刑罚标准，但司法机关从观念上并未摆脱对数额基础性功能的依赖，对其他情节仍未给予足够的关注。司法解释将受贿罪刑罚标准拉回到“以数额为中心，其他情节为辅助”的模式，更加加固了司法机关的上述不正确理念。

（二）司法实践中产生“唯数额论”倾向

立法上数额与其他情节主次分明的立法模式从根本上限制了司法机关对受贿动机、受贿次数、给国家造成的损失等其他情节的适用，弱化了其他情节在受贿罪中应有的作用，因此实践中司法机关在对受贿罪的量刑中形成了对受贿数额过于依赖、对其他罪中情节过于忽视的思维定式，形成了“唯数额论”倾向。除了像郑某案、[②]林某案[③]等因受贿行为造成危害后果引起社会瞩目的适用死刑案件，对于其余受贿案件，包括社会关注度很高的省部级以上官员受贿案，从侦查机关取证、

---

① 全国法院上传至中国裁判文书网的在2015年11月至2016年3月期间作出一审判决的受贿案仅239件。据司法统计，近年来全国法院每年审理受贿案案件约2万件。

② 根据北京市第一中级人民法院（2007）一中刑初字第1599号刑事判决书，郑某收受贿赂649万元，帮助有关企业获得药品或器械生产审批，擅自降低审批标准，致使多种不应换发或者应撤销文号的药品获得文号，其中包括6种假药。其行为导致药品监管失控、严重增大人民群众的用药风险，损害国家机关公信力。法院认为，被告人郑某身为某部门的主要负责人，本应认真行使国家和人民赋予的权力，为保障与国计民生有重大关系的药品的使用安全和生产经营秩序，尽职尽责，廉洁从政，但其却置国家和人民的重要利益于不顾，为有关企业在获得相关许可证、药品进口，注册、审批等方面谋取利益，直接或者通过其妻、子多次收受贿赂，严重地侵害了国家工作人员的职务廉洁性，严重地破坏了监管部门的正常工作秩序，危害人民群众的生命、健康安全，造成了极其恶劣的社会影响。被告人郑某受贿数额特别巨大，犯罪情节特别严重，社会危害性极大。其虽有坦白部分受贿事实、受贿钱款已退缴情节，但不足以从轻处罚，应依法严惩，对其以受贿罪判处死刑。

③ 根据重庆市第一中级人民法院（1999）渝一中刑初字第99号刑事判决书认定，时任某县城乡建设管理委员会主任的林某收受施工方贿赂11万余元，违规在虹桥工程项目未立项、未审查资质并招标的情况下，与不具备承包资质的公司签订设计、施工总承包合同书；施工中未安排人员监督工程质量，致使施工中的质量问题得不到及时发现和纠正；在工程尚未竣工验收的情况下即将虹桥交付使用，后虹桥垮塌，造成40人死亡，14人受伤，直接经济损失628万元，一审法院以受贿罪对林某判处死刑。二审期间林某构成重大立功，被改判死缓。

公诉机关示证，到审判机关量刑，对于犯罪事实本身，司法机关都青睐于明确的数额标准，过于强调和依赖犯罪数额，而忽略了受贿的次数、背职情况、造成的后果等。笔者拟通过分别对检察机关调查取证、示证和审判机关刑罚裁判理由的考察进行论证。

首先，笔者通过对受贿案例的实证研究发现，检察机关在对受贿案件侦查中，调取的证据主要集中在收受贿赂和为他人谋利两方面。在收受贿赂方面，行贿人和受贿时间、地点、对象、数额等是取证重点；在谋利方面，双方就谋利事项的沟通情况、受贿人为此实施的职务行为等定罪要素是取证重点，对于该谋利行为的正当性、是否造成危害后果以及危害后果的严重程度等量刑因素不是取证重点，一般受贿案件中检察机关侦查取证、向法院出示的证据中往往缺少这部分证据。例如，在王某受贿案中，其部分受贿事实涉及帮助请托人使不符合国家标准的项目通过检测，检察机关调取的证据仅证明上述事实，而对于该项目的违规程度、对环境等造成的实际危害和潜在危害等均未调取和出示证据。由此带来的问题是，对被告人是否具有《贪污贿赂解释》中规定的“谋取不正当利益致使国家和人民利益遭受重大损害”等情节，审判机关不具备作出准确判断的事实和证据基础。

其次，从相关受贿案的裁判文书看，审判机关在阐述的裁判理由中，根据证据可以认定的受贿动机、次数、持续时间等情节基本上未被考虑，履职行为的正当性、是否造成危害后果以及危害后果的严重程度等情节，更是因为公诉人未提供证据，因此在认定的事实、证据以及裁判理由中均未体现。例如在李某受贿案中，李某在13年之内利用职务便利收受11个单位和个人给予的贿赂共计1900余万元，为他人在案件处理、兴办学校、职务晋升等事项中提供帮助。其中收受的最大一笔贿赂是张某给予的价值900余万元的金条和购物卡等，用于其向他人行贿，李某则利用职务便利干预司法，向公安机关有关人员打招呼，使因涉嫌经济犯罪被立案侦查的张某等人被取保候审；后李某又给法院有关人员打招呼，使张某被法院判处缓刑。从法院判决书的内容看：

在事实、证据方面，以收受张某贿赂为例，对于李某干预司法为张某谋利一节，判决书的事实部分仅用“为张某所涉刑事案件提供帮助”一句话表述，列举的证据也只在张某及其他相关证人的证言中简单提到，至于危害后果，即是否导致放纵犯罪或者枉法裁判的危害后果，判决未给予评价，根据事实证据也无从作出判断；对于李某收受贿赂用于行贿拉票一节，判决书认定的事实中没有提及，相关证人证言提到“与李某等人商定，各自为李某拉票，张某提供金条和购物卡，东西都送给相关人员为李某拉票了”。

在裁判理由方面，判决书载明的量刑考虑是，李某受贿“数额特别巨大，严重侵害了国家工作人员职务行为的廉洁性……鉴于李某到案后能够如实供述自己的罪行，积极退赃，赃款赃物大部分追缴，具有法定、酌定从轻处罚情节，依法可以从轻处罚。根据李某犯罪的事实、性质、情节和对社会的危害程度，判决如下：……”从判决书的表述可以看出，法官对李某的罪后情节有充分考虑，但罪中情节中，仅对受贿数额作出了“特别巨大”的评价，并由此认为严重侵害了国家工作人员职务行为的廉洁性，至于李某收受贿赂的动机、次数、持续时间等反映法益侵害程度和被告人人身危险性的其他罪中情节均未予考虑；笔者认为最为不妥的是，该案中明显具备了《贪污贿赂解释》明确规定的“赃款赃物用于非法活动”“造成恶劣影响或者其他严重后果”“为他人谋取不正当利益，致使公共财产、国家和人民利益遭受损失”“为他人谋取职务提拔、调整”四项加重处罚情节，裁判理由中居然只字未提。

裁判文书是法官对案件作出裁决最权威的载体，体现着法官审理案件中的关注和思考。李某受贿案判决书的内容表明，法官对该案裁量刑罚中关注的是犯罪数额和从宽的罪后情节，对于数额之外的其他罪中情节，即使在司法解释有明确规定的情况下也未予考虑；而且裁判结果也印证了这一判断，依照规定判处有期徒刑 10 年以上量刑档的受贿数额起点是 300 万元，李某的受贿数额高出起点数倍而被判处有期徒刑 12 年，也充分证明法官量刑时没有考虑上述四项加重罪中情节。大量受贿案件的裁判文书显示，李某案量刑中存在的上述问题在司法实践中绝非个例，而是普遍情况，即使是在《刑法修正案（九）》施行后，尽管立法强调了其他情节的作用，但是由于司法解释的调整，使司法机关在实践中弱化对受贿犯罪其他情节在刑罚作用的认识没有实质性变化，片面依赖犯罪数额的状态始终持续。① 在这样的司法裁量下，出现

---

① 王刚、洪星：《我国贪污受贿犯罪量刑中存在的问题及完善建议》，载赵秉志主编：《刑法评论》，法律出版社 2014 年版，第 168 页。

受贿案件的量刑失衡在所难免。

三、其他情节所承担的部分功能与法理相悖

尽管司法解释将其他情节的作用由《刑法修正案(九)》规定的独立地位降格为辅助性地位,但是不可否认的是,从解释的字面意思看,条款中列举的八项其他情节也具有一定的决定受贿罪定罪量刑的功能。八项其他情节中,既有"曾因贪污、受贿、挪用公款受过党纪、行政处分""曾因故意犯罪受过刑事追究"的罪前情节;又有"造成恶劣影响或者其他严重后果""多次索贿""为他人谋取不正当利益,致使公共财产、国家和人民利益遭受损失""为他人谋取职务提拔、调整"的罪中情节;还有"赃款赃物用于非法活动""拒不交待赃款赃物去向或者拒不配合追缴工作,致使无法追缴"的罪后情节。司法解释将上述罪前、罪中和罪后三类情节不加区分地一总规定为影响受贿罪定罪和量刑的因素,笔者认为这与相关情节的性质、功能等法理相悖。

根据情节的概念可以明确以下两点:首先,情节是独立于犯罪构成要件的各种具体事实情况;其次,情节是法官在决定对犯罪人量刑时考虑的情况。具体而言,司法解释规定的上述其他情节中,四项罪中情节反映了受贿犯罪对法益的侵害程度,二项罪前情节和二项罪后情节反映了行为人的人身危险性。从实现刑罚惩罚与预防功能的角度看,以上情节是影响受贿罪量刑的重要因素,因此司法解释赋予其一定的决定受贿犯罪刑罚的作用与其功能是吻合的。但是,司法解释同时赋予上述情节一定的决定受贿犯罪定罪的功能并不合理。具体而言,根据司法解释规定,受贿 1 万元以上不满 3 万元,具有上述八项其他情节之一的以受贿罪论处。笔者认为,该规定与犯罪情节功能的基本原理相违背。一是,这样规定意味着司法解释将上述情节视作除犯罪数额之外的受贿罪定罪的罪量因素,然而无论是体现犯罪行为危害性的危害后果、恶劣影响等罪中情节,还是体现行为人主观恶性的前科劣迹、认罪悔罪表现、退赃情况等罪前和罪后情节,都不是体现犯罪构成要件的事实情况;而且根据刑法理论,犯罪的罪量因素应当是直接体现行为的违法性程度的因素,只能存在于犯罪行为过程之中,[①]因此上述罪前和

---

① 栗旸:《犯罪定量因素定位实例分析》,载《中国刑事法杂志》2015 年第 6 期,第 139 页。

罪后情节更是与犯罪行为本身无关,不具备作为受贿罪罪量因素的功能。二是,情节本身的功能是法官决定对行为人从宽或从严处罚的考量因素,至于行为人收受贿赂的行为是否构成犯罪,取决于该行为本身,行为人平时表现如何、犯罪后悔罪表现如何等,对该行为性质的认定不具有评价意义。因此,司法解释将上述罪前、罪后情节规定为影响受贿罪定罪的因素并不合理,这样的规定,超越了上述情节的功能定位,与犯罪的罪量及犯罪情节功能等法理相悖。

四、以犯罪数额为中心量刑必然导致量刑不均衡

为解决受贿罪量刑不均衡问题,司法解释提高了定罪量刑的数额标准,并重新划定量刑档与量刑区间,但事实上,只要以数额基准为前提,无论如何设定标准和量刑档,都无法从根本上解决拉不开量刑档次、量刑不均衡的问题。

根据 1997 年《刑法》,受贿 5000 元至 10 万元对应的是两个量刑档,从拘役到有期徒刑 10 年的刑罚幅度,量刑空间很大,实践中通常掌握是数额增加 1 万元,刑期提高 1 年;而受贿 10 万元以上,直至数百万元、数千万元,对应的只有一个量刑档,即 10 年以上有期徒刑或者无期徒刑,由于法定刑罚种类有限,造成量刑时拉不开刑罚档次的问题十分突出。例如受贿 10 万元没有其他量刑情节,和受贿 300 万元没有其他量刑情节,量刑上基本都掌握在有期徒刑 10 年或略高于 10 年。简言之,根据 1997 年《刑法》规定,受贿 10 万元以下的适用刑罚空间过大,受贿 10 万元以上的适用刑罚空间又过窄,造成明显的罪刑不相适应和量刑不平衡。

"两高"为解决上述问题,在《贪污贿赂解释》中大幅度拉开了"数额较大""数额巨大"以及"数额特别巨大"量刑档的数额级差,即将对应拘役至有期徒刑 10 年刑罚的数额范围由 5000 元至 10 万元调整至 3 万元至 300 万元,一定程度上解决了第一、二量刑档对应的数额范围过窄的问题,使 300 万元以下的受贿罪量刑有了更大的空间,但是对于 300 万元以上的受贿犯罪,仍然存在拉不开刑罚档次的问题。

笔者抽取了《刑法修正案(九)》发布后一段时间法院判决的 14 件省部级官员受贿案的判决情况进行观察。从裁判理由的表述看,法院对被告人罪后的自首、坦白、立功、认罪、退赃等情节进行了充分的认定

和考虑,对于具有自首、立功情节的,均未作减轻处罚,仅作为从轻处罚情节在法定刑幅度内量刑。这14件案件中,受贿数额最低的是854万元,最高的是4856万元;量刑最低的是有期徒刑11年,最高的是有期徒刑15年。以郭某案为例,从判决书的认定看,受贿数额为4346万元,被判处有期徒刑15年,其所具有的量刑情节为省部级官员受贿案中普遍存在的主动坦白、认罪悔罪,以及全部退赃,并没有格外需要考虑的从轻处罚情节,由此可以推断,受贿5000万元以下,法院通常将判处有期徒刑15年作为基本考虑。据统计,2013年各级法院审理的处级以上官员受贿案件中,平均犯罪数额为304.65万元。近两年,随着反腐败力度加大,司法机关查办的受贿案件数量以及涉案金额都有大幅度提高,可以预测,适用新司法解释的刑罚标准,将有大量的一定级别以上官员因受贿罪被判处的刑罚集中在有期徒刑10年至15年这个区间。

结合"两高"《贪污贿赂解释》规定以及以上对14件省部级官员受贿案量刑情况所做的分析可以看出,根据新司法解释,实践中受贿300万元至5000万元,通常在有期徒刑10年至15年之间判处刑罚,量刑空间狭小、刑罚拉不开档次的问题依旧突出,实践中受贿数额相近、情节悬殊,判处相似刑罚不可避免。总之,司法实践中突出存在的受贿罪罪刑不相适应、量刑不均衡的问题,通过《刑法修正案(九)》和相关司法解释对受贿罪刑罚标准的修改和调整并没有得到有效解决,同罪异罚、异罪同罚和罪刑失衡的现象仍不可避免地存在。

五、其他法域及我国古代对受贿罪刑罚标准立法例的借鉴

(一)其他法域"以职务因素情节为中心"的受贿罪刑罚标准的借鉴

如前所述,受贿罪的保护法益是"职务行为的公正性,以及国民对职务行为公正性的信赖"。[①] 经考察,该法益的定位是当今遏制受贿犯罪效果良好的国家和地区达成的共识,而且这些法域都紧扣受贿罪保护法益的定位设置了受贿罪刑罚标准。主要体现在:

一是以违背职责义务程度作为对受贿罪最基本的量刑标准。美国、英国、德国、日本等国家的法律对于违背职责义务的受贿与没有违

① 何承斌:《受贿罪客体比较研究》,载《西南政法大学学报》2004年第5期,第10页。

背职责义务的受贿规定了差距悬殊的法定刑,有的还基于此规定了不同的罪名。例如,英国《2010 年反贿赂法》规定,以受贿人不当履行职责的危害程度为依据确定受贿犯罪的严重程度,根据犯罪的严重程度选择诉讼程序,若适用即席判决(summary conviction),可单处或并处不超过 12 个月的监禁或者不超过法定最高额的罚金;若循公诉程序判决(conviction on indictment),则可单处或并处不超过 10 年的监禁或者无限额罚金。[①] 根据美国《联邦贿赂法》规定,公务受贿中基于是否有"影响职务行为或职务行为被影响"的"枉法意图"分为重型贿赂罪(bribery)和轻型贿赂罪(gratuity),[②]对于重型贿赂罪处以 15 年以下拘禁;轻型贿赂罪处以 2 年以下拘禁。[③]

二是部分法域将受贿人特定的主体身份作为影响刑罚的一个重要因素,对具有特殊身份的人员规定了比一般人员更为严厉的刑罚。例如,《德国刑法典》规定,一般公务人员犯受贿罪的,处 3 年以下自由刑或罚金;法官或仲裁人犯受贿罪的,处 5 年以下自由刑或罚金;一般公务人员犯索贿罪的,处 6 个月以上 5 年以下自由刑,情节较轻的,处 3 年以下自由刑或罚金;法官或仲裁人犯索贿罪的,处 1 年以上 10 年以下自由刑,情节较轻的,处 6 个月以上 5 年以下自由刑。[④]《俄罗斯刑法典》规定,一般公务人员受贿的,判处 5 年以下剥夺自由刑,或者最低劳动报酬 700 ~ 1000 倍的罚金;受贿主体是俄罗斯联邦国家或联邦各主体国家公务人员以及地方自治机关的首脑人物,判处 5 年以上 10 年以下剥夺自由刑,并处 3 年以下剥夺担任一定职务或者从事某项工作的权利。[⑤]

对具体犯罪设置法定刑都遵循以法益侵害严重程度为依据的原则。以上各国立法将背职程度、特定身份等与职务行为密切相关的因素设置为受贿罪最重要的量刑标准,体现了对受贿罪保护法益的准确把握。受贿犯罪的根本是不当行使职务,[⑥]因此最能够体现受贿行为对

---

① 高铭暄、曹波:《中英受贿犯罪立法比较研究》,载《法学杂志》2016 年第 8 期,第 12 页。

② 付凤鸣、张文生:《浅析美国联邦贿赂罪》,载《当代经理人》2005 年第 13 期,第 62 页。

③ 储槐植:《美国刑法》,北京大学出版社 1996 年版,第 333 页。

④ 《德国刑法典》,徐久生、庄敬华译,中国方正出版社 2004 年版,第 167 ~ 169 页。

⑤ 《俄罗斯联邦刑法》,赵微译,法律出版社 2003 年版,第 409 页。

⑥ [日]大谷实:《刑法讲义各论》,黎宏译,中国人民大学出版社 2008 年版,第 574 页。

职务行为的公正性以及公众信赖侵害程度的，应当是行为人是否滥用了公权力、滥用公权力的程度、造成的危害后果如何等，至于行为人为此获利多少，与对法益的侵害程度并无必然关系。上述法域就是基于受贿罪保护法益的定位将以上背职情况等因素作为受贿罪最重要的量刑标准。上述法域法律对受贿罪法定刑的设定，依据的主要因素是受贿行为的程度，具体而言，行为人是否违背职责义务以及违背程度是各法域确定对受贿行为法定刑的最重要的核心考量因素，对刑罚有根本性影响，例如根据美国法律，有枉法意图的重型贿赂罪最高刑为 15 年监禁，而没有枉法意图的轻型贿赂罪最高刑仅为 2 年监禁；德国刑法对法官和仲裁人受贿作出了比一般公务员严厉得多的刑罚规定，起点刑和最高刑约是一般公务员的两倍。这样的规定是考虑到法官和仲裁人身为居中裁决者，对其有更高的职业要求和信任度，其一旦实施受贿犯罪，对职务公正性、廉洁性和公众的信赖等法益的侵害程度更高，因此应当承担更严厉的刑罚。此外，上述法域中没有一个国家或地区的法律将受贿数额作为设置法定刑的依据，不直接体现法益侵害程度的受贿数额仅是司法程序中法官在刑罚裁量时进行判断的一个因素，这也体现了对法益的准确把握。以上法域针对受贿罪保护法益确定的以职务因素情节为中心的受贿罪刑罚标准值得我国借鉴。

（二）我国古代“计赃论罚”兼顾其他情节的受贿罪刑罚标准的借鉴

长期以来，学界普遍将我国历史上受贿罪的刑罚标准简单归纳为“计赃论罚”。笔者认为，这个观点有失偏颇，从各朝代立法规定看，犯罪数额固然是对受贿罪量刑重要的考量因素，但除此之外，包括受贿主体、背职情况、主观恶性、是否索贿等各方面情节亦是决定刑罚轻重的重要法定因素。可以说，我国古代立法对受贿罪规定的是以“计赃论罚”为基础兼顾其他非数额情节的刑罚标准。特别是自唐朝《唐律疏议》之后，更是对受贿犯罪形成了一套较为严密、完备的“数额加情节”的刑罚标准体系。总的来看，我国古代立法在受贿罪刑罚中考量的非数额情节主要包括以下方面：

一是对是否实施背职行为规定不同的刑罚。例如，《唐律疏议》在“六赃”中分别规定“受财枉法”和“受财不枉法”，对于受财枉法者，一尺杖一百，一匹加一等，十五匹即处绞刑，并为常赦所不免；对于受财不枉法者,处罚比财枉法者轻,一尺杖一百,一匹加一等,三十匹加役流。[①]《汉书·刑法志》记载,汉文帝十三年诏书曰:"吏坐受赇枉法,守县官财物而即盗之,已论命复又笞罪者,皆弃市"。[②] 北魏法律规定:"监临管受养一只、酒一斛罪至大辟。枉法无论多少,皆死。"[③]

二是对不同身份的受贿主体处以不同刑罚。战国时期魏国的《法经》规定:"丞相受金,左右伏诛。犀首(将军)以下受金则诛。"[④]《汉律》规定对主守官与监临官受赇区别用刑,"主守而盗值十金而弃市",[⑤]"监临官受其官属所赠饮食计偿费勿论;受财物,夺爵为士伍,免之;无爵,罚金二金,令没入所受"。[⑥]《唐律疏议》规定,实施"受人财而为请求"行为的,普通官吏坐赃论加二等;[⑦]监临势要之官准枉法论;[⑧]实施"受财导令囚翻异"[⑨]行为的,对非主守(专当掌囚典狱官员以外的人员)刑罚要比照主守(专当掌囚典狱的官员)减一等处罚。《大明律》规定对都察院御史等"风宪官"加重处罚,即"风宪官"受贿、索贿的,"加其余官吏罪二等"。[⑩]《大清律例》针对当时冤狱频发的情况,加重了对司法腐败的刑罚,对籍案索贿者从重处罚。[⑪]

三是对是否索贿规定不同刑罚。《唐律疏议》规定,"受所监临财物",一尺以上笞四十,五十匹流两千里;若主动"乞取"的,罪加一等;若"强取"的,按"受财枉法"处理。[⑫]《大清律例》亦规定对籍案索贿者从

---

① 程宝库:《唐朝反贿赂法律制度的成就与缺陷综析》,载《广州大学学报》(社会科学版)2007年第12期,第14页。

② 《汉书·刑法志》,中华书局1962年版,第1099页。

③ 参见杨仲林:《论对中国古代廉政文化的借鉴》,载《文化研究》2006年第8期,第145页。

④ 参见孔庆明:《秦汉法律史》,陕西人民出版社1992年版,第50页。意思是:丞相受贿,其助手要处死刑;将军以下收受贿赂,一律处以死刑。

⑤ 杨鸿烈:《中国法律发达史》,商务印书馆1989年版,第123页。

⑥ 参见《历代刑法志》,群众出版社1988年版,第16页。

⑦ 即一尺以上笞四十,一疋加一等,罪止流二千五百里。

⑧ 即一尺以上杖一百,一疋加一等,罪止流三千里,无禄者减一等。

⑨ 即指通过报告通传的行为,引导囚犯翻异文辩,或得官司信息、证人言语等。

⑩ 《大明律》规定:"凡风宪官吏受财及于所按治去处求索借贷人财物,若卖买多取价利及受馈送之类,各加其余官吏罪二等。"

⑪ 刘守芬、王洪波、姜涛、陈新旺:《对中国古代廉政法律制度的历史考察》,载《北京大学学报》(哲学社会科学版)2003年第3期,第98页。

⑫ 刘莎莎:《浅谈中国古代廉政法律制度》,载《法制与社会》2009年第5期(上),第6页。

重处罚。

总之,我国古代对受贿罪采用了“数额加情节”的刑罚标准模式,特别是到了立法技术成熟的唐朝及之后,在“计赃”的基础上,将受贿主体、背职情况、是否索贿等因素也作为影响刑罚的重要考量因素,表明立法者能够准确把握体现受贿行为对保护法益侵害程度的各要素。经过数千年的发展,我国现代的立法对以上模式有所传承、有所改变。得以传承的是以“计赃论罚”为基准的刑罚标准模式,犯罪数额起基准作用的理念在我国当前受贿罪刑罚标准设定中仍然根深蒂固;得以改变的是其他非数额情节的作用,在我国古代受贿罪刑罚标准体系中,滥权情况、犯罪主体、是否索贿等反映受贿行为社会危害性的罪中情节是数额之外影响量刑的主要因素,这些情节体现的性质和程度大体相当,与现代刑法的罪刑相适应原则更为吻合,相比较而言,现行刑法和司法解释对影响受贿罪量刑的非数额情节的规定中存在缺乏独立评价能力、对背职情况重视不够、将主要体现受贿行为社会危害性的罪中情节与主要反映受贿人人身危险性的罪前和罪后情节混为一谈等问题,这样的粗放型规定难免造成实践中的罪刑失衡。

综上,其他法域将是否利用公权力、利用何种公权力、渎职程度如何、后果如何等与职务因素有关的非数额情节作为受贿罪的刑罚标准,与受贿罪保护法益相吻合,与我国“以数额为中心”的模式相比,更为科学、合理。我国古代立法虽然以“计赃”为基础,但同时对与职务因素有关的背职情况等亦作为重要的量刑因素,相关规定所体现出的周密严谨的立法理念和立法技术对完善现行受贿罪刑罚制度亦有很强的借鉴意义。

第四节　小　结

本章对受贿罪的刑罚标准进行研究。我国刑法没有对受贿罪规定专门的刑罚标准,而是规定受贿罪按照贪污罪的刑罚标准进行处罚,这种贪贿同罚的规定忽视了受贿罪与贪污罪保护法益实质性的差异,不能准确评价受贿犯罪行为的社会危害性。“以数额为中心,其他情节为辅助”的受贿罪刑罚标准过于强调了犯罪数额在量刑中的权重,而其他非数额情节,特别是违背职责等情节未被赋予应有的权重。现行受贿罪刑罚标准存在以下明显弊端:一方面,不能准确体现受贿行为的社会危害程度,违反了罪刑相适应、刑罚个别化等刑罚基本原则,难以实现罚当其罪,导致罪刑失衡在所难免;另一方面,久而久之引导司法机关产生对受贿罪保护法益的误读和实践掌握的偏差,形成过于依赖犯罪数额的"唯数额论"的倾向,导致其他情节调整刑罚裁量的功能被虚置。相比之下,当今美国、英国等其他法域的立法将违背职责、特定身份等职务因素作为受贿罪的主要量刑标准,体现了对受贿罪保护法益的准确把握;我国古代立法对受贿罪规定的以"计赃论罚"为基础兼顾是否枉法等非数额情节的刑罚标准,亦体现出一定的科学性,因此,上述立法对于完善我国受贿罪刑罚制度具有很强的借鉴意义。

第四章 受贿罪量刑情节的设置与适用

《刑法修正案(九)》对受贿罪规定的“数额与其他情节并重”的刑罚标准尽管被“两高”《贪污贿赂解释》拉回到“以数额为中心,其他情节为辅助”的模式,但是由于立法上的这一重大改变,使非数额情节在受贿罪刑罚中的重要性受到空前关注,而且“两高”司法解释虽然没有动摇以数额作为受贿罪量刑基准的地位,但也首次以专门条款对影响受贿罪刑罚的非数额情节作出了明确、具体的规定。可以说,无论是立法机关还是最高司法机关,出台相关制度的初衷都是为了加强非数额因素对受贿罪刑罚的影响力和可操作性,建立一套科学的受贿罪量刑情节体系,但是现行制度是否已经实现这一目标、非数额情节因素对受贿罪刑罚无法发挥应有作用等问题是否已经解决值得研究。本章拟以《刑法》总则、《刑法修正案(九)》及“两高”《贪污贿赂解释》的相关规定为切入点,对现行法律设置的受贿罪量刑情节体系进行评析。

第一节 受贿罪量刑情节的分类与适用原则

一、受贿罪量刑情节的分类

情节能够体现犯罪行为的社会危害性程度和行为

人的人身危险性程度，是法官据以作出刑罚所需考量的各种具体事实。[①] 针对犯罪情况纷繁复杂的情况，量刑情节将犯罪中体现社会危害性或人身危险性的要素加以提炼并确定一定的评价规则，使量刑有据可循，避免刑罚擅断。同时也有利于罪刑均衡，实现司法公正。[②] 从内容看，量刑情节包括犯罪行为的主客观情况以及犯罪人的个人情况两方面；从功能看，量刑情节决定对犯罪人的法定量刑幅度以及最终决定的具体刑罚，准确认定和适用量刑情节在准确量刑中起着举足轻重的作用。量刑情节的内涵丰富，根据不同的标准，可分为不同的种类。对量刑情节进行合理分类，并据此有针对性地设立适用规则，有助于刑罚实现惩罚犯罪和预防犯罪的目的。下面根据受贿罪的特点，结合法学界的基本分类观点，对受贿罪的量刑情节进行分类叙述。

（一）法定量刑情节和酌定量刑情节

以刑法是否作出明文规定为标准，受贿罪的量刑情节可分为法定量刑情节和酌定量刑情节。法定量刑情节是指刑法明文具体规定的情节。[③] 法定量刑情节包括刑法总则规定的适用于包括受贿罪在内的所有犯罪的从轻、从重、减轻和免除处罚情节，例如累犯、自首、坦白等，以及刑法分则针对受贿犯罪的特定量刑情节，例如受贿罪中的索贿情节。《刑法修正案（九）》第44条第3款和第4款又专门为贪污罪和受贿罪规定了法定量刑情节，如“犯第一款罪，在提起公诉前如实供述自己罪行、真诚悔罪、积极退赃，避免、减少损害结果的发生，有第一项规定情形的，可以从轻、减轻或者免除处罚；有第二项、第三项规定情形的，可以从轻处罚。犯第一款罪，有第三项规定情形被判处死刑缓期执行的，人民法院根据犯罪情节等情况可以同时决定在其死刑缓期执行二年期满依法减为无期徒刑后，终身监禁，不得减刑、假释。”法定情节是法官在裁量刑罚时必须考虑的情节。

酌定量刑情节是指刑法没有作出具体、明确的规定，由法官在量刑

① 陈兴良、莫开勤：《论量刑情节》，载《法律科学》1995年第2期，第42页。

② 李隽：《关于量刑情节的法律适用问题——兼析两起受贿案件》，载《法律适用》2000年第6期，第5页。

③ 马克昌主编：《刑罚通论》，武汉大学出版社1999年版，第331页。

时通过自由裁量进行认定和适用并对量刑结果可能产生影响的各种情节。[①] 酌定量刑情节千差万别、范围广泛,无法一一列举。适用于包括受贿罪在内的各类犯罪常见的酌定量刑情节包括犯罪人的成长经历、一贯表现,犯罪的背景、起因、动机、手段、危害后果,犯罪后的认罪态度等。由于成文法的滞后性和僵化性,法律规定远远无法涵盖实际案件中可能影响量刑的与犯罪事实和犯罪人有关的各类情节,因此酌定量刑情节的存在有其必然性,法官只有充分考虑各类情节,才能够实现罪刑相适应和刑罚个别化。因此,在刑法中规定和承认酌定量刑情节是各国通行的做法。例如《德国刑法典》第 46 条第 2 款规定:"法院在量刑时,应权衡对行为人有利和不利的情况。特别应注意以下事项:行为人的行为动机和目的;行为所表露的思想和行为时的意图;违反义务的程度;行为人的方式和行为结果;行为人的履历、人身和经济情况;以及行为后的态度,特别是行为人为了补救损害所作的努力。"[②]《日本改正刑法草案》第 48 条规定,适用刑罚"应考虑罪犯的年龄、性格、经历和环境,犯罪的动机和方法、结果及对社会的影响、犯罪后的态度和其他理由,以及应该达到有利于遏制犯罪和犯罪人能悔过自新。"[③]意大利、奥地利等许多国家的刑法都有类似规定。从以上立法例可以看出,其他法域的许多国家刑法中明确规定了酌定量刑情节的外延。

我国 1997 年《刑法》总则第 37 条[④]和第 61 条规定了"情节",[⑤]刑法分则许多条款中也针对具体罪名规定了"情节较轻""情节严重"等。这里所说的"情节"都包含了酌定量刑情节,但是与前述国家刑法不同的是,我国刑法对酌定量刑情节的具体内容并没有进一步作出详细、明确的规定。关于受贿罪的量刑情节,在《刑法修正案(九)》颁布之前,除了刑法总则规定的自首、立功等普遍适用的情节外,刑

---

① 卢建平、朱贺:《酌定量刑情节法定化的路径选择及评析——以我国〈刑法〉第 383 条第 3 款为例》,载《政治与法律》2016 年第 3 期,第 3 页。

② 《德国刑法典》,徐久生、庄敬华译,中国方正出版社 2002 年版,第 17 页。

③ 《日本刑法典》,张明楷译,法律出版社 1998 年版,第 109 ~ 110 页。

④ 1997 年《刑法》第 37 条规定,对于犯罪情节轻微不需要判处刑罚的,可以免予刑事处罚,但是可以根据案件的不同情况,予以训诫或者责令具结悔过、赔礼道歉、赔偿损失,或者由主管部门予以行政处罚或者行政处分。

⑤ 1997 年《刑法》第 61 条规定,对于犯罪分子决定刑罚的时候,应当根据犯罪的事实、犯罪的性质、情节和对于社会的危害程度,依照本法的有关规定判处。

法分则规定法定情节只有数额情节和索贿情节。法定量刑情节有明确的法律依据和适用规则,因而从法理到司法实践的掌握上都争议不大,对于酌定量刑情节而言,刑法对其内容、适用规则等没有明文规定,而这类情节又是判断犯罪行为社会危害性以及被告人主观恶性、人身危险性等方面重要的因素,尽管法官可以行使自由裁量权适用酌定情节,但案例研究情况显示,由于该类情节的认定较为抽象,明确的适用规则的缺乏造成了实践中掌握不一,在一定程度上影响了量刑均衡。为此,应当厘清并充分认识酌定量刑情节在受贿罪等各类犯罪刑罚裁量中的积极作用。

(二)从宽处罚情节和从严处罚情节

量刑情节根据具体功能的不同,可以分为从宽处罚情节和从严处罚情节。从宽情节是指对犯罪人有利的量刑情节,分为从轻、减轻、免除处罚三档。[①] 根据我国刑法规定,适用于受贿罪的法定从宽情节包括:一是刑法总则规定的犯罪预备、犯罪中止、犯罪未遂、自首、坦白、立功等;二是刑法分则规定的在提起公诉前如实供述自己罪行、真诚悔罪、积极退赃,避免、减少损害结果的发生等。具有以上情节的,根据刑法规定在不同的从宽幅度内量刑。从严情节是指对犯罪人不利的量刑情节,分为从重和加重情节两档。[②] 法定的从重情节包括累犯、主犯、索贿等。对于加重情节,出于罪刑法定、保障人权的考虑,我国刑法在总则刑罚一章中没有规定加重情节,[③]但在分则及司法解释对具体罪名的条款中规定了加重情节,例如"两高"《贪污贿赂解释》对受贿罪规定的"为他人谋取职务提拔、调整"等八项加重情节。

(三)罪前情节、罪中情节和罪后情节

根据量刑情节发生的时间可将量刑情节分为罪前情节、罪中情节和罪后情节。罪前情节是指犯罪行为实施前就已经发生的主客观事实情况,例如受贿犯罪人的一贯表现、累犯、前科劣迹等。关于受贿罪的罪前情节,目前由三部分组成,一是刑法总则规定的适用于任何犯罪的

---

① 马克昌主编:《刑罚通论》,武汉大学出版社 1999 年版,第 335 页。

② 马克昌主编:《刑罚通论》,武汉大学出版社 1999 年版,第 335 页。

③ 李佳:《定罪情节抑或量刑情节:加重情节之刑法定位考究》,载《辽宁警察学院学报》2016 年第 2 期,第 18 页。

累犯情节;[1]二是"两高"《贪污贿赂解释》规定的"曾因贪污、受贿、挪用公款受过党纪、行政处分"和"曾因故意犯罪受过刑事追究";三是没有明文规定,但司法机关在审理受贿案件中酌情考虑的一些罪前情节,例如行为人犯罪前的一贯表现、曾经做出过突出贡献等。

罪中情节是指犯罪行为实施过程中的该犯罪构成事实之外的主客观事实情况,[2]例如受贿犯罪人收受他人财物的主观故意或者利用职务之便接受他人财物并为他人谋取利益而给国家造成经济等损失的心理状态,受贿的动机,利用的特定身份,受贿犯罪的手段、时间、地点,造成的危害后果等。笔者通过对受贿罪保护法益的研究以及对诸多案例的梳理和总结,归纳出受贿罪主要有四个方面的罪中情节:一是体现背职情况的情节,包括行为人是仅承诺为行贿人谋利还是实际实施了谋利行为,是正常履职还是违规履职,给国家或其他个人利益造成的危害后果如何等;二是体现行为人主观恶性的情节,包括行为人收受贿赂的次数、持续时间、主动索要还是被动收受等;三是体现行为人获利情况的情节,主要是指行为人收受贿赂的数额;四是体现受贿行为造成社会影响的情节,包括行为人的主体身份、受贿行为发生的领域等。

罪后情节是指犯罪行为实施终了之后,犯罪人对实施行为所持态度的主客观事实情况,[3]例如受贿犯罪案发后,犯罪行为人退赃、自首、坦白、立功、潜逃等。我国关于受贿罪量刑的罪后情节包括:一是刑法总则规定的自首、坦白、立功等情节;二是刑法分则专门针对受贿罪规定的在提起公诉前如实供述自己罪行、真诚悔罪、积极退赃,避免、减少损害结果的发生情节;三是"两高"《贪污贿赂解释》规定的"赃款赃物用于非法活动"和"拒不交待赃款赃物去向或者拒不配合追缴工作,致使无法追缴"两个升格处罚情节;四是"两高"针对查办职务犯罪案件中出现罪后情节滥用倾向问题出台的《关于办理职务犯罪案件认定自首、立功等量刑情节若干问题的意见》,专门针对贪污、受贿等职务犯罪案件制定了自首、立功、如实供述、退赃四个情节的认定和处理规则;五是

---

① 1997年《刑法》第65条第1款规定,被判处有期徒刑以上刑罚的犯罪分子,刑罚执行完毕或者赦免以后,在5年以内再犯应当判处有期徒刑以上刑罚之罪的,是累犯,应当从重处罚,但是过失犯罪除外。

② 马克昌主编:《刑罚通论》,武汉大学出版社1995年版,第272页。

③ 马克昌主编:《刑罚通论》,武汉大学出版社1995年版,第336页。

没有明文规定，但实践中司法机关酌情考虑的情节，例如检举他人有关问题，虽不构成立功，但对侦破其他案件发挥了作用的从轻情节，或者为逃避追究逃逸多年的从重情节等。

一般说来，犯罪行为的社会危害性主要体现在犯罪事实中，罪中情节是反映犯罪行为的事实要素，因此犯罪行为对法益的侵害程度主要由罪中情节决定，例如受贿犯罪手段的恶劣程度，受贿犯罪行为对国家、他人造成的损失程度等罪中情节，直接体现着受贿犯罪行为客观的侵害公职人员职务公正性法益的社会危害性的大小，是实现量刑公正，保证对犯罪人所判的刑罚与其罪行的危害程度相适应的最基本的考量因素。但也有罪中情节既反映行为的社会危害性，又反映犯罪人的人身危险性，例如犯罪中止，这是犯罪行为实施过程中发生的情节，对已然犯罪来说，表明犯罪行为的社会危害性较小，对未然犯罪来说，表明犯罪人的人身危险性较小。关于犯罪人的人身危险性则主要体现在罪前情节、罪后情节，以及部分罪中情节中。例如，犯罪人犯罪前的前科劣迹、犯罪中的主观故意、犯罪后的认罪悔罪态度等，都反映了其主观恶性以及将来再犯的可能性，是评价行为人身危险性大小的重要因素，进而在犯罪行为基础之上确定行为人应受刑罚处罚的严厉程度。[①] 一般情况下，罪中情节对量刑的影响更为关键和重要。

罪中情节和罪前、罪后情节在量刑裁量中所发挥的作用各有侧重，准确把握各自的内容及作用，对于全面均衡评价犯罪行为对法益的侵害程度和犯罪人的人身危险性，保证量刑公正的同时实现预防犯罪的目的有重要的理论和实践意义。

二、受贿罪量刑情节的适用原则

对量刑情节的准确把握和运用，很大程度上决定着量刑机制的科学化水平和量刑公正的合理化程度。[②] 由于量刑情节种类较多，而且一个案件中可能存在多个量刑情节、量刑情节具有多个功能选择、存在多个逆向情节等复杂情况，面对这些种类、功能、性质各不相同而且相互

---

① 于雪婷：《受贿罪法定刑设置研究》，法律出版社 2013 年版，第 28 页。

② 敦宁：《量刑情节适用的基本原则》，载《河北大学学报》（哲学社会科学版）2012 年第 6 期，第 84 页。

交叉并存的量刑情节，为合理运用量刑情节，除了我国刑法规定的罪刑法定、罪刑相适应、适用法律一律平等基本原则外，学界还在实践的基础上总结出全面评价、刑罚个别化、禁止重复评价等多个刑罚适用原则。与其他犯罪相比，受贿罪由于其自身的复杂性，量刑情节的适用在遵循上述原则上更难把握，笔者拟在此以全面评价原则、具体分析原则和禁止重复评价原则为例进行评析。

（一）全面评价原则

全面评价原则，要求在裁量刑罚过程中对所有反映犯罪行为社会危害性以及犯罪人人身危险性的情节进行全面审查、综合考量、同等对待。① 具体而言，无论是对犯罪人有利的还是不利的情节，法定还是酌定情节，罪前、罪中还是罪后情节，法官都应当给予充分关注，不可以厚此薄彼，否则会影响到量刑的公正性。

全面评价量刑情节，是罪刑相适应和刑罚个别化在立法和司法两个层面的必然要求。立法方面，从国外立法看，《德国刑法典》中格外强调，法院在量刑时，应权衡对行为人有利和不利的情况。关于一个案件中同时存在多个量刑情节，特别是多个逆向量刑情节并存时如何适用问题，许多国家的刑法作出详细规定，例如，《德国刑法典》第46条规定，量刑的基础是行为人的罪责，量刑时还应考虑刑罚对行为人将来的社会生活所产生的影响，特别提示了量刑时应当予以考虑的事项，比如："行为人的动机和目的、违反义务的程度、行为人的履历以及人身和经济状况、行为后的态度等。"②《意大利刑法典》第69条规定："如果法官认为加重、减轻情况足资抵消时，应照无任何加重、减轻情状之情形处刑。"《日本刑法典》第72条规定："同时加重和减轻处罚时，按照下列顺序：再犯加重；法律上的减轻；并合罪的加重；酌量减轻。"③而我国刑法中，《刑法》第61条被认为是量刑情节的总则性的规定，④但该条款只提到犯罪行为，忽视了犯罪人本身所具有个别情节对量刑的影响，而

① 敦宁：《量刑情节适用的基本原则》，载《河北大学学报》（哲学社会科学版）2012年第6期，第85页。

② 《德国刑法典》，徐久生、庄敬华译，中国方正出版社2004年版，第17页。

③ 高铭暄、赵秉志主编：《刑罚总论比较研究》，北京大学出版社2008年版，第186页。

④ 我国1997年《刑法》第61条规定："对于犯罪分子决定刑罚的时候，应当根据犯罪的事实、犯罪的性质、情节和对于社会的危害程度，依照本法的有关规定判处。"

且关于适用量刑情节的要求、方法等亦没有任何体现。具体到受贿罪,刑法分则和司法解释亦未对受贿人的一贯表现、犯罪动机、背职程度等情节对刑罚的影响作出规定,这样的立法不利于使法官在主观上树立全面评价量刑情节的意识,客观上也没有要求法官全面评价的约束,亦未明确全面评价的方法和规则。对量刑情节全面评价,才能准确、客观评估受贿犯罪行为人的犯罪行为危害性以及犯罪行为人的人身危险性,既体现对犯罪人合法权利的保护,又实现刑罚公正性。

(二)具体分析原则

对量刑情节应当坚持全面评价原则,主要是为防止对犯罪人合法权利的忽视,强调的是保证对犯罪人适用刑罚的客观公正。但裁量刑罚中如果只强调全面考量,而不关注个案之间、量刑情节之间的差异,则会泛泛而谈,抓不住关键,同样可能导致无法实现公正量刑。因此在裁量刑罚中,还要结合具体案件的事实,以及犯罪行为和犯罪人的具体情况综合判断,权衡对各情节的适用,进而决定具体量刑。同其他犯罪案件一样,受贿犯罪案件中不同种类且功能各异的量刑情节并存时,在全面考量的基础上,在具体适用时必然会面临偏重甚至取舍的问题。学者对此形成不同观点,有人提出优势情节适用说,即法定情节优于酌定情节、应当情节优于可以情节;①有人提出抵消说,即作用力相当但相互抵触的情节相互抵消,按照没有情节考虑;②等等。

笔者认为以上观点各有其合理之处,但又都有明显的弊端。对具体案件中不同量刑情节的适用问题不能靠划定一个统一的标准去解决,而应当根据具体情况具体把握。主要体现在:一是法律对某一量刑情节规定了多个影响刑罚的幅度,需结合其所在案件的具体情况决定对刑罚适用产生作用的大小。例如,1997 年《刑法》第 67 条第 1 款规定,对于自首的犯罪分子,可以从轻或者减轻处罚。其中,犯罪较轻的,可以免除处罚。以“犯罪较轻”作为自首免除处罚的条件,表明犯罪行为所体现出的社会危害性是决定量刑的基础性条件,在选择从轻处罚还是减轻处罚时,犯罪行为应当也是主要的考量因素。但实践中的掌

① 胡学相:《量刑的基本理论研究》,武汉大学出版社 1998 年版,第 207 页。

② 赵廷光主编:《中国刑法原理》,武汉大学出版社 1992 年版,第 58 页。

握并不尽然,从笔者抽取的普通人员受贿案件判处情况看,有 32 件案件判决认定被告人具有自首情节,其中 30 件案件的被告人被减轻处罚,被减轻处罚的案件中不乏存在被告人为他人谋取不正当利益、造成损害后果等情节,可见法院实践中的掌握是,被告人只要具有自首情节的,不论其受贿行为情节如何,通常都是作了减轻处罚。这种不论行为人受贿的次数、是否谋取不正当利益、是否有滥用职权行为等具体犯罪情节而作出的刑罚是有失客观的。二是多个量刑情节并存,特别是不同的量刑情节作用相逆时,要根据各情节反映犯罪行为的社会危害性或者犯罪人人身危险性的作用力的大小确定其在所有量刑情节中所处的地位,进而决定各情节适用上的先后和主次。以罪中情节和罪前、罪后情节为例,如前所述,罪中情节以最直观的形态反映了犯罪行为的社会危害性的大小,同时又体现了犯罪人主观恶性的深浅,[①]是确定刑罚基准的主要依据,准确适用罪中刑罚是罪刑相适应的基本要求;而罪前和罪后情节一般反映的是行为人的人身危险性,对量刑所起的是调整性的作用。与无法简单划定法定情节与酌定情节哪类情节更重要不同,罪中情节与罪前、罪后情节在影响刑罚的作用力上有明显的轻重、主次之分,因此,在适用时应当优先、重点考虑罪中情节,特别是在罪中情节与罪前、罪后情节作用相逆时,否则会导致本末倒置,造成量刑结果的不公正、不合理。

(三)禁止重复评价的原则

基于维护法的正义性的考虑,为防止不恰当加重犯罪人责任,禁止重复评价原则作为一项刑法原则被普遍接受。[②] 禁止重复评价,是指对于同一主客观事实情况情节,不可以在同一性质、同一层次上重复评价。[③] 具体包含二重含义,一是对法条规定的犯罪构成要素,不得再用作刑罚裁量事实成为从重或者从轻裁量的依据。[④] 对此,国外刑法典中有明文规定。如《德国刑法典》第 63 条第 3 项规定:“属于法定犯罪构成事实要素之情况,毋庸再加斟酌。”“两高”《贪污贿赂解释》中所作的

---

① 邱兴隆、许章润:《刑罚学》,群众出版社 1988 年版,第 278 页。

② 陈兴良:《禁止重复评价研究》,载《现代法学》1994 年第 1 期,第 31 页。

③ 陈学勇:《谈量刑情节的适用》,载《法律适用》2007 年第 10 期,第 34 页。

④ 陈兴良:《本体刑法学》,商务印书馆 2001 年版,第 771 ~ 772 页。

受贿罪与渎职犯罪并罚的规定,①就存在同一部分事实,既作为受贿罪的加重处罚情节,亦作为渎职犯罪构成要素重复评价问题。二是同一主客观事实情况不得在定罪中重复考虑,也不得在量刑中重复考虑。例如我国《刑法》第67条第3款规定,犯罪嫌疑人虽不具有自首情节,但是如实供述自己罪行的,可以从轻处罚,即通常所称“坦白”情节。《刑法修正案(九)》又规定了“如实供述自己罪行、真诚悔罪”的从宽处罚情节。② 考察受贿罪案例发现,为数不少的受贿案判决书的裁判理由中表述,“被告人到案后如实交代办案部门不掌握的部分受贿事实,具有坦白情节,认罪悔罪……”在此,坦白和认罪悔罪存在重复评价之嫌。

三、现行司法解释有违量刑情节适用原则且效果不佳

2012年7月“两高”出台的《关于办理渎职刑事案件适用法律若干问题的解释(一)》规定,国家机关工作人员实施渎职犯罪并收受贿赂,同时构成受贿罪的,除刑法另有规定外,以渎职罪和受贿罪数罪并罚;2016年出台的《贪污贿赂解释》中亦重申了上述观点。最高司法机关作出上述规定,初衷是为加大对贿赂犯罪、渎职犯罪的惩罚力度,体现从严惩处职务犯罪的刑事政策。但是,相关规定是否符合刑法理论,能否在保障人权和罪刑相适应原则的同时实现严惩职务犯罪的刑事政策值得探讨。

(一)受贿罪与渎职罪数罪并罚有重复评价之嫌

根据我国刑法规定,国家机关工作人员收受贿赂并不正当履行职务,给国家和人民利益造成一定程度损害的,其行为同时触犯刑法关于受贿罪和渎职犯罪的规定,这种情况下对其认定一罪还是数罪产生很大争议,司法解释作出数罪并罚的明确规定后,更是引发了理论界关于该规定是否违反重复评价的讨论,形成三种观点。第一种观点认为应

---

① “两高”《贪污贿赂解释》第17条规定:“国家工作人员利用职务上的便利,收受他人财物,为他人谋取利益,同时构成受贿罪和刑法分则第三章第三节、第九章规定的渎职犯罪的,除刑法另有规定外,以受贿罪和渎职犯罪数罪并罚。”

② 《刑法修正案(九)》第44条第3款规定:“犯第一款罪,在提起公诉前如实供述自己罪行、真诚悔罪、积极退赃,避免、减少损害结果的发生,有第一项规定情形的,可以从轻、减轻或者免除处罚;有第二项、第三项规定情形的,可以从轻处罚。”

择一重罪论处，但关于具体理论依据又分别形成牵连犯说[①]、法条竞合说[②]和想象竞合说[③]。第二种观点认为，对以上情形数罪并罚不存在重复评价问题。持该类观点最有代表性的是"两高"参与起草司法解释的人员，认为行为人实质上实施了两个独立的犯罪行为，并罚不存在明显的重复评价问题；[④]还有学者认为，受贿犯罪与渎职犯罪侵犯不同的法益，按照法益为罪数的区分标准属于数罪，应当并罚。[⑤] 第三种观点认为应当具体情况具体分析，法律没有规定对徇私舞弊情节定罪或者从重量刑的渎职犯罪中，同时构成受贿罪进行数罪并罚的，不存在重复评价问题；但法律规定徇私舞弊作为定罪情节的渎职犯罪中，同时构成受贿罪进行数罪并罚的，则存在重复评价问题。[⑥]

所谓重复评价，是指在定罪量刑时，对同一犯罪构成事实给予二次或者二次以上法律评价。[⑦] 笔者认为，根据我国刑法，受贿罪的构成要以"利用职务便利为他人谋取利益"为要件，如果行为人为他人谋取利益系不正当履行职务，且给国家和人民利益造成一定程度的损害，该行为又构成刑法规定的渎职犯罪。在此，行为人出于受贿的犯罪故意实施了数个犯罪行为，其手段行为或结果行为又触犯了渎职犯罪的罪名，属于典型的牵连犯，按照传统刑法理论应当从一重罪处罚。正是基于这一判断，司法机关长期以来除了受贿后挪用公款给他人使用等个别情况被司法解释特别规定数罪并罚外，其余类似情况都是按照一罪重处原则处理。据此并基于以下考虑，笔者认为将受贿罪与渎职犯罪并罚属重复评价。首先，在司法解释规定的受贿罪与渎职犯罪并罚情形下，两个罪名所对应的并非两个独立的犯罪行为，其行为内涵中有共同的要素即不正当履行职务行为，两罪的构成要素之间形成交叉重合关

---

① 潘爱民、许建琼：《受贿罪认定中的几个疑难问题探析》，载《刑事司法指南》，法律出版社 2001 年版，第 62 页。

② 冯亚东：《受贿罪与渎职罪竞合问题》，载《法学研究》2000 年第 1 期，第 33 页。

③ 孙谦：《国家工作人员职务犯罪研究》，法律出版社 1998 年版，第 114 页。

④ 陈国庆、韩耀元等：《关于办理渎职刑事案件适用法律若干问题的解释（一）理解与适用》，载《人民检察》2013 年第 5 期，第 24 页。

⑤ 张明楷：《刑法学》，法律出版社 2011 年版，第 415 页。

⑥ 李永升、胡冬阳：《渎职罪中徇私舞弊情节的重复评价问题研究——兼论尽量充分评价原则之提倡》，载《时代法学》2017 年第 1 期，第 14 页。

⑦ 陈兴良：《禁止重复评价研究》，载《法学研究》1994 年第 2 期，第 32 页。

系，所以两罪并罚就意味着不正当履行职务这一行为分别在两个罪名中被给予二次法律评价，行为人为自己的行为付出双倍的刑罚代价。其次，根据世界各国通行的刑法理论，受贿罪通常被规定为渎职犯罪的一种，其所侵害的主要法益与其他渎职犯罪都是职务行为的公正性，因此即使按照侵犯法益确定罪数，算作数罪的理由也是不充分的。最后，根据《刑法》第 399 条规定，司法工作人员收受贿赂后实施枉法追诉、裁判、执行等行为的，依照处罚较重的规定定罪处罚。司法解释所作数罪并罚的规定与上述规定相矛盾。如果说以上立法结合司法解释状况表明，受贿罪与渎职犯罪数罪并罚是一般原理，受贿后枉法裁判等择一重处是特别规定，特别规定就意味着立法机关有特殊考虑，既然认为数罪并罚是为加大对职务犯罪的打击力度，体现对履行职务行为更为严格的要求和监管的刑法引导功能，那对于受贿后枉法裁判等择一重处则只能解释为是对司法工作人员履行职务的要求和对违规行为惩处严厉程度较一般公职人员而言适当放宽，这显然与立法应有的价值取向相悖。

此外，长期以来"两高"对于受贿同时构成渎职罪的都是按照从一重处的原则进行处理，此次之所以在司法解释中明确为数罪并罚，是在对犯罪行为充分评价①和禁止重复评价之间所作的权衡和取舍。具体而言，对犯罪行为充分评价的目的是打击犯罪，禁止重复评价是为保护行为人权益，二者价值取向各有侧重，"两高"在司法解释中如此规定，表明最高司法机关在从严惩处职务犯罪和充分保护行为人权益之间作出了倾向于打击犯罪的价值取向。笔者认为，行为人罪责大小及预防犯罪的必要性是设立刑罚的标准，②国家即使出于打击犯罪、维护社会秩序的正义目的也不应当逾越刑法的藩篱，也不能以让渡公民权益、违反罪刑相适应原则为代价。

（二）现行受贿罪刑罚标准下数罪并罚未必使处罚结果更重，可能适得其反

在十八大之后国家加大反腐力度的背景之下，"两高"制定《贪污贿

① 充分评价原则亦称穷尽判断原则，是指体现犯罪之不法与罪责的所有事实要素都予以全面考量，是对犯罪行为背后的不法与责任的全面评价。参见甘添贵：《罪数理论之研究》，中国人民大学出版社 2008 年版，第 5 页。

② 李永升、胡冬阳：《渎职罪中徇私舞弊情节的重复评价问题研究——兼论尽量充分评价原则之提倡》，载《时代法学》2017 年第 1 期，第 14 页。

赂解释》,规定国家工作人员受贿犯罪,同时滥用职权损害国家人民利益的,除刑法另有规定的外一律实行数罪并罚,就是依法从严惩治贿赂犯罪刑事政策的具体体现。① 该解释的初衷是解决上述情形下一罪处理可能存在的评价不足,进而对犯罪打击不力的问题。笔者认为,当前对受贿罪评价不足的问题主要体现在立法和司法在受贿罪的处罚中对于行为人不正当履行职务情节的忽视,这个问题完全可以在受贿罪刑罚适用的量刑情节中予以解决,司法解释规定额外判处渎职犯罪与受贿罪并罚,从表面看似乎比一罪处罚评价更为全面、刑罚更加严厉,但是事实上,在很多情形下数罪并罚可能导致犯罪情节分散,反而达不到充分评价、从严惩处的效果。

具体而言,对同时构成受贿罪和渎职犯罪的行为人进行数罪并罚,处罚结果很可能轻于以受贿罪一罪处罚的结果。凡同时构成受贿罪和渎职犯罪的,必然存在行为人滥用职权,致使公共财产、国家和人民利益遭受损失情节的事实,如果以受贿罪一罪处罚,根据"两高"《贪污贿赂解释》规定,该滥用职权造成损失事实就是受贿罪的升格处罚的量刑情节,受贿罪原本应判处 3 年以下有期徒刑或者拘役的,加重处罚判处 3 年以上 10 年以下有期徒刑;原本应判处 3 年以上 10 年以下有期徒刑的,加重处罚判处 10 年以上有期徒刑、无期徒刑或者死刑,等等,可见对于受贿罪只要认定有"滥用职权造成损失"的情节,量刑会有大幅度提高。

根据禁止重复评价原则,已经作为犯罪构成事实进行评价的,就不能再将其作为本罪或他罪的量刑情节再次评价。② 如果以受贿罪和渎职罪两罪并罚,由于"滥用职权造成损失"是滥用职权罪的犯罪行为,对受贿罪量刑时就不能再考虑该情节进行加重处罚,同理,由于收受贿赂是受贿罪的犯罪事实,对滥用职权罪量刑时就不能再认定"徇私舞弊"这一加重情节,这样两罪并罚之后的刑罚往往轻于以受贿罪一罪加重处罚的刑罚。例如,某官员收受贿赂 150 万元后滥用职权,给国家造成重大经济损失,如果按照从一重罪处断原则,根据《贪污贿赂解释》第 3

---

① 《"两高"发布办理贪污贿赂刑事案件司法解释》,载中国法院网:http://www.chinacourt.org/article/detail/2016/04/id/1841720.shtml,最后访问日期:2017 年 5 月 20 日。

② 蔡墩铭:《德日刑法典》,五南图书出版股份有限公司 1993 年版,第 18 页。

条第 2 款规定,则应依法判处 10 年以上有期徒刑、无期徒刑或者死刑,并处罚金或者没收财产。[①] 如果数罪并罚,根据司法解释规定应对受贿罪在 3 年以上 10 年以下有期徒刑范围内量刑,根据其受贿数额判断应在该量刑幅度的中间档判刑;对滥用职权罪依法判处 3 年以下有期徒刑或者拘役。[②] 以上两罪并罚,决定执行的刑期不会高于有期徒刑 10 年。从以上例子可以看出,两种刑罚模式比较,在数罪并罚模式下,原本受贿罪的从严处罚情节转化为滥用职权罪的犯罪事实,稀释了原本受贿罪的从严处罚因素,加之滥用职权罪本身刑期不高,而且并罚后限制加重,因而导致数罪并罚所判处的刑罚很可能轻于以受贿罪一罪判处的刑罚。

第二节　受贿罪量刑情节实践中的适用

量刑情节能否在受贿罪刑罚适用中发挥积极的价值和功效,立法安排的科学性是前提和基础,同时相关规定在实践中统筹兼顾地适用亦是必不可少的因素。长期以来,我国对于受贿罪量刑情节,除了立法设置不科学之外,实践适用同样存在诸多问题,导致受贿罪罪刑失衡,不能有效实现积极预防受贿犯罪的功能。

一、我国司法机关对受贿罪量刑情节的适用现状

前面一节对受贿罪的量刑情节分类和适用原则进行了阐述,但是,在司法实践中,量刑情节的理论分类及其适用原则并不是都能够全面有效地贯彻实施到每一件具体的案件中。受贿罪量刑情节在司法适用中存在的主要问题有以下几个方面:

(一)重视法定情节而忽视酌定情节

司法机关通常有较强的罪刑法定意识,因此对于刑法明确规定的

① “两高”《贪污贿赂解释》第 3 条第 2 款规定:“贪污数额在一百五十万元以上不满三百万元,具有本解释第一条第二款规定的情形之一的,应当认定为刑法第三百八十三条第一款规定的‘其他特别严重情节’,依法判处十年以上有期徒刑、无期徒刑或者死刑,并处罚金或者没收财产。”

② 1997 年《刑法》第 397 条规定,国家机关工作人员滥用职权或者玩忽职守,致使公共财产、国家和人民利益遭受重大损失的,处 3 年以下有期徒刑或者拘役。

量刑情节会逐一判断适用，但对酌定量刑情节认为既然非法定，那就可有可无，因此从侦查机关的取证和公诉机关的审查起诉，直至法官的认定对酌定情节的适用均有较大随意性。关于法定情节和酌定情节的适用，有学者提出法定情节优于酌定情节的观点。[①] 从受贿案件的审判实践看，司法机关一定程度接纳了这种观点，对正确地适用各种量刑情节、罪刑相适应地审判受贿罪案件产生了一些消极的影响。长期以来司法机关对受贿案件裁量刑罚的过程基本是三部曲，首先看受贿数额，其次看是否索贿，最后是看自首、坦白、立功等情节，究其原因，最主要就是因为上述都是刑法规定的量刑情节；而对于被告人受贿的次数、持续的时间、对职务的滥用程度、造成的损失等体现受贿行为的社会危害性及被告人的主观恶性，但刑法没有明确规定的情节，量刑中很少关注。笔者认为，根据以犯罪行为危害性以及犯罪人危险性反映程度为标准适用量刑情节的规则，[②]在受贿案件的刑罚裁量中，上述体现被告人受贿行为社会危害性及被告人主观恶性的情节应当给予重点关注，当前的实践以是否具有法定情节为主要标准取舍适用，表明司法机关不仅对各类量刑情节的功能和重要性缺乏足够认识，而且过于强调罪刑法定而忽略了刑罚个别化要求，这种片面强调某些情节因素而忽视另一些情节因素形成的结论，难以实现罪刑均衡和罪刑相适应。

（二）从宽情节考虑过度而从严情节评价不足

法院审理普通刑事案件中重视从严情节而忽视从宽情节，这主要是源于我国长期形成的重刑思想，过于强调刑罚惩罚犯罪、保护社会的功能，而忽视了犯罪人合法权利的保障，[③]不符合刑罚适用公正性的要求。然而，在审理包括受贿罪的职务犯罪案件中却普遍存在对从宽情节考量过度、从重情节评价不足的问题。从笔者抽取的受贿案件裁判文书可以看出，90%的受贿案判决认定被告人具有坦白办案机关未掌握的事实、认罪悔罪、退缴赃款等罪后从宽情节，[④]但是受贿次数多、持

---

① 例如，马克昌主编：《刑罚通论》，武汉大学出版社1995年版，第354页。

② 敦宁：《量刑情节适用的基本原则》，载《河北大学学报》（哲学社会科学版）2012年第6期，第84页。

③ 陈兴良：《刑事司法研究——情节·判例·解释·裁量》，中国方正出版社1996年版，第148页。

④ 详见本书第六章的研究。

续时间长、枉法背职程度深、给国家和他人造成损失等罪中从严情节，在公诉人举证以及法院判决书中则一带而过，而且从判处结果看，这些从严情节对刑罚也未有明显影响。[①] 可以说，法院在量刑中对量刑情节存在选择性适用问题，相关情节未予全面评价，会造成明显的罪刑失衡。

司法机关对职务犯罪量刑情节的关注点不同于其他犯罪，一方面说明其对什么才是最能体现犯罪行为危害性以及犯罪人危险性的量刑情节把握不准，另一方面还表明对职务犯罪被告人合法权利保障的关注多于普通犯罪被告人。由于以上问题的存在，不能准确把握案情，不利于公正量刑，而且还可能导致出现严重的量刑偏差。因此对于受贿案中量刑情节坚持全面评价原则，要对所有量刑情节在量刑时统一考虑，不能片面强调或者忽略其中部分情节；同时要认识到，量刑情节不因种类不同而当然存在评价的主次和先后顺序，只是在作用力上有所不同，应当按照作用力大小决定对量刑的影响程度。[②]

（三）罪后情节适用失之于泛、失之于宽

尽管我国刑法和司法解释对受贿罪等职务犯罪的罪后情节作出了较为详尽的规定，但由于刑法对受贿罪刑罚标准规定失衡，实践中司法机关为尽可能均衡受贿案件的量刑，将罪后情节作为在现有量刑标准基础上调节刑罚的主要工具，造成罪后情节认定泛化、从宽幅度掌握不规范等问题。

1. 罪后从宽情节认定泛化。以自首情节为例，在之前我国对腐败行为的规制模式下，相当一部分受贿犯罪最初由纪检监察机关发现并立案查办，纪检监察机关调查后认为涉嫌犯罪的再移送检察机关立案

---

① 例如赵某受贿案，被告人在25年之内，利用职务便利违规干预对房地产项目的审批、提高容积率、获得银行贷款，录用、提拔多名干部，干预多起司法机关和纪委查办案件，先后200余次收受33人贿赂3500万余元。法院认为，被告人如实供述罪行，主动交代办案机关不掌握的大部分事实，认罪悔罪，积极退缴全部赃款赃物，有重大立功表现，可从轻处罚，遂对其以受贿罪判处有期徒刑12年6个月，并处没收财产350万元。从法院的裁判理由和结果看，法院充分考虑了被告人具有的各类从宽处罚情节，但是对于其犯罪行为具有的受贿持续时间长、次数多、多起不正当履职、为他人谋取多个不正当利益等情节，甚至“两高”《贪污贿赂解释》规定的“为他人谋取职务提拔、调整”加重情节，法院的裁判理由中均未提及，而且从量刑结果看上述从严情节亦未考量。

② 郑碧宗：《向左走，向右走——多种量刑情节并存的法律适用问题探析》，福建省法院系统第21届学术研讨会会议论文，福州，2010年。

侦查(监察体制改革后移送检察机关审查起诉)。这部分案件有着与其他犯罪不同的查办机制,因此刑法对于自首的规定在职务犯罪案件中的适用就受到挑战。受到刑事诉讼价值理念的影响,实践中许多司法机关针对纪检监察机关已经调查取证、获取证据并掌握事实的情况,生硬地套用刑法"如实供述司法机关还未掌握的本人其他罪行以自首论"的规定,不加区分地将只要移送检察机关后交代犯罪事实的一律认定为自首,导致了相当数量的案件被不当认定为自首情节而得以轻判。例如,根据某法院统计,该院审理的119件受贿案件中有110件案件对被告人认定了自首,绝大多数属于上述情形。除自首外,主动坦白、退赃、认罪悔罪等罪后情节都不同程度存在认定泛化的问题。究其原因,除了司法机关机械理解和执行法条外,更为重要的一个原因就是为弥补刑法对受贿罪刑罚标准设置不合理所造成的罪刑失衡,[①]即司法机关为规避《刑法修正案(九)》修改前刑法关于受贿10万元以上判处有期徒刑10年以上的不合理规定,只能通过对从宽处罚情节的充分甚至过度适用进行调节。这样的权宜之计一时实现了个别案件的罪刑相适应,但是对司法严肃性和公信力的损害影响深远。

2. 罪后情节从宽幅度失之于宽。司法解释对拒不配合退赃的从严罪后情节明确规定加重处罚,给司法实践提供了明确的掌握标准。然而对于自首、立功、坦白、真诚悔罪、积极退赃等从宽罪后情节,被刑法规定为"可以从轻、减轻或者免除处罚"的多功能量刑情节,意在由法官充分发挥自由裁量权,结合被告人的罪行、具体量刑情节等综合判断其预防必要性的大小,进而决定对被告人从轻、减轻还是免除处罚。但是在实践中,法官在对受贿罪量刑时表现出明显的对上述情节从宽功能的过度适用倾向。最高法院针对职务犯罪缓刑和免予刑事处罚适用过多的问题开展调研发现,受贿案件中认定被告人有自首、立功等法定从宽情节的,法官很少选择从轻处罚功能,绝大多数给予减轻或者免除处罚,某些地区减轻、免除处罚比例甚至在95%以上,远高于同时期其他刑事犯罪的适用比例。

根据《刑法修正案(九)》修改后的刑法,受贿10万元以上即判处

---

① 王林林:《贪污、受贿犯罪后情节适用的规范化研究——基于200例贪污、受贿判决文本的实证分析》,载《法律适用》2016年第9期,第108页。

有期徒刑 10 年以上明显不合理的量刑标准已经不存在,但新的“数额加情节”的刑罚标准以及跨度过宽的法定刑幅度对受贿罪罪后情节的适用又提出了新的挑战,以法定刑为 10 年以上有期徒刑的受贿罪为例,如果法官认定行为人具有自首情节决定对其减轻处罚,行为人最低可判处有期徒刑 3 年的刑罚。这种情况下如果司法机关不严格掌握从宽罪后情节的适用标准,将会造成新的更为严重的罪刑失衡。

二、量刑情节适用的案例比较

笔者选择了英国的一件刑事案件和我国的一件受贿罪刑事案件进行个案的比较研究,试图通过比较两份判决书在量刑情节适用上体现的不同,从中发现制作两份判决书的法官在量刑情节适用能力和所持理念方面的差异。

(一)英国案例

本研究所选的英国案例,为英国北安普顿皇家刑事法院于 2016 年 9 月裁判的一个恶犬伤人案件,其判决书的内容摘要如下:[①]

简要案情:被告人克莱尔(23 岁,死者莫莉的母亲)大约在 2012 年 6 月购买了一条叫布鲁斯的比特斗牛犬,2014 年 3 月克莱尔的女儿莫莉出生。2014 年 10 月 3 日晚,克莱尔和朋友外出,请其母亲苏珊照看其六个月大的女儿莫莉。克莱尔非常清楚苏珊酗酒,案发当天苏珊喝了酒。当晚,苏珊将莫莉放在客厅地板上的提篮里睡觉。被关在笼子内的布鲁斯冲出了笼子到客厅向莫莉发起了攻击。苏珊试图阻止但无济于事,她拨打了紧急电话。警方赶到将布鲁斯制伏,莫莉的头骨被咬断,头部有四处穿刺伤,因失血过多当场死亡。

法官在判决书中阐述的量刑理由:

克莱尔违反了《1991 年危险犬类法案》第三条第一款的规定构成犯罪。英国议会将此类犯罪行为的最高刑期提高至 14 年,以此增强人们对此类案件的警觉性和表明此类案件严重性的意图非常明显。因此,在针对此类案件的所有案件量刑中,都必须强有力地体现这一威慑

① 袁跃民:《“情理法”融汇一体的一份英国判决书》,载《人民法院报》2016 年 10 月 21 日。

作用。

克莱尔，与你的罪行相当的是“中度罪责”，起点刑为4年，幅度范围为2~7年。你未能根据你对布鲁斯攻击行为的了解而进行有效的看护。我非常确信，你知道布鲁斯是一只非常有攻击性的狗。你每天都和它生活在一起。2014年1月，沃瑟斯庞先生（死者莫莉的父亲）费力地控制它，带它去兽医那里时，你也在场。在当时情况下，兽医这样记录布鲁斯的攻击性等级：这只狗“非常有攻击性……会咬你、扑向你”。即使考虑到布鲁斯那时可能处于痛苦中，但这事也说明它是具有攻击性的。

另外，2014年6月，你警告一位到你家中来访的客人不要靠近布鲁斯。你也曾收到社区委员会转来的邻居们对这只狗吠叫的投诉。无论你丈夫希望怎样，你都不应把布鲁斯留在莫莉的身边。你曾意识到你需要把布鲁斯挪到其他地方，但却没有这么做。因没有采取足够安全措施而发生类似这样的事故，是可以被合理预见的。你是布鲁斯的主人，而且你知道它存在福利方面的问题，包括笼子的尺寸大小，以及在室内缺少刺激和锻炼。你没有尝试把布鲁斯介绍给莫莉以减少它对莫莉的威胁。你把狗关在笼子里，这是可以考虑对你适用较轻罪责的因素，但是对于一只像布鲁斯这样大小和有力量的狗来说，这显然是不够的。

从重情节：你有多重从重情节。受害者是一个婴儿，她完全依赖于你对她的照顾和保护。这次的袭击是个持续和重复的过程。你在认罪答辩中也承认，就论体型和力量，你的母亲根本不是布鲁斯的对手。更何况，你知道你母亲有长期酗酒问题，仅仅几周之前你就因为你的母亲在早上醉酒而报了警，你不希望她在莫莉的身边。而这次你铤而走险，在夜间把莫莉单独留给一个极有可能酗酒的人，还有一只大型的、有攻击性的狗在同一间小房子里！

从轻情节：你品行良好，还相对年轻。你很懊悔，且已经遭受了失去女儿的不幸。你承认你在此案中的大部分责任。尽管你在审判当天才认罪，但我还是会因此对你从轻处理，因为，在我看来，你之前并没有完全明白严格责任犯罪这一法律问题。

你曾受到沃瑟斯庞的虐待，你说你是迫于他的压力才养布鲁斯。有证据证明，他由于此事对你有过暴力行为。但是，在本案案发时，他在狱中,不在你身边,且布鲁斯是你的狗。当时你是可以和这只狗分开的,正如你说你现在已经和它分开了。莫莉的安全本应是最重要的。

自本案发生后,你被诊断为抑郁和焦虑症。我看了精神科医生亚力山德拉·盖茨博士为你出具的两份报告。你一直在服用多种抗抑郁药物,失眠、情绪低落、食欲不佳。你觉得,监禁刑将会击垮你。你极度不安,抑郁自闭,精神脆弱,表现出创伤后应激障碍的某些特征。盖茨博士认为你的精神状态很差,自2015年12月以来没有改善,而监禁可能会加剧你的病情。如果对你判决监禁刑,你将需要大量的狱中健康护理。你的父亲写了一封信给我,强调了如果你入狱他对你的忧虑和担心,强调了这对整个家庭的影响,以请求同情和宽恕。

我考虑到以下情况:你最近再次怀孕,你的预产期在明年春天。为了让你顺利度过孕期的前三个月,量刑程序已经被推迟过。你曾经有过一次死胎,你怀孕的风险很大。你担心失去这个孩子,而且你的家庭相当支持你。本案中家庭生活权涉及了你的家庭。监禁几乎总是会干扰家庭生活。但这种干扰必须适当,以平衡干扰与刑罚目的两者之间的关系,刑罚目的包括惩罚严重犯罪的需要和形成适当社会威慑力的需要,量刑是为实现刑罚目的而服务的。

判处结果:考虑到本案的所有情况,我确信对你适用监禁刑的条件是具备的。综合所有的从重情节和从轻情节,包括你的健康情况和怀孕情况,我认为,与此罪责相符合的最短刑期是24个月。对于你的具体情况,我将判决你的刑期为30个月。我仔细考虑过你是否应该被判处缓刑,在量刑过程中我平衡了各方利益冲突,充分考虑了你的个人情况,以及包括你父亲在内的所有陈述。然而,综合该犯罪的所有情况,我得出结论:缓刑不是一个现实的选择。我考虑了你所有的从轻情节,决定对你适用时间较短的监禁刑。你和你出生后的宝宝可以在监狱系统内得到照料,直到你被释放。因此,这一判决将立即执行。其中一半的刑期,你将在监禁中度过。剩余部分你可以得到假释。①

(二)我国案例

本研究选取了某市中级人民法院审理的魏某受贿和巨额财产来源

① 袁跃民:《“情理法”融汇一体的一份英国判决书》,载《人民法院报》2016年10月21日。

不明罪案,在此仅摘录判决书受贿罪部分内容:

简要案情:魏某利用职务便利为他人在项目审核、专家评审及企业承揽工程、催要货款、推销设备等事项上谋取利益,非法收受他人财物共计折合人民币2.11亿元。

量刑理由:被告人魏某受贿数额特别巨大,犯罪情节特别严重,社会影响特别恶劣,给国家和人民利益造成特别重大损失,论罪应当判处死刑。鉴于其到案后如实供述罪行,主动交代办案机关未掌握的大部分犯罪事实,认罪悔罪,赃款赃物全部追缴,具有法定、酌定从轻处罚情节,对其判处死刑,可不立即执行。同时,根据魏某犯罪事实和情节,根据刑法的有关规定,决定在其死刑缓期二年期满减为无期徒刑后,终身监禁,不得减刑、假释。

判处结果:魏某犯受贿罪,判处死刑,缓期二年执行,同时决定,在其死刑缓期二年执行期满依法减为无期徒刑后,终身监禁,不得减刑、假释。

(三)两个案件所适用量刑情节的分析比较

本节选取的英国案例并非受贿案,由于本节探讨的是对量刑情节的适用问题,而针对不同罪名适用量刑情节的原理基本是相通的,因此以上两个案例罪名的不同不会对研究结论造成影响,通过对两案裁判理由的比较,可以清晰地体现出法官适用刑罚的思路、理念和能力的差异。

英国的案例,其判决书是关于一个被判处30个月刑期的案件,具有以下特点:一是判决清晰地体现了法官在作出这个判决时对量刑情节进行了全面考量,包括被告人犯罪行为、主观过错、品行、年龄、认罪态度、精神状况、身体状况、家庭生活、家庭成员的意愿等各方面的量刑情节。二是体现了法官对被告人各量刑情节的具体分析、综合评价。可以看出,法官首先根据被告人的犯罪行为确定了对其量刑的基准刑;之后全面、充分分析其所有从重情节、从轻情节、家庭状况、身体状况等情况,并在此基础上进行综合评判;最后关于是否对被告人适用监禁刑,法官充分论证了适用监禁刑可能对其家庭生活造成的影响,并将该影响与实现刑罚"惩罚严重犯罪、形成适当社会震慑力"的目的进行价值权衡,最终决定对其适用监禁刑,充分展现了在量刑说理上的"情理法”的融合，①体现了英国法官对量刑情节考量严谨的思路。无论对于被告人还是社会公众，通过这份判决可以充分了解到刑罚是否符合罪刑法定、罪刑相适应以及罪刑个别化等刑罚原则。

再看我国法院魏某案的判决，从裁判结果看，魏某被判处死刑，缓期2年执行，同时决定终身监禁，应当说是目前受贿罪可能被判处的最重刑罚，因为据笔者调查了解，司法实践中近6年间对受贿罪没有判处死刑立即执行的案件。对于这样一个社会影响重大而且判处刑罚严厉的案件，法院的裁判理由却仅有寥寥几句格式化的语言。除了对被告人的认罪态度、退赃情况这两个量刑情节有明确表态外，对于被告人的犯罪情节、社会影响、造成损失均没有具体阐述，而是直接引用“两高”司法解释中规定的对受贿罪适用死刑的标准，对数额、情节、社会影响和损失作出结论性评价，看不出具体对量刑情节的考量和裁判理由，让人心生许多疑问。特别是关于决定死缓减为无期徒刑后终身监禁的理由，这是本案区别于其他诸多被判处死缓的受贿案件中最核心的问题，最需要详细阐述的部分，而判决仅以“根据魏某犯罪事实和情节”一句话来说明。

不得不说，以上两个判决形成鲜明对比，我国法院的判决对于量刑结果的裁判理由很不充分，一定程度上体现了法官在裁量刑罚时对量刑情节适用的全面性和具体性、分析的客观性和逻辑性存在欠缺。其一，判决中除了对被告人认罪态度和退赃情况有明确认定外，对于其受贿中是否有背职行为？谋取的利益是否具有不正当性？造成了什么样的危害后果？是偶犯还是习惯性犯罪等问题均未涉及，对于体现被告人人身危险性的其本人的身体状况、心理状况如何等问题更不在考虑范围之内，表明法官在裁量刑罚时对于这些重要量刑情节没有全面评价。其二，对于被告人受贿犯罪情节的严重程度、对法益的破坏程度，其本人的主观恶性、人身危险性，特别是决定终身监禁的理由，都没有针对案件情节和被告人的特点进行具体分析，而是直接形成结论，难免使人对裁判结果的科学性、合理性产生质疑，对能否实现被告人公正合理的价值追求产生质疑。

---

① 袁跃民：《“情理法”融汇一体的一份英国判决书》，载《人民法院报》2016年10月21日。

根据笔者多年的工作经验，上述判决书的表述绝非个例，而是常规模式。因此，虽然上文仅分析了一份受贿罪判决书，但实际上代表了我国司法机关对受贿案件的普遍做法，该案法官在考量量刑情节中存在的问题是我国司法的通病。对量刑情节的分析评判过程，就是把抽象的法律运用于具体案件事实以实现个别公正的过程，[①]因此，只有按照刑罚适用基本原则，全面、准确、合理地评价量刑情节，在适用刑罚中原则性和灵活性有机结合，在法律的刚性规定下兼顾具体案件和被告人的具体情况，才能更好地实现司法公正以及刑罚的惩罚与预防功能。

第三节 受贿罪量刑情节体系的设置

量刑情节是反映犯罪行为社会危害性和行为人人身危险性的事实情况，[②]是刑罚裁量的依据，所以，只有构建起合理、完整的量刑情节体系，刑罚裁量才能符合罪刑均衡原则，才能实现公平正义的价值理念。现行受贿罪量刑情节体系中，《刑法修正案（九）》将受贿罪的一些酌定情节法定化，并对受贿罪的量刑情节规定作出重大调整，将数额之外的其他情节规定为与数额并列的影响量刑的决定性因素。对于如何充分发挥数额之外的情节在全面评价受贿行为社会危害性的作用，实现罪刑相适应方面提出了更高的要求。"两高"《贪污贿赂解释》列举的情节，更是司法文件中第一次针对受贿罪作出的具体量刑情节规定。这些规定与刑法总则规定的量刑情节一起，构成我国当前的受贿罪量刑情节体系。这一法定量刑情节体系，对受贿罪量刑的司法实践发挥了重要作用。特别是"两高"《贪污贿赂解释》在总结司法审判经验的基础上进一步明确、细化了《刑法修正案（九）》中规定的影响受贿罪定罪量刑的情节，改变了长期以来受贿罪罪中情节基本上没有规定的状况，对于统一司法掌握刑罚裁量标准有积极意义。对于上述规定的出台是否意味着我国已经建立了完善的受贿罪量刑情节考量机制，学界形成

---

① 李隽：《关于量刑情节的法律适用问题——兼析两起受贿案件》，载《法律适用》2000年第6期，第34页。

② 李希慧、刘期湘：《论量刑情节的法理基础》，载《甘肃政法学院学报》2006年第11期，第17页。

不同的意见。有学者认为,司法解释规定的情节是从实践中总结出来的,有相应理论根据,总的说是合乎法理和情理的;[①]还有学者提出,司法解释对受贿罪量刑情节的规定比较粗疏,非数额情节配置缺乏独立评价能力,内涵不确定、外延不清晰,[②]相互之间逻辑关系不严谨,部分条款的理解尚需法理上的再解释。[③] 笔者认为,现行受贿罪量刑情节设置与过去相比在系统化、精细化道路上又前进了一步,但是仍有明显缺陷,亟待进一步完善。

为准确论证各情节在判断受贿行为社会危害程度以及受贿人人身危险性上应然和实然的作用,本节拟以《刑法修正案(九)》和"两高"《贪污贿赂解释》为重点,研究我国受贿罪非数额量刑情节体系的科学性和合理性。考虑到按照发生时间段划分的罪前、罪中和罪后情节对刑罚作用力有很大不同,因此拟从以上三个方面入手对此问题进行研究。

一、受贿罪的罪中情节

罪中情节由犯罪行为、手段、动机、程度、后果等重要的犯罪事实要素构成。犯罪行为对法益的侵害程度主要由罪中情节决定,因此罪中情节应当是决定刑罚最根本的衡量标准。从立法规定看,长期以来,刑法中除对数额、索贿有明确规定外,对其他罪中情节未给予足够关注,刑法和司法解释均无明文规定,全凭司法机关酌情考虑,直至"两高"《贪污贿赂解释》在列举升格处罚情节中才明确规定了部分罪中情节,表明受贿罪罪中情节在量刑中的作用引起了最高司法机关的关注。目前,关于受贿罪罪中情节的规定,主要存在以下几方面问题。

(一)直接反映受贿行为法益侵害程度的重要情节缺失

如前所述,包括犯罪手段、犯罪实施程度、后果等在内的罪中情节

---

① 赵秉志:《略谈最新司法解释中贪污贿赂犯罪的定罪量刑标准》,载《刑事审判参考》(总第106集),法律出版社2017年版,第211页。

② 钱小平:《贿赂犯罪情节与数额配置关系矫正之辨析》,载《法学》2016年第11期,第41页。

③ 周光权:《论受贿罪的情节——基于最新司法解释的分析》,载《政治与法律》2016年第8期,第32页。

最直接地体现犯罪行为社会危害的严重性，是量刑的前提和基础，[①]因此应当是影响量刑的主要情节。[②] 然而，目前我国刑法和司法解释有明文规定的罪中情节仅是受贿罪量刑应予考虑的罪中情节中的很小一部分，而且从重要性上看亦非最能够体现受贿行为社会危害性的情节，现有规定没有涵盖真正直接反映法益侵害程度的重要情节。

1. 受贿人的背职情况

根据受贿罪保护法益，在受贿罪四个方面的罪中情节中，最能够直接体现对法益侵害程度的是背职方面的情节。行为人在受贿中是正当履职还是滥用职权、对职权的滥用程度、给国家或他人造成的损失等直接体现了受贿行为对职务行为公正性以及社会公众对此信赖的侵害程度，因此是衡量受贿行为对法益侵害程度的重要指标。例如，甲和乙都实施了收受贿赂并利用职务便利帮助他人承揽工程的受贿行为，不同的是，甲在接受请托并收受好处的情况下，帮助不具有资质的企业承揽到工程；乙是正常履职确定相关企业中标，事后企业为感谢给予乙一定好处。二者在权钱交易的本质上没有区别，但是甲违背职责要求程度更严重，相比之下二者对受贿罪保护法益的侵害程度有明显不同，在量刑上应当有所不同。"两高"《贪污贿赂解释》中虽然规定了"谋取不正当利益，致使公共财产、国家和人民利益遭受损失"的升格处罚情节，从字面看，要认定该情节，要求行为人既要实施"为他人谋取不正当利益"的行为，客观上也导致了"公共财产、国家和人民利益遭受损失"的结果，二者缺一不可。实践中，受贿人为他人谋取不正当利益，但尚未出现损害结果发生的不能适用该条款升格处罚，如此高的门槛不能体现对背职行为重点打击的治理立场。[③]

2. 受贿行为发生的特定领域

司法解释专门将"为他人谋取职务提拔、调整"规定为受贿罪的一个升格处罚情节，表明"两高"充分关注到了发生在人事任用领域的受

---

① 李希慧、刘期湘：《论量刑情节的法理基础》，载《甘肃政法学院学报》2006 年第 11 期，第 17 页。

② 邱兴隆、许章润：《犯罪学》，群众出版社 1988 年版，第 278 页。

③ 莫晓宇：《非数额情节在受贿案件中定罪量刑的功能分析——〈关于办理贪污贿赂刑事案件适用法律若干问题的解释〉第 1 ~ 3 条评析》，载《浙江社会科学》2016 年第 8 期，第 39 页。

贿行为对滥用公权力所造成损害后果的严重性与一般领域有所不同,符合刑法规定精细化趋势的要求。用人腐败的严重危害性毋庸置疑,但除此之外还有诸多可能造成相似社会危害性的领域,司法解释仅强调人事任用领域属于典型的挂一漏万,忽视了对发生在其他特定领域的受贿罪的严重社会危害性。事实上,在其他许多领域中的受贿,造成的危害后果并不轻于人事任用领域。例如发生在司法领域的受贿,不仅侵害相关当事人的合法权益,可能导致放纵犯罪,而且严重损害了司法公信力,具体到个案中,很多情况下危害性也未必比“买官卖官”小;再如在食品药品、安全生产、环境保护等领域实施的受贿行为,导致不合格的食品药品危害公众生命健康,高危、污染项目危及人民生命财产安全等事关国计民生的严重危害后果,这些领域受贿犯罪造成的社会危害性并不轻于人事任用领域对法益的侵害程度。有观点认为,这些在特定领域受贿的案件可以适用“造成损害”或者“恶劣社会影响”规定升格处罚。然而,如果如此理解,“为他人谋取职务提拔、调整”也就没必要专门规定,而且对于具有类似情形的受贿罪,适用不同的条款、从不同的角度、根据不同的标准去评判其受贿情节,难以实现量刑均衡。司法解释对特定领域量刑情节阙如,未能体现对特定领域受贿犯罪的精准治理。

3. 受贿罪的特定主体

同样是公职人员,不同身份对职务行为的影响力、破坏力不同,对社会产生的示范效应也不同,因此不同身份人员受贿对保护法益的侵害程度也不相同,所受到的惩罚也应当有所不同。例如机关办事员与省委书记,法院后勤人员与法官,他们同样收受贿赂所造成的危害性会有很大差异。由于有职位者对职务行为的影响力更大,因此其滥权给职务行为公正性造成的破坏性也更大;此外,职位高的人社会资源多,保持职务行为公正性的义务应当更多,①社会公众对其公正行使职务行为有更高的期望值,因此,上述特定主体受贿,其违背职权所产生的负面效应更强,对保护法益侵害的程度更为严重,处刑应当更重。基于此,对于受贿其他情节都相近,有特殊主体身份的,刑罚上有所区别才

---

① 王刚:《我国受贿罪处罚标准立法评析》,载《环球法律评论》2016 年第 1 期,第 140 页。

符合罪刑相适应原则，但司法解释对此未予体现。

4. 受贿行为实施的频次

从法理层面分析，“多次受贿”具有刑法上的“惯犯”的属性，即在较长时间内反复多次产生犯意，并且敢于付诸行动，多次实施犯罪行为，①已形成某种犯罪习性，具有犯罪的习癖性，存在继续犯罪的倾向；②而“单次受贿”则具有刑法上的“初犯”“偶犯”的属性，通常是在一定的客观条件下临时起意，犯罪的习癖性并未养成。③ 相比较而言，在一段时期反复实施受贿犯罪行为，足以昭示行为人的反社会人格或属性，④比“单次受贿”有更重的犯罪习性，社会危害性更严重，行为人的主观恶性和人身危险性也更大，处刑应当更重。法院在审判盗窃、诈骗、抢劫等案件中，惯犯是裁量刑罚时考量的重要酌定从重情节之一。⑤ 但是从笔者抽取的受贿案件裁判文书看，受贿的次数、持续时间等情节基本上没有作为影响量刑的因素予以考虑。因此，在对受贿罪量刑中，对于“多次受贿”所反映出的惯犯属性应当予以重视，受贿行为实施的频次应当作为一个重要的量刑情节，这样才能符合罪刑相适应原则。

以上所述背职情况、特定领域、主体身份、实施频次均是直接体现受贿行为对法益侵害程度或行为人主观恶性的重要的罪中情节，但这些罪中情节应有的评价能力在包括“两高”司法解释在内的规定中均没有体现，司法机关据此对受贿罪作出的判决仍然难免偏离罪刑相适应的轨道。

（二）没有形成逻辑严密的情节体系

基于刑法和“两高”《贪污贿赂解释》规定，目前有明确规定的受贿罪罪中情节有四项：多次索贿；为他人谋取职务提拔、调整；为他人谋取不正当利益，致使公共财产、国家和人民利益遭受损失；造成恶劣影响或者其他严重后果。从内容看，以上罪中情节分别从行为方式、领域、损失、

---

① 陈兴良：《本体刑法学》，商务印书馆2001年版，第594页。

② 正如某受贿人案发后供述称，“收钱次数多了，内心对受贿犯罪的恐惧感就消失了，反倒觉得给别人办事收受好处应该的，帮别人办事后别人不给好处反倒觉得不对劲”。

③ 习癖性，是指犯罪成为习癖，因而具有某种犯罪人格，表明犯罪人的人身危险性较大。参见李宾：《对诈骗罪中“惯犯”的理解与认定》，载《人民法院报》2011年3月16日。

④ 黄祥青：《论抢劫罪情节加重犯的认定思路与方法》，载《政治与法律》2005年第6期，第144页。

⑤ 杨雪：《对初犯偶犯的理解与法律评判》，载《检察日报》2011年7月8日。

影响的角度来衡量受贿行为的社会危害程度和行为人的人身危险性，相较于上文归纳的受贿罪应然性的罪中情节，上述规定从内容到体例都没有形成一个全面的、逻辑严密的受贿罪罪中情节体系。

1. 罪中情节与其他情节不加区分并列规定违背同类解释规则

从刑法解释论角度，一个法条所并列规定的内容，一般在社会危害性的性质及程度上大体具有相当性或者相似性，也就是说，要遵循同类解释规则。[①] 同类解释规则来源于罪刑相适应原则，也就是说，社会危害性的性质和程度大体相当的行为，才能设置相同的法定刑。这就意味着，“两高”司法解释在一个条款中列举的受贿罪八个升格处罚情节应当具有相似的社会危害性的性质及程度。然而，八个情节中除了罪中情节外还有罪前情节和罪后情节，各类情节体现的社会危害性的性质不同，程度亦不同，其对刑罚的影响以及适用的规则亦不应当相同。例如，“曾因贪污、受贿、挪用公款受过党纪、行政处分”说明的是行为人的违纪记录，反映出其更深的主观恶性和人身危险性，而“为他人谋取不正当利益，致使公共财产、国家和人民利益遭受损失”反映的是行为人不正当履行职责，而且造成实际的危害后果，司法解释将二者在受贿罪量刑中等同视之，难以做到罪刑相当、罚当其罪。例如，甲曾因受贿1000 元受到警告的党纪处分，后正常履职后收受他人给予的 5 万元；乙接受请托利用职务便利违规为他人审批工程并收受 5 万元，后造成重大人员伤亡事故。从以上两案的比较可看出，甲与乙的升格处罚情节对判断社会危害性和人身危险性上有很大差异，但根据司法解释却适用同样的刑罚标准。司法解释这样规定显然与同类解释规则不符，势必造成实践中的罪刑失衡。

2. 罪中情节相互之间存在包含、交叉关系

司法解释列举的四个罪中情节有三个情节相互之间存在包含与交叉关系，具体如下：

第一，“为他人谋取职务提拔、调整”与“谋取不正当利益，致使公共财产、国家和人民利益遭受损失”。根据“两高”《关于办理行贿刑事案件具体应用法律若干问题的解释》（以下简称《行贿案件解释》）规定，

---

① 黄祥青：《论抢劫罪情节加重犯的认定思路与方法》，载《政治与法律》2005 年第 6 期，第 138 页。

受贿人收受财物“为他人谋取职务提拔、调整”的，属于“谋取不正当利益”，[①]而且从该类行为后果看，会破坏国家的人事任用秩序，损害国家机关的公正性和公信力，亦可能构成“致使公共财产、国家和人民利益遭受损失”。因此，实际上至少有相当一部分“为他人谋取职务提拔、调整”情形包含在“为他人谋取不正当利益，致使公共财产、国家和人民利益遭受损失”中。

第二，“谋取不正当利益，致使公共财产、国家和人民利益遭受损失”与“造成恶劣社会影响或者其他严重后果”。根据“两高”《关于办理渎职刑事案件适用法律若干问题的解释（一）》（以下简称《渎职案件解释》），渎职犯罪“致使公共财产、国家和人民利益遭受损失”的情形除了一定数量人员伤亡和经济损失外，还包括“造成恶劣社会影响”。[②]也就是说，“造成恶劣社会影响”是“致使公共财产、国家和人民利益遭受损失”的表现形式之一和下位概念。而本解释中将二者并列规定为受贿罪的量刑情节。由于无论是在渎职犯罪中还是受贿犯罪中，行为人行使职权所造成的损失的认定是相通的，因此，实践中对于本解释规定的“致使公共财产、国家和人民利益遭受损失”，司法机关通常会参照《渎职案件解释》进行把握，且不论哪个解释规定更为合理，两个司法解释之间逻辑上的混乱会给司法机关适用条款造成困惑。本解释中“为他人谋取不正当利益，致使公共财产、国家和人民利益遭受损失”与“造成恶劣影响或者其他严重后果”这个兜底条款的含义有大量重合。

（三）罪中情节的含义多有争议

《贪污贿赂解释》所列举的罪中情节，其含义存在争议，具体表现在

---

① “两高”《行贿案件解释》规定，“不正当利益”是指谋取的利益违反法律、法规、规章、政策规定，或者违反法律、法规、规章、政策、行业规范的规定为行贿人提供帮助或者方便条件。违背公平、公正原则，在经济、组织人事管理等活动中，为他人谋取竞争优势的，都应当认定为受贿人为他人谋取不正当利益。

② “两高”《渎职案件解释》第1条第1款规定：“国家机关工作人员滥用职权或者玩忽职守，具有下列情形之一的，应当认定为刑法第三百九十七条规定的‘致使公共财产、国家和人民利益遭受重大损失’：（一）造成死亡1人以上，或者重伤3人以上，或者轻伤9人以上，或者重伤2人、轻伤3人以上，或者重伤1人、轻伤6人以上的；（二）造成经济损失30万元以上的；（三）造成恶劣社会影响的；（四）其他致使公共财产、国家和人民利益遭受重大损失的情形。”

以下几个方面。

1. 关于第1项“多次索贿”

利用公职人员职务便利索取贿赂,不仅反映了受贿人的主观恶性,而且该行为对职务的公正性以及公众对公职的信任产生的侵害更为严重,因此“索贿”本身就是《刑法》第385条规定的受贿罪从重处罚情节,司法解释在此基础上明确将“多次索贿”作为升格处罚情节,是对现行刑法规定的强调和延续,但由于“多次”的界限并不明确,造成实践中何时从重处罚、何时加重处罚难以把握。

2. 关于第2项“为他人谋取职务提拔、调整”

据了解,“两高”之所以专门作出该项规定,是针对实践中“买官卖官”高发、破坏政治生态情况专门规定的,初衷是为严惩用人腐败,提高刑罚在该领域的一般预防效果。[①] 在干部任用领域进行权钱交易,一方面,这种情况下提拔任用的官员自身就是破坏职务行为公正性的产物,这些官员是腐败的受益者,因此其自身对贿赂行为有很强的认同甚至非常热衷,与正常提拔的官员相比,其在履职过程中收受贿赂的概率就会大很多,不利于受贿犯罪的特殊预防;另一方面,干部任用方面的腐败会破坏干部任用的公信力,形成投机钻营、“买官卖官”的官场“潜规则”,亦不利于受贿犯罪的一般预防。用人腐败被公认为危害最大的腐败,是一切腐败的源头,[②]因此在干部任用中受贿对法益造成严重的破坏,应予严惩。从这个角度看,司法解释将“为他人谋取职务提拔、调整”纳入受贿罪升格处罚情节所体现出的对该类受贿严惩的理念是正确的。

但是该条款的具体规定过于表面化,没有切中问题的关键,可能产生理解上的歧义。“为他人谋取职务提拔、调整”,从字面意思看包括所有涉及职务提拔、工作调动、分工调整等各种情形。事实上,职务提拔和调整在不同情形下所体现出的社会危害性可能存在很大差异,例如,同样是职务调整,就可能存在为帮助他人解决两地分居问题而为其调动工作、为使他人得到进一步提拔而将其从非重要岗位调整到重要岗

---

① 周光权:《论受贿罪的情节——基于最新司法解释的分析》,载《政治与法律》2016年第8期,第35页。

② 戴文华:《用人腐败是一切腐败的源头》,载《四川党的建设(城市版)》2010年第12期,第49页。

位或者为帮助他人躲避调查将其从重要岗位调整到非重要岗位等各种情况。这就存在一个广义还是狭义理解的问题，即只要涉及职务提拔和调整就一律适用该规定作为升格处罚情节？还是首先区分哪种情形实质上具备“买官卖官”性质，即以狭义概念适用司法解释规定？如果一律适用该规定升格处罚，会造成罪刑不相适应的问题；如果区别不同情况掌握，亦会造成司法裁量空间大，不同法院、不同案件之间罪刑不平衡问题。

3. 关于第3项“为他人谋取不正当利益，致使公共财产、国家和人民利益遭受损失”和第4项“造成恶劣影响或者其他严重后果”

受贿行为造成的直接损害后果是决定其社会危害性的一个重要因素，例如同样是受贿并帮助他人承揽工程，有的导致了重大安全事故，有的工程质量良好，前者对法益的侵害程度更重，社会危害性更大。将具有恶劣损害后果作为升格处罚情节，在刑罚上有所体现，体现了对该因素的准确价值判断。但是以上两个情节规定存在含义不清，需要再解释的问题：

第一，“谋取不正当利益”的概念难以准确把握。根据我国刑法规定，“谋取不正当利益”同样也是斡旋受贿、行贿罪、利用影响力受贿罪等犯罪的定罪条件，如何把握“不正当利益”一直是司法认定的难题，实践中长期存在是仅指利益本身不正当还是也包括谋利手段不正当的争议，为此“两高”《行贿案件解释》明确，“不正当利益”是指谋取的利益违反法律、法规、规章、政策规定，或者违反法律、法规、规章、政策、行业规范的规定为行贿人提供帮助或者方便条件；该解释还格外强调，违背公平、公正原则，在经济、组织人事管理等活动中，为他人谋取竞争优势的，都应当认定为受贿人为他人谋取不正当利益。可以看出，司法解释基于尽可能扩大适用范围的出发点而将“不正当利益”的概念进行了扩张解释，明确除了利益本身不正当外，只要谋取利益手段不正当或者在一定领域为他人谋取竞争优势的都属于“谋取不正当利益”。但问题是，但凡受贿人在人事任免安排、工程项目、业务承揽、银行贷款等领域谋利，基本上都至少可以认定是为他人谋取竞争优势，根据以上解释是否意味着都是“谋取不正当利益”？同样道理，涉及司法、行政审批等领域的谋利是否都可以从手段不正当角度一律认定为“谋取不正当利益”？“谋取不正当利益”概念的界限仍然不清晰。

第二,“造成恶劣社会影响”概念不够明确。参照“两高”《渎职案件解释》规定,“致使公共财产、国家和人民利益遭受损失”体现在人员伤亡情况、经济损失数额、造成恶劣社会影响以及其他情形四个方面。在此,“人员伤亡”“经济损失”的认定标准相对清晰、简单,但对于“恶劣社会影响”的认定,主要取决于办案人员的内心确信,有很强的主观性,①实践中较难把握。笔者通过对中国裁判文书网中抽取了部分滥用职权和玩忽职守案例观察发现,法院认定属于“造成恶劣社会影响”情形的案例不多,主要针对的情形包括导致群众上访、某官员被查处、使不合格食品药品进入市场、致使贿选大面积蔓延等。例如,薄某案中,判决书认定薄某的滥用职权行为导致王某叛逃、相关刑事案件未被及时侦破,因此认定造成“恶劣社会影响”。② 此外,还有案件将“事发后引起新闻媒体广泛报道”“被有关部门通报批评”都认定为“恶劣社会影响”,例如在某监狱看管人员失职导致在押人员脱逃案件的判决中列举了领导讲话和相关网络文章,以证明被告人失职行为导致的“恶劣社会影响”,该判决中认定“恶劣社会影响”的准确性值得商榷。可以看出,“造成恶劣社会影响”的认定标准抽象难以把握,在渎职犯罪审判实践运用很少,同样道理,可以预想上述情节在受贿罪量刑的适用中面临同样的难题。

第三,“谋取不正当利益,致使公共财产、国家和人民利益遭受损失”更难把握。通过以上论述可以看出,单独认定“为他人谋取不正当利益”与“造成恶劣社会影响”本身就存在以上诸多困难和问题,而本情节涉及以上两个概念的界定,实践中会有更多的不确定性。例如,某交通局局长接受一家资质良好的建筑企业的请托并收受财物,利用职务便利帮助该企业在高速路工程招标中中标,企业所建工程质量完全符合相关标准并通过验收。该案例中,受贿人在经济活动中帮助他人谋取竞争优势,认定其谋取了不正当利益无可争议,这种情况下似乎不能认定其致使公共财产、国家和人民利益遭受损失,但如果其收受的是多

---

① 胡元强:《渎职犯罪中“非物质性损失后果”的研究》,载《犯罪研究》2013 年第 3 期,第 77 页。

② 参见山东省济南市中级人民法院(2013)济刑二初字第 8 号刑事判决书。

家企业的贿赂,能否从扰乱了当地工程招标的市场秩序、助长业内形成了送钱揽工程的风气的角度,认定其造成恶劣社会影响,使公共财产、国家和人民利益遭受损失的？如果可以,前者与后者数量的界限如何划分？同理,收受贿赂为他人在职务晋升中谋取竞争优势的,也可能存在类似问题。

(四)罪中情节的“量”和“度”难以界分

受贿案件中,行为人往往实施多笔受贿行为,因此对“两高”司法解释规定的升格处罚情节如何需要有“量”和“度”的把握,即规定情节达到何种程度对行为人升格处罚？例如“多次索贿”情节,按照刑法惯例理解 3 次以上即为多次,但具体到案件中,除了索贿次数 3 次以上之外,还有索贿数额是否考虑、索贿次数和数额在整个受贿犯罪中所占比例是否考虑等问题需要厘清,目前学术界和实务部门就此已经形成许多争论。实务部门有法官提出,只有索贿数额达到一定比例,才可以升格处罚判处刑罚。[①] 有学者认为,以上观点将受贿罪简单等同于财产犯罪,缺乏理论和实践支撑,应当充分考虑索贿行为本身的危害性,只要是多次索贿,无论所占比例多大都应当升格处罚。[②] 笔者认为,以上两种观点均有些偏颇,理解都过于机械和绝对,容易造成实践中的罪刑失衡,对于以上情节的把握,既不能人为再增加门槛,也不能但凡有情节就一律升格处罚,还是要由司法机关结合次数、数额、比例等综合考量,决定是否升格处罚。同样,解释规定的“为他人谋取职务提拔、调整”等其他罪中情节也存在同样问题。

二、受贿罪的罪前情节

包括累犯、前科劣迹等在内的罪前情节,体现的是行为规范意识缺位,对刑法保护价值的敌视或漠视,与社会基本价值相悖的人格态度,[③] 具有这种人格态度的人在一定外部条件下很容易发生犯罪,因此罪前

---

① 《最高人民法院苗有水权威解析〈贪贿解释〉二十个疑难问题》(上篇),载 http://chuansong.me/n/1406502251784,最后访问日期:2017 年 5 月 12 日。

② 周光权:《论受贿罪的情节——基于最新司法解释的分析》,载《政治与法律》2016 年第 8 期,第 34 页。

③ 陈荣飞、肖敏:《关于犯罪人人格态度对定罪量刑的影响问题》,载《理论探索》2009 年第 3 期,第 131 页。

情节一定程度上决定了犯罪人的人身危险性程度。一个人的前科劣迹、一贯表现等能够体现其对法律保护价值的对立、漠视程度的人格态度，是反映行为人人身危险性的重要指标。我国关于受贿罪罪前情节的规定存在两方面突出问题。

(一)罪前情节法定化程度不高

罪前情节包含范围很广，而且除了累犯及违纪违法记录明确便于掌握外，其余都很抽象，依赖于法官自由裁量。在国外，将罪前因素法定化是通常做法，如上文提到的德国、日本、意大利等国刑法中，明确将被告人的性格、成长经历、环境等规定为量刑应予考量的因素，还有的国家例如英国制定了包括反社会的观点、缺乏自我控制、对被害人缺乏同情、药物滥用、经济问题等与犯罪有关的因素在内的评价人身危险性的量表。[①] 这样的做法将抽象的罪前情节具体化、明确化，既保障了公民的知情权，同时也能有效避免司法擅断，符合罪刑法定原则。反观我国关于罪前情节的规定，只有三个反映前科劣迹的情节由立法或者司法解释规定，其余均无明文规定，一方面无法保障公民的知情权和选择权，另一方面也容易造成司法裁量的随意性，导致量刑失衡。

(二)司法解释规定内容突破立法有“越界”之嫌

根据《刑法》第65条第1款规定，构成累犯的应当从重处罚。根据“两高”《贪污贿赂解释》规定，犯受贿罪，曾因贪污、受贿、挪用公款受过党纪、行政处分，或者曾因故意犯罪受过刑事追究的，应当在上一个量刑档判处刑罚，这就意味着以上两个情节是加重处罚情节。比较以上规定发现，具有较重情节的从严处罚程度较轻，具有较轻情节的从严处罚程度反而较重。具体而言，累犯是指被判处有期徒刑以上刑罚，刑罚执行完毕或者赦免后在5年以内再犯应当判处有期徒刑以上刑罚之罪，其严重性很显然重于司法解释规定的“受过党纪、行政处分”，大多数情况下也重于“因故意犯罪受过刑事追究”，但根据刑法规定，构成累犯的从重处罚，而根据司法解释受过党纪、政务处分或受过刑事追究的则要升格处罚。这样规定存在的问题是，首先，司法解释针对个罪的规定突破了刑法总则规定，超越了司法解释权限，其合法性和正当性值得

---

① 蔡雪冰、罗小光:《社区矫正对象人身危险性预测探析》，载《邵阳学院学报》(社会科学版)2005年第4期，第79页。

研究;其次,以上规定违反了罪刑相适应原则;最后,如果受贿人曾因故意犯罪被判刑且构成累犯,究竟应当适用刑法从重处罚,还是适用司法解释升格处罚?这种情况下可能造成法律适用的混乱。

三、受贿罪的罪后情节

罪后情节被认为能够表征行为人主观恶性的消长状况,体现行为人对其罪行的认识以及再犯的可能性,归属于人身危险性。自首、立功、积极退赃等罪后情节一定程度上反映行为人的认罪悔罪之意,表明其与主流价值由对抗转为合作,人身危险性有所下降。[①] 当前受贿罪罪后情节的规定存在以下问题。

(一)过于追求功利价值诉求导致部分情节从宽幅度失衡

从以上情况看,现行立法和司法解释的规定基本上涵盖了体现受贿人在犯罪后其对法律的对抗性是否减弱的主要罪后情节,与罪前情节和罪中情节的规定相比,对罪后情节的规定明显更为周全。具体分析这些情节,我国立法和最高司法机关对于罪后情节如此重视,体现了其基于报应主义与功利主义兼顾的价值观,一方面在意行为人对原犯罪意志的改变,另一方面更加注重和鼓励犯罪人与法律合作,以利于突破案件、节约司法成本等功利因素。对具体情节分析如下:

例如根据我国刑法规定,自首是犯罪人犯罪后自动投案,如实供述自己罪行。行为人自动投案可能由于悔罪,但更多的情形下与其说是基于悔罪心理,不如说是基于交易的心理。[②] 悔罪表明行为人改变了犯罪意志,其对社会构成的威胁减小,再犯的可能性降低;但在交易心理支配下,行为人未必悔罪,更多是希望以接受刑罚的行为表明与法律合作的态度,以此换取从宽处罚的机会,这种情况下行为人的犯罪意志不一定改变,立法之所以不计较是否真心悔罪,看重的就是自首不仅对行为人有利,同时也有利于司法机关发现犯罪和找到犯罪人,有助于节省司法资源。基于此,自首无可争议地成为法定从宽处罚的罪后情节。

立功更是如此,行为人以检举他人犯罪换取对自己从宽处罚,其出发点就是基于交易的心理,基本上与其本人的犯罪意志无关,并不体现

---

① 王利荣:《案外情节与人身危险性》,载《现代法学》2006 年第 4 期,第 109 页。

② 王利荣:《案外情节与人身危险性》,载《现代法学》2006 年第 4 期,第 111 页。

其悔罪态度,也谈不上改变其再犯的可能性。正如贝卡里亚所说,法庭对有检举的罪犯不予处罚存在这样的弊端,即“国家认可了连罪犯都很憎恶的背叛行为……法庭暴露出自己的动摇、暴露出法律如此的软弱,以至需要恳求侵犯自己的人提供帮助。”不过他同时指出,“这样做只要能够体现公共信义,足矣。”①尽管量刑时考虑检举因素客观上确实存在上述弊端,但是检举对帮助司法机关揭露犯罪所起的作用有太大的吸引力,因此各国基于实用主义几乎都认可立功对刑罚轻重的影响。我国刑法及相关司法解释将立功规定为从宽处罚情节,对刑罚的影响可以从轻、减轻甚至免除处罚,如此规定,充分体现了我国立法和司法机关对行为人对于法律的合作态度和成效更为看重,即使从道德角度评判其动机并不怎么高尚。

除以上情节之外,如实供述、坦白、退赃等罪后情节也都不同程度地存在同样问题。笔者认为,任何功利的获取都不应以牺牲公正为代价,②鉴于此,司法机关应当理性认定上述情节并决定从宽幅度,以避免在公正与功利两种价值诉求上失衡。

(二)将不具有可罚性的事后行为规定为升格处罚情节

“两高”《贪污贿赂解释》中将“受贿所得用于非法活动”规定为升格处罚情节,如此规定的出发点是体现对双重违法行为加重处罚的倾向,但是该规定忽略了事后行为的可罚性问题。从实践看,受贿人的受贿所得去向主要包括保存、投资获利、生活开销、挥霍、捐赠等。这些去向中,投入股市、购买理财产品等无疑不是非法活动,但如果用于发放高利贷、赌博等,则具有非法性质,③轻则民事、行政处罚,重则甚至被刑事追究。刑法学通说认为,实施犯罪取得财物后,使用、处置该财物,属

---

①　[意]贝卡里亚:《论犯罪与刑罚》,黄风译,中国大百科全书出版社 1993 年版,第 40 页。

②　刘为波:《〈关于办理职务犯罪案件认定自首、立功等量刑情节若干问题的意见〉的理解与适用》,载《人民司法》2009 年第 9 期,第 21 页。

③　根据《中国人民银行关于取缔地下钱庄及打击高利贷行为的通知》,民间个人借贷利率由借贷双方协商确定,但双方协商的利率不得超过中国人民银行公布的金融机构同期、同档次贷款利率(不含浮动)的 4 倍。超过上述标准的,应界定为高利借贷行为。《非法金融机构和非法金融业务活动取缔办法》[中华人民共和国国务院令(第 247 号)]第 4 条规定,未经中国人民银行批准,擅自从事非法发放贷款、办理结算、票据贴现、资金拆借等活动,为非法金融业务活动。

于不可罚的事后行为。[①] 刑法和司法解释中的类似规定,实质上是在法律评价中加入了过多的道德评价。

此外,从刑罚的惩罚功能看,决定刑罚主要应当考虑犯罪行为对法益的侵害程度,而受贿所得的使用发生在受贿行为完成之后,实际上受贿所得的用途如何,无论是用于捐助失学儿童,还是用于赌博、挥霍,该受贿行为本身对职务行为公正性的侵害程度没有影响。从刑罚的预防功能讲,主要考量受贿人的人身危险性,受贿人将受贿款用于放高利贷、赌博等非法活动的,通常情况下其主观恶性和再犯可能性要比将受贿款捐助社会弱势群体的更为严重,但并不尽然,还需具体情况具体判断,实践中不乏为了给家乡修建公路、给某慈善机构捐款而大肆索贿的案例;而且受贿所得用途对刑罚的作用力亦不足以支撑其成为升格处罚情节。因此笔者认为,对于受贿所得用途对受贿罪刑罚的影响,可由法官在审判中酌情考虑,司法解释将"赃款赃物用于非法活动"规定为受贿罪的升格处罚情节的合理性和科学性值得商榷。

(三)犯罪人以外因素成为影响受贿罪刑罚的情节

如前所述,犯罪行为和犯罪人自身的主客观因素是决定其刑罚的依据,其他外在因素所导致的结果不应考虑。然而,"两高"司法解释规定,"拒不交待赃款赃物去向或者拒不配合追缴工作,致使无法追缴的",对犯罪人升格处罚。最高司法机关这样规定的初衷,是考虑拒不交代赃款赃物去向或拒不配合追赃,致使无法追缴,表明了犯罪人不具有认罪悔罪态度,而且造成了赃款赃物无法追回的后果,综合行为人主观认罪悔罪态度与客观损害后果予以升格处罚。但是,该情节包含两个要素,一个是是否交代去向或配合追赃工作,另一个是赃款赃物是否被追缴。实际上第二个要素即赃款赃物是否被追缴是该情节是否适用的决定性因素,即使行为人不交代、不配合,司法机关完全靠自行侦查发现线索将赃款赃物追缴到案,对受贿人就不能适用该条款作出升格处罚。这种情况下,司法机关的追赃力度和成效成为影响受贿人刑罚的重要依据。对受贿人惩罚的着眼点原本应当是受贿人的主客观因素,而司法解释将惩罚的重点落在赃款赃物未被追缴这个结果上,即决定对犯罪人的刑罚,不仅取决于犯罪人的人身危险性,司法机关的工作

---

① 参见张明楷:《刑法学》(第2版),法律出版社2003年版,第373页。

力度也成为影响犯罪人刑罚的重要因素。不仅司法解释如此规定，已经审结的部级官员受贿案件显示，只要是赃款被追缴的，司法机关几乎不再深究行为人或其亲属的配合态度，一概认定具有退赃表现。以上规定和司法实践做法表明，相比较被告人态度而言，司法机关更看重犯罪侵害社会关系的实际修复效果，这种只问结果不问过程的做法，客观上导致一些犯罪分子被不当从轻处罚，[①]使价值取向在应然与实然之间发生了割裂。

（四）受贿罪中的悔罪、退赃等酌定从宽情节法定化背离刑法平等原则

《刑法修正案（九）》对受贿罪增加规定了《刑法》第383条第3款，即"犯第一款罪，在提起公诉前如实供述自己罪行、真诚悔罪、积极退赃，避免、减少损害结果的发生，有第一项规定情形的，可以从轻、减轻或者免除处罚；有第二项、第三项规定情形的，可以从轻处罚"。将悔罪、退赃等酌定量刑情节法定化，对于量刑情节的全面评断和规范适用具有积极意义，但是现行规定的具体内容没有实现实质合理，而且又造成了新的混乱和失衡。

1. 与《刑法》总则规定相冲突

《刑法》第383条第3款规定的"如实供述"情节，在《刑法》总则第67条中关于自首和坦白规定中已经明确，[②]这就产生两个问题。一是《刑法》总则已经规定的量刑情节在具体某个罪名条款中是否有必要再作规定？笔者认为，没有必要在个罪中再予强调。二是对于"如实供述"情节如何适用问题，《刑法》第383条第3款和第67条规定并不一致。第383条根据犯罪轻重规定了两个适用幅度，即数额较大或者有其他较重情节的，可以从轻、减轻或免除处罚；数额巨大或者有其他严重情节以及数额特别巨大或者有其他特别严重情节的，可以从轻处罚。第67条则是根据是否构成自首、犯罪轻重以及是否避免严重后果发生

---

① 刘为波：《〈关于办理职务犯罪案件认定自首、立功等量刑情节若干问题的意见〉的理解与适用》，载《人民司法》2009年第9期，第22页。

② 1997年《刑法》第67条规定："犯罪以后自动投案，如实供述自己的罪行的，是自首。对于自首的犯罪分子，可以从轻或者减轻处罚。其中，犯罪较轻的，可以免除处罚。……犯罪嫌疑人虽不具有前两款规定的自首情节，但是如实供述自己罪行的，可以从轻处罚；因其如实供述自己罪行，避免特别严重后果发生的，可以减轻处罚。"

规定了四个适用幅度，即构成自首的可以从轻或者减轻处罚，其中犯罪较轻的可以免除处罚；不构成自首的可以从轻处罚，其中因如实供述避免特别严重后果发生的，可以减轻处罚。以上《刑法》总则与分则对“如实供述”影响刑罚适用的规定明显不一致，有违《刑法》分则规定不能与总则规定相抵触的一般原理，破坏刑法体系内在一致性要求。①

2. 造成不同犯罪之间刑罚的失衡

《刑法》第 383 条第 3 款规定的四项罪后情节中，“真诚悔罪”“积极退赃”“避免、减少损害结果发生”三项情节在总则中没有规定，仅在受贿罪条款中规定，这就意味着在受贿罪量刑中这三项从宽情节是法定情节，法官必须予以考虑；而对于其他犯罪则是法律没有明文规定的酌定情节，法官在量刑时酌情予以考虑，并非必须考虑。这样的立法体现出对贪污、受贿罪犯罪人量刑格外宽大的理念，缺乏合理性和正当性，背离刑法平等原则，与严惩腐败精神相悖，②实践中也会造成不同犯罪之间量刑的失衡。

3. “真诚悔罪”的内涵与外延难以界定

一方面，第 383 条第 3 款规定的四项量刑情节中，“如实供述”、“积极退赃”和“避免、减少损害结果发生”是客观行为，但“真诚悔罪”并非行为人直接的客观行为，而是在客观行为基础上得出的主观判断。笔者认为，“如实供述”、“积极退赃”和“避免、减少损害结果发生”都是“悔罪”的具体表现，“悔罪”情节与另外三项情节之间存在交叉关系，本条款将其并列规定并不妥当，有重复评价之嫌。另一方面，本条款中出现“积极退赃”“真诚悔罪”这样主观色彩浓重的表述，至于何为“积极”“真诚”，需在客观表现基础上加以判断，如果是形势所迫、出于无奈才供述、退赃及挽回损失的，严格意义上讲不能称为“积极退赃”“真诚悔罪”。例如，某行为人到案后拒不交代，后因担心对其涉案的儿子采取强制措施才勉强供述自己罪行，并在办案人员一再要求下才写信让其儿子退赃。在此，可认定被告人具有“如实供述”“退赃”情节，但从其主观上讲并非“积极退赃”“真诚悔罪”，根据立法本意这种情况下对

---

① 卢建平、朱贺：《酌定量刑情节法定化的路径选择及评析——以我国〈刑法〉第 383 条第 3 款为例》，载《政治与法律》2016 年第 3 期，第 7 页。

② 张兆松：《〈刑法修正案（九）〉（草案）对贪贿犯罪的修改述评》，载《山东警察学院学报》2015 年第 2 期，第 78 页。

其能否适用上述规定做出从宽处理？据笔者了解，《刑法修正案（九）》施行后，司法机关对只要是如实供述并且在其配合下赃款赃物被追缴的，并未深究行为人主观上是否"积极""真诚"，基本都认定了"积极退赃""真诚悔罪"情节，可见司法已将立法中"积极""真诚"规定虚化。

第四节　小　结

本章对受贿罪量刑情节的立法设置及司法实践中的适用进行研究。立法方面，当前我国受贿罪量刑情节体系中，对罪中情节的规定存在背职情况、受贿行为的特定主体、发生的特定领域、行为实施的频次等直接反映受贿行为法益侵害程度的重要情节缺失，难以实现罪刑相适应等问题；对罪前情节的规定法定化程度不高，司法解释关于违纪犯罪记录对量刑影响的规定有"越界"之嫌；对罪后情节的规定过于追求突破案件和节约司法成本的功利价值诉求，对如实供述、认罪悔罪等情节的从宽尺度突破了刑法总则的规定，打破了对相关情节处罚的平衡，缺乏合理性和正当性，造成不同犯罪之间刑罚的失衡，另外对受贿犯罪格外从宽所释放的信号也与严惩腐败犯罪的精神不符。实践方面，当前我国司法机关对受贿罪量刑情节适用中存在重视法定情节而忽视酌定情节，从宽情节考虑过度而从严情节评价不足，罪后情节适用失之于泛、失之于宽等突出问题。通过英国和我国各一个刑事案例判决的比较，体现出了两国法官对量刑情节适用能力和所持理念的较大差异。

第五章　受贿罪刑罚体系的设置

刑罚体系是具有内在逻辑性的各种刑罚种类组成的整体，是一个国家刑法文明发展程度的重要标志，是使刑法在保障人权与保护社会价值选择上实现平衡与协调的基础。构建科学的刑罚体系，需要有科学的犯罪观、刑罚功能观、刑罚价值观作指引。[①] 张明楷教授指出："科学的刑罚体系，以其刑种数量和刑质宽严的适度性、各刑种法律分类地位的合理性，以及彼此之间的严谨的衔接性，使审判机关得以按照不同案件和不同犯罪人的具体情况合理适用，从而有效地实现刑罚目的。"[②]笔者认为，上述理论适用于一个国家刑法规定的刑罚体系，同样也适用于刑法对某个个罪所作的刑罚设置。具体到受贿罪，根据《刑法修正案(九)》修订后的《刑法》第383条规定，受贿罪所适用的刑种有生命刑、自由刑和财产刑。受贿罪设置的生命刑，除了死刑立即执行以及我国独创的死缓刑外，还有在死缓刑基础之上针对贪污、受贿犯罪创建的死缓减为无期徒刑后终身监禁的刑罚执行方式；[③]受贿罪设置的自由刑包括拘役、有期徒刑和无期徒刑；财产刑方面，除了过去一直有的

---

① 于阳：《我国刑罚体系之适应性调整研究》，载《东方法学》2016年第1期，第147页。

② 张明楷：《刑法原理》，商务印书馆2011年版，第444页。

③ 死缓减为无期徒刑后终身监禁，实质上是限制人身自由，并不剥夺罪犯生命，但由于它是死缓的一种执行方式，是死刑衍生而来，因此将其归为生命刑。

没收财产刑以外,《刑法修正案(九)》对受贿罪增加规定了罚金刑。关于资格刑,受贿罪的条款中没有规定资格刑,只是根据刑法总则规定,受贿罪判处无期徒刑或者死刑的,同时附加判处剥夺政治权利终身。

我国刑法对受贿罪刑罚体系的设置,基本上沿用了中华人民共和国成立之初的规定,总的来看,立法者主要以报应性的刑罚理念为指导,关注的是刑罚设置的力度是否足以惩处受贿犯罪,而对刑罚的预防性功能却重视不够。具体而言,我国受贿罪刑罚体系设置存在以下问题:一是体现出鲜明的重刑主义色彩,法定刑罚的严酷性与受贿罪的社会危害性之间失衡,超出刑法谦抑性所要求的必要限度;二是刑罚种类设置缺乏针对性考量,一方面容易导致实践中刑罚个别化程度不高,不仅难以做到案件之间的罪刑均衡,而且不利于实现个案的量刑公正,[①]另一方面在消除犯罪侥幸心理,有效预防受贿犯罪发生上作用有限;三是对附加刑的功能有所忽视,财产刑、资格刑的设置难以发挥应有作用;四是刑罚结构上存在"死刑过重、生刑过轻"问题;[②]五是刑种的设置与当前保护公民合法权益的理念不吻合。综合分析以上观点,笔者认为从当今通行的立法理念、价值取向、人权保障要求、刑罚发展趋势以及我国惩治腐败犯罪的形势背景等角度审视,我国对受贿罪设置的刑罚体系距离科学性、合理性要求还有不小的差距,所体现出的刑罚规模和刑罚强度亦非理性的选择。考虑到以上问题均具体体现在刑法对受贿罪规定的各刑种中,尤其以死刑、财产刑和资格刑中最为突出,故本章拟以此为重点,对我国受贿罪刑罚体系的设置进行考察。

第一节　受贿罪死刑及相关执行制度的设置

死刑作为最严厉的刑罚方式,源于报应的刑罚理念,自古代人类社会开始,直至现代兼顾惩罚与预防的刑罚体系中,一直都有死刑的存在。[③]随着社会的进步和人权保护思想的深入人心,越来越多的国家废除了

---

① 翟中东:《刑罚个别化研究》,中国人民公安大学出版社2001年版,第72页。
② 陈兴良:《宽严相济刑事政策研究》,载《法学杂志》2006年第2期,第26页。
③ 于雪婷:《受贿罪法定刑设置研究》,法律出版社2013年版,第93页。

死刑,在保留死刑的国家中,多数规定死刑只能适用于侵害生命的特别严重犯罪。我国一贯坚持既保留死刑,又严格控制和慎重适用死刑的做法,1997 年《刑法》总则第 48 条规定,“死刑只适用于罪刑极其严重的犯罪分子”,分则中设置有死刑的罪名除了侵害他人生命的犯罪外,还包括危害国家安全犯罪、职务犯罪、毒品犯罪等,适用范围宽泛。关于我国死刑的存废,学者中的主流观点是赞成逐步废除死刑。[①] 重典治吏是我国自古以来形成的立法传统,自有文字记载的皋陶之刑起就沿袭着对受贿贪官适用死刑的立法沿革,期间只有南京国民政府颁布的刑法以及中华人民共和国成立后 1979 年《刑法》对受贿罪没有规定死刑,受贿罪设置死刑的做法一直延续至今。根据《刑法修正案(九)》修改后的刑法规定,受贿数额特别巨大,并使国家和人民利益遭受特别重大损失的,可以判处死刑。“两高”《贪污贿赂解释》中规定,“犯受贿罪,符合数额特别巨大,犯罪情节特别严重、社会影响特别恶劣、给国家和人民利益造成特别重大损失条件的,可以判处死刑。”同时,《刑法》第 48 条规定,对于应该判处死刑的犯罪分子,如果不是必须立即执行的,可以判处死刑的同时宣告缓期二年执行。《刑法修正案(九)》中规定,“对犯贪污罪,数额特别巨大被判处死刑缓期执行的,法院根据犯罪情节等情况可以同时决定在其死刑缓期执行期满依法减为无期徒刑后,终身监禁,不得减刑、假释。”这些规定为受贿罪的死刑刑罚设置了死刑缓期二年执行和终身监禁制度。笔者认为受贿罪保留死刑不具有正当性和必要性,且死刑缓期二年执行制度在法理上先天不足,死缓刑减为无期徒刑后的终身监禁也存在一些待商讨之处。

一、受贿罪保留死刑不具有正当性和必要性

我国对受贿罪保留死刑的刑罚设置,多为学界和国际社会诟病。据了解,之所以在刑法中保留受贿罪死刑,立法机关的初衷主要是基于反腐败斗争的需要,通过保留死刑,以最严厉的刑罚惩罚受贿罪,释放政府严惩腐败的信号,同时也考虑照顾民众痛恨腐败的情绪。[②] 事实

---

① 高铭暄:《略论中国刑法中的死刑替代措施》,载《河北法学》2008 年第 2 期,第 20 页。

② 高铭暄、赵秉志:《新中国刑法立法文献总览》,中国人民公安大学出版社 1998 年版,第 2149 页。

上,近年来实践中受贿罪已经极少适用死刑立即执行。[①] 客观来讲,受贿罪保留死刑,不符合刑罚的价值观和基本原则,且实践中并未产生比其他刑罚方式更大的预防和震慑功效,反而对国家的立法文明进程等造成很大的负面影响。

(一)违背刑法谦抑性和罪刑相适应原则

根据罪刑相适应原则,刑罚的严厉程度必须与犯罪的严重程度相对应。《公民权利和政治权利国际公约》规定,死刑作为最严厉的刑罚,只有最严重犯罪才可以判处死刑,在最严重犯罪中排除财产犯罪、经济犯罪和政治犯罪。贝卡里亚提出,"只有两种情况下才有判处死刑的必要性:第一,某人在被剥夺自由之后仍然有某种力量和某种联系影响着这个国家的安全,或者他的存在会在既定的政府体制中引起危险的动乱;第二,处死刑是预防他人犯罪的根本和唯一的防范手段。"[②]根据以上立法理念,即使在保留死刑的国家,死刑也只能适用于所侵犯权益与死刑所剥夺犯罪人权益相当的侵害、剥夺生命权的严重犯罪。受贿罪作为非暴力犯罪,侵害的价值无法与人的生命权等量齐观,根据《联合国反腐败公约》强调的"各缔约国均应当使根据本公约确立的犯罪受到与其严重性相当的制裁"要求,无论从人权保障角度,还是从罪刑相适应角度考量,对受贿犯罪人施以自由刑、财产刑、资格刑等刑罚足够惩罚,适用死刑明显属于报应过度,违反了刑法谦抑性原则和罪刑相适应原则,不具有正当性。

(二)无益于增强对受贿罪的震慑和预防效果

刑法中之所以对受贿罪保留死刑,无非是想在表达报应目的的同时,通过严厉的刑罚给犯罪人和潜在受贿人震慑,以实现预防受贿犯罪的目的。早在18世纪贝卡里亚就提出了死刑不如确定的自由刑有效的观点,[③]从理论到国内外的实践考察亦证实,死刑的存在并不对犯罪

---

① 2011年7月,浙江省某市原副市长许某、江苏省某市原副市长姜某分别因受贿被最高人民法院核准死刑立即执行。之后直至2018年3月,山西省某市原副市长张某因受贿10.4亿元被某市中级人民法院一审判处死刑。

② [意]贝卡里亚:《论犯罪与刑罚》,黄风译,中国大百科全书出版社1993年版,第46页。

③ [意]贝卡里亚:《论犯罪与刑罚》,黄风译,北京大学出版社2013年版,第66页。

形成更大的震慑，对于控制犯罪几乎没有作用。[①] 从犯罪学研究角度看，导致犯罪发生的原因是复杂的，受到刑罚惩罚的可能性是影响犯意产生的重要因素，相比较而言，刑罚轻重的影响则微弱很多，更没有人因为法律废除了死刑而选择犯罪。[②] 以上理论对受贿罪同样适用，受贿人只要因受贿被判处一定刑罚，人身自由以及违法所得被剥夺，其所追求的精神享受和物质利益都将失去，这样的惩罚给犯罪人带来的痛苦是长期的；对犯罪人判处死刑尽管很可怕，但是痛苦是短暂的，而持久的痛苦是制止犯罪的更强有力的手段。[③] 对于丧失一切的贪官而言，死亡并不比终身监禁给他带来更多的痛苦和震慑。[④] 因此对于受贿罪的潜在犯罪人而言，能够产生震慑和预防效果的，在于法网的严密和执法的严格，而不在于法律是否规定了死刑，即只要意识到一旦实施犯罪必然会被查处，就足以打消其犯罪意念，并不是只有法律规定死刑才能起到劝阻的作用。据官方统计，2011 年《刑法修正案（八）》取消 13 个犯罪的死刑之后，我国社会治安形势总体稳定可控，一些严重犯罪还稳中有降。[⑤] 司法实践中，2000 年成某因受贿罪被判处死刑立即执行，之后胡某、王某、郑某先后因受贿罪被判处死刑立即执行。以上四名省部级以上官员因受贿被执行死刑，其示范、警示效应不可谓不大，但从受贿案的发案情况看，在该期间以及之后，受贿案件的发案率并未下降，反而成为官员腐败受贿的高发期。以上情况表明，无论是立法还是司法，增加或减少死刑的适用，并不对犯罪预防功能产生影响。

---

① 关于死刑威慑作用，美国 20 世纪 60 年代以来进行了一系列实证研究，研究表明，保留死刑的州的监狱中杀人犯比废止死刑的州的杀人犯数量多；保留死刑的州谋杀犯假释后再犯杀人罪的比例比废止死刑的州比例高，因此得出结论，保留死刑并不比废止死刑收到更大的遏制杀人犯罪的效果。参见武晓雯：《再议死刑之存废与替代——以欧美等国废止死刑的历史实践为切入》，载《河北法学》2016 年第 11 期，第 160 页。［西］胡塞·刘易斯·德拉奎斯塔：《遵循人道主义原则的刑罚（尤其是死刑、无期徒刑和长期监禁刑）》，周骞译，载赵秉志主编：《当代刑罚制度改革研究》，清华大学出版社 2015 年版，第 6 页。

② 梁国庆：《国际反贪污贿赂理论与司法实践》，人民法院出版社 2000 年版，第 256 页。

③ ［意］贝卡里亚：《论犯罪与刑罚》，黄风译，中国大百科全书出版社 1993 年版，第 46 页。

④ 刘璐：《职务犯罪的心理特征和刑罚设置》，载《公安学刊》2005 年第 1 期，第 43 页。

⑤ 《刑法修正案（九）七大亮点：减少适用死刑罪名》，载人民网：http://legal.people.com.cn/n/2014/1028/c188502-25919507.html，最后访问日期：2016 年 7 月 20 日。

（三）有悖于当前世界对贿赂犯罪"轻刑必罚"的立法趋势

一方面，关于受贿罪的定罪，我国刑法规定了比国际公约和绝大多数国家立法更为严苛的定罪条件，使许多权钱交易性质的行为因不符合定罪要件无法以受贿罪追究刑事责任，实践中更是有许多符合定罪条件的受贿行为未被追究刑事责任。另一方面，当前世界大多数国家已废除死刑，我国亦将"逐步减少适用死刑罪名"作为司法体制改革的任务之一，①《刑法修正案（八）》和《刑法修正案（九）》已相继取消了盗窃罪、集资诈骗罪等22个非暴力经济犯罪的死刑，但仍对受贿犯罪保留死刑。我国对受贿罪"厉而不严"的立法模式显然与"轻刑必罚"的立法趋势相逆。

（四）对反腐败国际司法协助造成障碍

近年来，我国对外逃贪官的境外追逃追赃力度日渐加大。基于保障人权的考虑，国际通行的原则是"死刑犯不引渡"，我国刑法中对受贿罪适用死刑的规定，给国际合作增加了困难。有的国家以此为理由拒绝我国所提引渡请求，有的国家要求请求国必须承诺对被引渡人不判死刑才同意进行引渡。近年来在我国境外追逃追赃中，为实现将外逃人员引渡回国，根据相关国家要求，按照我国法律规定，最高人民法院曾对多名外逃人员作出不判处死刑的承诺，正如时任最高人民法院新闻发言人在解释我国向加拿大承诺对涉嫌走私的犯罪嫌疑人赖某不判处死刑时所说，最高人民法院承诺不判处赖某死刑，是国际合作途径缉捕赖某的必要条件，如果不承诺，遣返要求就会被拒绝。② 最高人民法院在未经审判的情况下就作出量刑承诺，只能说是由于我国法律规定与世界刑罚趋势不接轨背景之下的无奈之举。

总之，通过以上理性分析可以看出，我国刑法之所以对包括受贿罪在内的职务犯罪保留死刑，很大程度是对公众基于痛恨腐败犯罪而产生的对受贿罪处以极刑的报应情绪的迁就。尽管制定法律规定应当具有充分的民意基础，但是民意不能成为设置刑罚的唯一依据，当民意明显偏颇、不具有正当性时，立法者就应当通过立法积极引导民众，而非

---

① 谢望原、游涛：《我国刑罚制度的主要缺陷与变革》，载《政治与法律》2010年第10期，第3页。

② 《最高法：承诺不判处死刑是缉捕赖昌星的必要条件》，载 http://news.xinhuanet.com/legal/2007－03/13/content_5841673.htm，最后访问日期：2016年7月23日。

一味盲从。其他国家的实践表明，在废除死刑的过程中都不同程度的经历了民众的反对。民意不能单独决策刑罚政策，当民意有碍政策实施时就需要决策者作出自己的判断。①

二、死缓刑的先天不足

死缓刑是我国独创的一项刑罚执行制度，其产生于中华人民共和国成立初期的镇压反革命运动中，最初作为一项刑事政策，适用于"没有血债、民愤不大和损害国家利益未达到最严重程度，而又罪该处死"的反革命人员。② 之后作为一项刑罚制度逐渐扩大适用到贪污、盗窃等犯罪人员，并写进 1979 年《刑法》和 1997 年《刑法》。有观点认为，死缓制度是我国限制死刑执行的有力举措，在国际上产生了良好的影响，③"死缓制度是宽严相济刑事政策的重要体现，它所具有的'该重而轻'的政策蕴涵在保留死刑的前提下使之存有一丝暖意。"④也有观点认为，为限制死刑而设置死缓制度的立法宗旨应予肯定，但死缓制度本身在法理逻辑上存在矛盾，罪刑关系的设置有违罪刑相适应等刑法原则，应当取消。⑤

笔者认为，从法理上分析死缓刑制度的确存在先天不足。根据立法，死缓刑是从属于死刑的一项刑罚执行制度，刑罚种类上仍属于死刑。死刑是上位阶概念，死缓刑是下位阶概念，从逻辑上讲，死刑作为上位阶概念应当能够涵盖死缓刑这个下位阶概念的本质和特征，反过来讲，死缓刑作为下位阶概念，通常情况下应当与死刑有大体一致的内涵。⑥ 但实际上死刑和死缓刑在内涵、特征等方面截然不同。死刑是剥夺犯罪人生命的刑罚，而死缓刑则是一般情况下不剥夺犯罪人生命的

---

① 武晓雯：《再议死刑之存废与替代——以欧美等国废止死刑的历史实践为切入》，载《河北法学》2016 年第 11 期，第 154 页。

② 1951 年 5 月，毛泽东对《第三次全国公安会议决议》提修改意见时提出，"对于没有血债，民愤不大和虽然严重地损害国家利益但尚未达到最严重的程度，而有罪该处死者，应当采取判处死刑，缓期二年执行，强迫劳动，以观后效的政策。"参见杨勇：《死缓本质新探——从死缓规定本身的法理逻辑矛盾谈起》，载《中北大学学报》2005 年第 1 期，第 43 页。

③ 例如马克昌：《论死刑缓期执行》，载《中国法学》1999 年第 2 期，第 111 页。

④ 陈兴良主编：《宽严相济的刑事政策研究》，中国人民大学出版社 2007 年版，第 13 页。

⑤ 例如傅义、周林：《死缓制度的法理探疑》，载《当代法学》2002 年第 1 期，第 133 页。

⑥ 杨勇：《死缓本质新探——从死缓规定本身的法理逻辑矛盾谈起》，载《中北大学学报》2005 年第 1 期，第 44 页。

制度，绝大多数犯罪人在缓刑两年期满被减刑为无期徒刑，甚至直接减为有期徒刑，之后通过减刑、假释等程序，最低服刑十几年就可释放。可见，死缓刑所体现出更多的是自由刑的特征，而不是生命刑的特征。而且，死缓刑的实际执行效果与其母刑相去甚远，而与其母刑的下一档无期徒刑大致相当，死刑与死缓刑之间不仅是死与生的差距，更是剥夺生命与有期徒刑之间的差距，正是所谓的“死刑过重，生刑过轻”；而死缓刑与无期徒刑之间，却是除了死缓刑多了两年考验期外，别无差别。此外，由于死缓刑虽然有着自由刑的实质，却顶着生命刑的名头，国际上仍将其视作死刑，因此，在实践中已多年未对受贿罪判处死刑立即执行的情况下，对受贿罪判处死缓刑同样招致国际上关于我国违背人道主义对非暴力犯罪适用死刑的批评。

此外，基于设计该项制度的初衷，其设计功能是限制死刑执行并对相关犯罪判处严厉程度相当的刑罚，但无论从法理分析还是受贿罪审判实践证明，虽然客观上死刑立即执行得以限制，但死缓刑最终过轻的实际执行刑罚导致很多案件中罪行与实际执行刑罚并不相当，而且如果以无期徒刑代替死缓刑，罪犯所受到的实际刑罚不会受到实质性影响。综上，死缓刑自身存在许多弊端，而且功能可以被无期徒刑替代，因此其存在的必要性和合理性值得反思。

三、死缓减为无期徒刑后终身监禁制度的法理分析和实践效果

如前所述，通过减刑、假释等法定程序死缓刑的实际执行可以降为有期徒刑，特别是因贪污、受贿犯罪被判死缓的罪犯，借助于社会关系、经济实力等便利条件通过采用不正当手段保外就医等途径，实际服刑期更短，严重影响司法判决的严肃性和震慑力。为体现对严重腐败犯罪的从严惩处，立法机关在《刑法修正案（九）》中规定，受贿犯罪人被判处死刑缓期执行期满依法减为无期徒刑后，终身监禁，不得减刑、假释（以下简称终身监禁）。全国人大法律委员会主任委员乔晓阳表示，依据上述规定，对本应判处死刑的贪污、受贿犯罪分子，根据慎用死刑的刑事政策适用终身监禁，有利于体现罪刑相适应的刑法原则，维护司法公正，防止在司法实践中出现这类罪犯通过减刑等途径服刑期过短

的情形，符合宽严相济的刑事政策。[1] 作为一项为适应反腐败需要而制定的新制度，终身监禁从一亮相起就被关注并寄予厚望，许多学者称之为“反腐利器”。[2] 但是，《刑法修正案（九）》对贪污、受贿犯罪所作的判处死缓同时决定终身监禁的规定，之于法理和刑法原则是否吻合？之于刑事政策是否能够真正发挥实效？立法初衷能否实现等，这些问题既需要理性分析，同时也需要实践进行检验。

（一）终身监禁制度与罪刑相适应原则

根据《刑法修正案（九）》及相关司法解释的规定，对于因贪污、受贿犯罪被判处死缓的，法院可以根据犯罪情节的不同决定对犯罪人是否终身监禁，这样，对具有特别恶劣情节被判处死缓同时决定终身监禁的，与没有上述情节被判一般死缓的，二者在刑罚的实际执行上有根本的区别，从这个角度看可以说是符合罪刑相适应原则的。但是，《刑法修正案（九）》没有考虑整个刑法中刑罚体系的协调统一性，仅对贪污、受贿犯罪规定了终身监禁，对于其他社会危害程度大致相当的犯罪，例如贩卖毒品犯罪等均未予规定，这就意味着刑法对贪污、受贿犯罪专门设置了减少死刑适用的路径，而对具有类似社会危害程度的其他犯罪却未予考虑，从这个角度讲与罪刑相适应原则是冲突的。此外，《刑法修正案（八）》增加规定了死缓限制减刑制度，限制减刑制度是“缓期执行期满后依法减为无期徒刑的，不能少于二十五年，缓期执行期满后依法减为二十五年有期徒刑的，不能少于二十年”，该规定的适用对象是“对被判处死刑缓期执行的累犯以及因故意杀人、强奸、抢劫、绑架、放火、爆炸、投放危险物质或者有组织的暴力性犯罪被判处死刑缓期执行的犯罪分子”，《刑法修正案（九）》规定的终身监禁制度比《刑法修正案（八）》规定的限制减刑制度严厉得多，适用对象是判处死刑立即执行过重，判处一般死缓又偏轻的重大贪污受贿罪犯。这就意味着，刑法对社会危害性和人身危险性更高的故意杀人、强奸等暴力犯罪规定了相对较轻的限制减刑制度，而对社会危害性和人身危险性相对较低的贪污、受贿等职务犯罪却规定了严厉的终身监禁，两相比较亦难以体现罪刑

[1] 《中国修改刑法：对重特大贪污受贿罪犯可采取终身监禁》，载中国新闻网：http://www.chinanews.com/gn/2015/08-29/7496315.shtml，最后访问日期：2016 年 7 月 23 日。

[2] 黄京平：《终身监禁的法律定位与司法适用》，载《北京联合大学学报》（人文社会科学版）2015 年第 4 期，第 98 页。

相适应原则。

(二)终身监禁制度的法律定位

《刑法修正案(九)》规定的这项新制度是我国刑法第一次使用“终身监禁”概念,但在英美国家,为适应废除死刑需要,终身监禁作为一种死刑替代措施早已有之,这些国家刑法中规定的终身监禁,通常是指通过无限期的收监执行,终身限制犯罪人的人身自由的一种刑罚措施。[①]在大多数国家,只有对最严重的犯罪例如杀人罪才判处终身监禁,但是后来有逐渐扩大到非暴力犯罪的趋势,例如在美国对毒品犯罪可以适用终身监禁。[②] 需要说明的是,终身监禁刑的执行,在很多国家并不是绝对要终身剥夺人身自由,例如在欧洲许多国家,犯罪人在服刑达到一定期限之后,对其人身危险性和社会危害性重新评估是否继续羁押。[③]我国《刑法修正案(九)》规定的终身监禁,与国际通行的终身监禁有着本质的区别,对于其法律定位,应有以下把握:一是“两高”起草配套司法解释的说明文件中将该制度称为“死缓减为无期徒刑后终身监禁”,并非简单的“终身监禁”,这就表明,从立法本意看,我国法律规定的终身监禁不是一个独立刑种,而是依附于死缓刑的一种特殊的刑罚执行措施,必须以犯贪污、受贿犯罪被判处死缓刑为前提,[④]因此在立法上无法发挥取代死刑的作用;二是我国的终身监禁的设计功能是减少死刑立即执行的判处并限制对死缓减为无期徒刑后的减刑、假释,实质上是介于死刑立即执行与一般死缓刑之间的中间刑罚,三者之间形成一个严厉程度依次递减的刑罚处罚梯次。[⑤]

(三)终身监禁制度中的逻辑悖论

修订后的《刑法》第 383 条第 4 款规定,“被判处死刑缓期执行的,

---

① 钟铖:《揭开终身监禁的面纱——且谈刑(九)贪贿犯罪》,载《学术前沿》2016 年第 3 期,第 269 页。

② 高铭暄、王秀梅:《死刑替代利弊分析》,载《江苏行政学院学报》2008 年第 1 期,第 102 页。

③ 高铭暄、王秀梅:《死刑替代利弊分析》,载《江苏行政学院学报》2008 年第 1 期,第 102 页。

④ 孙浩文:《浅析“终身监禁”入刑之合理性——以刑法目的论为展开》,载《中州大学学报》2016 年第 2 期,第 31 页。

⑤ 黄京平:《终身监禁的法律定位与司法适用》,载《北京联合大学学报》(人文社会科学版)2015 年第 4 期,第 98 页。

人民法院根据犯罪情节等情况可以同时决定在其死刑缓期执行2年期满依法减为无期徒刑后,终身监禁,不得减刑、假释。”“两高”司法解释规定,决定犯罪人死缓减为无期徒刑后终身监禁的裁决要在判处死缓的同时作出。以上规定意味着法院在对被告人判处死缓的一审、二审裁判文书中要写明决定终身监禁的意见,而不是待死缓执行期间届满再视情况决定。根据立法机关和最高司法机关的说明,之所以如此规定,就是为了赋予终身监禁的制度刚性,终身监禁一经作出将无条件执行,不受服刑表现的影响,即使在死缓期间有重大立功,也不可能被减刑、假释,意在彰显死缓终身监禁“严”的一面。但是从理论上讲,上述裁决程序存在悖论,而且会在执行中造成混乱。

如前所述,我国规定的终身监禁是依附于死缓刑减为无期徒刑的一种刑罚执行措施,因此终身监禁的裁决生效后并不当然产生终身监禁的法律效果,只有在缓期执行期满后犯罪人被减刑为无期徒刑时终身监禁才开始执行。[①] 从关于死缓减为无期徒刑后终身监禁规定看,该制度设置的假设前提就是缓期执行期满后减为无期徒刑,尽管实践中绝大部分被判处死缓的犯罪人在缓期执行期满后被减为无期徒刑,但根据《刑法》第50条规定,也存在因缓期执行期间故意犯罪被执行死刑或者因重大立功被减为有期徒刑的可能性,[②]在以上两种假设情形下对犯罪人的刑罚应当如何执行、原法院所作出的终身监禁的判决是否继续执行等问题,会使制度与实践陷入三难境地。

假设一,犯罪人缓期执行期间故意犯罪情节恶劣的如何处理。笔者认为,按照通常理解,被判处死缓同时决定终身监禁的,如果死缓执行期间故意犯罪情节恶劣,也应当按照《刑法》第50条第1款规定,经最高人民法院核准后执行死刑,同时撤销之前所作终身监禁的裁决,对此理论界和实务界意见基本是一致的。[③] 否则,如果说法院之前判处终身监禁的裁决不能更改,就会导致出现被判处一般死缓刑的,死缓执行

① 黄京平:《终身监禁的法律定位与司法适用》,载《北京联合大学学报》(人文社会科学版)2015年第4期,第101页。

② 1997年《刑法》第50条第1款规定:“判处死刑缓期执行的,在死刑缓期执行期间,如果没有故意犯罪,二年期满以后,减为无期徒刑;如果确有重大立功表现,二年期满以后,减为二十五年有期徒刑;如果故意犯罪,情节恶劣的,报请最高人民法院核准后执行死刑……”

③ 黄京平:《终身监禁的法律定位与司法适用》,载《北京联合大学学报》(人文社会科学版)2015年第4期,第101页。

期间故意犯罪的被执行死刑，而被判处死缓同时决定终身监禁的，死缓执行期间故意犯罪仍被终身监禁而不被执行死刑，这个结果很显然是荒唐的。

假设二，缓期执行期间犯罪人确有重大立功的如何处理。法院能否根据《刑法》第 50 条第 1 款规定撤销之前所作终身监禁的裁决，对其减为有期徒刑？根据“两高”司法解释的本意，是对重大立功不予考虑，继续执行之前的裁决，对其减为无期徒刑并终身监禁。[①] 目前有些学者提出了与上述意见相反的观点，例如黄京平教授认为，《刑法》第 383 条第 4 款关于决定终身监禁的规定，并不是《刑法》第 50 条第 1 款的规定的例外规定，如果犯罪人有重大立功，则不存在执行终身监禁的法律基础，应当裁定减为有期徒刑 25 年。[②] 笔者认为，从有利于罪犯改造的角度考虑，对重大立功一律不予考虑不妥，同意黄京平教授的上述观点。

缓期执行期间出现以上两种假设情形，将造成以下“三难选择”：一是如果以上情形一律不予考虑，继续执行原终身监禁的判决，如此一来，缓期 2 年的意义就不存在；二是如果以上情形都予以考虑，则造成执行终身监禁的前提丧失，需撤销原终身监禁的裁决，这样理解与“以此强调终身监禁不受执行期间重大立功等服刑表现的影响”的立法初衷明显违背；[③]三是如果如前述分析对缓期执行期间故意犯罪情节恶劣的予以考虑，撤销原裁决执行死刑，而对有重大立功表现的情形不予考虑，继续执行原裁决，就会造成出现《刑法》第 50 条第 1 款规定的情况下原终身监禁裁决是否继续执行适用了双重标准，即裁决对犯罪人不利的继续执行，对犯罪人有利的予以撤销，这样势必影响法院裁判的严肃性，也违反公平原则。

此外，这样的“三难选择”结果又促使我们思考一个问题，即既然在判处死缓时尚不能确定缓期执行期满后可能的刑罚，关于终身监禁的判决是否有必要在作出死缓裁判时就一并作出，在缓期执行期满作出

---

① 裴显鼎、苗有水等：《〈关于办理贪污贿赂刑事案件适用法律若干问题的解释〉的理解与适用》，载《刑事审判参考》（总第 106 集），法律出版社 2017 年版，第 127 页。

② 黄京平：《终身监禁的法律定位与司法适用》，载《北京联合大学学报》（人文社会科学版）2015 年第 4 期，第 101 页。

③ 裴显鼎、苗有水等：《〈关于办理贪污贿赂刑事案件适用法律若干问题的解释〉的理解与适用》，载《刑事审判参考》（总第 106 集），法律出版社 2017 年版，第 127 页。

减为无期徒刑的裁决时再决定终身监禁是否更为妥当。

(四)终身监禁制度的实践检验

《刑法修正案(九)》规定终身监禁制度的设计功能，就是严格控制在贪污、受贿犯罪中死刑的适用，同时防止犯严重贪污、受贿犯罪的犯罪人被判处死缓后服刑期过短问题。

尽管实践中近年来法院审理的受贿案中死刑立即执行已经极少适用，但我国刑法毕竟对受贿罪保留了死刑，只要刑法还保留死刑，理论上讲实践中就仍存在适用死刑立即执行的可能性。《刑法修正案(九)》施行后至2017年6月，全国法院对4名被告人作出了判处死缓刑同时决定终身监禁的判决，其中3人因受贿罪、1人因贪污罪。[①] 3个受贿案件中，1名被告人的受贿数额达3亿元以上，另两名被告人受贿数额达2亿元以上，受贿数额高于法院之前判处死缓刑的受贿案件，而且3名被告人还有其他法定或酌定从重量刑情节，按照法院掌握的量刑标准，如果没有终身监禁的规定，上述3人有可能面临死刑立即执行的刑罚，因此，可以说终身监禁制度的适用在减少受贿犯罪适用死刑立即执行上发挥了作用，而且对今后进一步完善受贿罪的刑罚结构，废除死刑也起到正面引导作用。[②] 此外，对于被决定终身监禁的受贿犯罪人，意味着真正的“牢底坐穿”，彻底杜绝了通过减刑、假释服刑十几年即可出狱的可能性。可以说，死缓减为无期徒刑后终身监禁制度的设计功能在实践中基本上得以实现。

总之，《刑法修正案(九)》增加的死缓减为无期徒刑后终身监禁的刑罚执行制度在实践中一定程度上起到了代替死刑立即执行的作用，同时也可以解决部分罪刑严重的贪污受贿犯罪人实际服刑过低的问题。但是，由于该制度是将我国的死缓刑和国外的终身监禁刑嫁接而成的一项特有的刑罚执行方式，属于“头痛医头，脚痛医脚”的权宜之计，缺乏一定的法理基础，制度设计也不成熟，存在很多天然的缺陷，尚不能成为理想的受贿罪死刑替代措施，立法所预期的从根本上改善我国对贪污、受贿犯罪的刑罚“死刑过重，生刑过轻”状况的功能恐难以实现。

---

① 白某案、魏某案、于某案三案中，被告人因受贿罪被判处死缓，同时决定减为无期徒刑后终身监禁，不得减刑、假释；武某案中被告人因贪污罪被判处死缓，同时决定减为无期徒刑后终身监禁，不得减刑、假释。

② 单民：《贪污受贿犯罪的刑罚设置改革》，载《人民检察》2015年第18期，第47页。

第二节　受贿罪财产刑的设置

财产刑是以剥夺一定数量的财产(包括金钱和其他财物)作为对犯罪分子惩罚内容的刑罚,[①]我国刑法规定的财产刑包括罚金刑和没收财产刑两个刑种。罚金刑是指强制犯罪分子向国家缴纳一定数额金钱的刑罚方法;[②]没收财产刑是指强制将犯罪分子个人所有财产的一部分或全部无偿收归国有的刑罚方法,[③]理论界通常称之为一般没收。相对应而言,理论界通常将对犯罪所得、涉罪财物的没收称为特别没收,[④]由于特别没收是对相关财产理所应当的处理方式,不具有惩罚性,并非严格意义上的刑罚,因此本书仅对一般没收进行研究。罚金刑和没收财产刑在内容、适用对象上存在区别,罚金是剥夺犯罪分子一定数额的金钱,未必是犯罪分子现实所有的,主要适用于情节较轻的贪利性犯罪;没收财产则是剥夺犯罪分子本人现实所有的金钱或者其他财物,适用于较重刑事犯罪。财产刑设置的意义在于通过对犯罪人的经济惩罚实现惩罚与预防犯罪目的,从实际效果看,我国受贿罪财产刑的设置并未实现理想的刑罚效益。

一、受贿罪财产刑设置的现状

受贿罪作为贪利性犯罪,对受贿人在判处自由刑的同时,施以一定的剥夺经济利益的刑罚,对其惩罚才全面,才能触及其痛处,[⑤]为防止"一人坐牢,全家受益"的现象,进而遏制官员实施受贿犯罪的动机,我国刑法对受贿罪的财产刑设置逐步进行了完善。1997 年《刑法》对受

---

① 李洁:《罪与刑立法规定模式》,北京大学出版社 2008 年版,第 84 页。

② 1997 年《刑法》第 59 条第 1 款规定:"没收财产是没收犯罪分子个人所有财产的一部或者全部。没收全部财产的,应当对犯罪分子个人及其扶养的家属保留必需的生活费用。"

③ 马克昌主编:《刑罚通论》,武汉大学出版社 2015 年版,第 214 页。

④ 1997 年《刑法》第 64 条规定:"犯罪分子违法所得的一切财物,应当予以追缴或者责令退赔;对被害人的合法财产,应当及时返还;违禁品和供犯罪所用的本人财物,应当予以没收。没收的财物和罚金,一律上缴国库,不得挪用和自行处理。"

⑤ 曹子丹:《我国刑法中贪污罪贿赂罪法定刑的立法发展及其完善》,载《政法论坛》1996 年第 2 期,第 16 页。

贿罪规定了没收财产刑，具体而言，就是受贿 5 万元以上的，可以并处没收财产刑；受贿情节特别严重判处无期徒刑或者死刑的，并处没收财产。[①] 从上述规定可以看出，1997 年《刑法》对受贿罪财产刑规定存在两方面突出问题，一是没有全覆盖，对受贿不满 5 万元的，没有规定任何财产刑，二是对其他法域在惩罚受贿犯罪中普遍适用的罚金刑未作规定。由于 1997 年《刑法》规定的没收财产刑适用范围有限，而且是选择适用，导致实践中大量受贿犯罪人未被判处任何财产刑，刑罚的惩罚和预防功能大打折扣。

为完善受贿罪的财产刑，《刑法修正案（九）》将受贿罪的财产刑作出以下调整，即规定受贿数额较大或者有其他较重情节的，并处罚金；数额巨大或者有其他严重情节的、数额特别巨大或者有其他特别严重情节的，并处罚金或者没收财产；数额特别巨大，并使国家和人民利益遭受特别重大损失的，处无期徒刑或者死刑，并处没收财产。修正案对受贿罪增加规定罚金刑后，我国针对受贿犯罪初步形成了包括罚金刑和没收财产刑的财产刑刑罚体系。

二、受贿罪增设罚金刑的积极意义

《刑法修正案（九）》对受贿罪增加规定并处罚金刑，是在总结实践经验和借鉴其他法域立法经验基础上作出的立法改进，符合立法趋势，填补了长期以来受贿罪罚金刑的缺位，弥补了没收财产刑的不足，对于“加强反腐败刑事法治建设，完善反腐败相关规定”[②]具有积极意义。

（一）提高了受贿犯罪的预期成本，增强受贿罪刑罚预防犯罪的功利价值

罚金刑通过剥夺犯罪人的金钱实现惩罚与预防犯罪的目的，特别是对于包括受贿罪在内的贪利性犯罪而言，犯罪人本身基于逐利的动机实施犯罪，原想通过实施犯罪获得财物，但犯罪后不仅得不到预期财

---

① 根据 1997 年《刑法》第 383 条规定：“受贿数额在十万元以上的，处十年以上有期徒刑或者无期徒刑，可以并处没收财产；情节特别严重的，处死刑，并处没收财产。受贿数额在五万元以上不满十万元的，处五年以上有期徒刑，可以并处没收财产；情节特别严重的，处无期徒刑，并处没收财产。”

② 赵秉志、袁彬：《中国刑法立法改革的新思维——以〈刑法修正案（九）〉为中心》，载《法学》2015 年第 1 期，第 17 页。

物反而要被额外剥夺更多财产，所产生的威慑力足以打消潜在犯罪人的犯罪意图，实现预防功能。[①] 美国经济学家波斯纳也从法经济学的角度论证了罚金刑的正当性，即"从经济学的角度看，我们应该鼓励使用罚金而不是徒刑。不仅是因为徒刑不为国家创造收入，而罚金创造了收入，还在于徒刑的社会成本要高于从有偿付能力的被告处征收罚金的社会成本"。[②] 因此，对受贿罪设置罚金刑，补充了情节较轻受贿犯罪的财产刑真空，提高了受贿犯罪的预期成本，增强了受贿罪刑罚预防犯罪的功利价值，具有充分的必要性。

（二）使受贿罪财产刑配置更加体系化

刑罚设置中应当根据犯罪情节轻重形成刑罚梯次，而根据之前的刑法，在对受贿 5 万元以下的未规定任何财产刑的前提下，直接规定受贿 5 万元以上的可以并处没收财产刑稍显突兀，因此，对受贿犯罪规定罚金刑，不仅实现了对所有受贿犯罪财产刑的全覆盖，而且形成了相对有序的财产刑体系，与之前的规定相较能够更好地发挥刑罚功能。

（三）对受贿罪设置罚金刑顺应国际通行的腐败犯罪刑法规制的发展趋势

对受贿犯罪人而言，其主观动机就是贪利，某种意义上讲，罚金刑更能直击犯罪人痛处。其他法域的立法和实践经验证明，罚金刑在各法域法律规定的受贿罪刑罚体系中已经占据了足以与自由刑分庭抗礼的重要地位。例如，新加坡《预防贪污贿赂法》规定，犯受贿罪的，可判处 5 年有期徒刑或者 10 万新元以上罚金，也可以两者并处。[③] 中国香港《防止贿赂条例》规定，对于公务人员贿赂犯罪，经简易程序定罪的，最轻可被判处罚金 10 万港元及监禁 1 年，经公诉程序定罪的，最重可判处罚金 100 万港元及监禁 10 年。[④] 而且各国实践证明，罚金是惩罚与预防腐败犯罪行之有效的手段。[⑤] 我国受贿罪设置罚金刑与严惩腐

---

① 游伟：《刑法理论与司法问题研究》，上海文艺出版社 2001 年版，第 299 页。

② ［美］理查德・A. 波斯纳：《法律的经济分析》（上），蒋兆康译，中国大百科全书出版社 1997 年版，第 297 页。

③ 陆怡澄：《论我国贿赂犯罪的立法完善——以新加坡刑事法律比较研究为视角》，载《广西政法管理干部学院学报》2016 年第 2 期，第 36 页。

④ 刘雷：《香港刑法中的受贿犯罪》，载《传承》2009 年第 3 期，第 147 页。

⑤ 李芳芳：《威慑理论视角下贪贿犯罪罚金刑的配置及其实践——基于〈关于办理贪污贿赂刑事案件适用法律若干问题的解释〉十九条的思考》，载《学习论坛》2017 年第 7 期，第 71 页。

败犯罪的刑事政策相吻合，是我国法治完善的体现，也是顺应世界反腐败刑罚潮流的体现。

三、受贿罪罚金刑设置存在的法理缺陷

《刑法修正案（九）》关于受贿罪罚金刑的设置虽然对进一步完善受贿罪财产刑具有积极的意义，但是从立法原理、价值取向等法理角度审视，其对受贿罪并处罚金的设置亦存在明显缺陷。

（一）罚金刑的从属地位与其独立对抗犯罪的能力不相吻合

罚金刑兴起于刑罚的复仇时代，封建制刑法中虽有保留，但始终处于从属地位。[①] 20世纪以来，受刑罚轻缓化思想影响以及自由刑的弊端逐渐暴露，[②]由于罚金刑所具有的经济性、灵活性、开放性，以及对贪利性犯罪的针对性等优势，罚金刑的功能作用日益凸显，逐渐受到西方各国重视，1964年英国内政部的调研报告提出："罚金特别是较重的罚金，几乎对各种类型犯罪都是最成功的刑罚之一。"[③]在法国、德国、日本等许多国家，罚金刑地位得以提高，成为刑罚体系中的主刑。[④] 而且罚金刑也逐渐成为各国财产刑的主要甚至唯一的存在方式，有与自由刑并驾齐驱之势，特别是受贿罪中，各国将罚金刑与自由刑并列规定为主要刑罚。从罚金刑的实际适用情况看，在一些国家罚金刑已经取代自由刑在刑罚体系中占据了不可替代的重要地位。[⑤] 例如20世纪70年代，日本的罚金刑适用率约96%；20世纪80年代，德国的罚金刑适用率达84%。[⑥]

我国受报应刑刑法传统影响，历来有重刑轻罚的倾向。与其他国家罚金刑与自由刑并驾齐驱的重要地位不同，我国是为数不多的将罚金刑设置为附加刑的国家之一，罚金刑在我国刑罚体系中居于次要地位，刑法规定适用罚金刑罪名的范围也有限，长期以来就连受贿罪、贪污罪这样明

---

① 邱兴隆、许章润：《刑罚学》，群众出版社1988年版，第226～227页。

② 刘海军、符维：《论罚金刑的适用——罚金刑适用率低之原因与对策》，载《甘肃政法成人教育学院学报》2003年第2期，第36页。

③ 公培华：《中外罚金刑比较》，载《东岳论丛》1996年第5期，第57页。

④ 于雪婷：《受贿罪法定刑设置研究》，法律出版社2013年版，第121页。

⑤ 涂学斌：《浅议罚金刑"空判"问题——以罚金刑数额的设置为视角》，载《法制与社会》2012年第12期，第115页。

⑥ 张明楷：《刑法学》，法律出版社2007年版，第419页。

显的贪利性犯罪都未规定罚金刑。近年来,罚金刑在预防贪利性犯罪中的作用才逐渐受到立法机关的重视,适用范围扩大到了包括受贿罪和贪污罪等贪利性犯罪、过失犯罪等在内212个罪名。然而,尽管罚金刑的适用范围呈明显扩大趋势,适用罚金刑的罪名已占所有罪名的47%,但是罚金刑作为附加刑在我国刑罚体系中辅助性的地位却没有改变,罚金刑与自由刑等主刑相比仍然地位差距悬殊。此外,尽管根据我国刑法总则规定,罚金刑可以并处亦可以单处,但《刑法修正案(九)》在受贿罪中增加规定的罚金刑只可以附加适用,不能独立适用,这就意味着刑法仅赋予罚金刑在受贿罪刑罚中的补充地位,而未赋予其独立对抗受贿犯罪的地位。事实上,如前所述,罚金刑是剥夺犯罪人一定金钱的刑罚,与自由刑等一样都使人感到痛苦,特别是对于贪利性犯罪,某种意义上罚金刑所带来的痛苦并不亚于短期自由刑,罚金刑在抑制贪欲、威慑犯罪上具有不可替代的功效,具备独立承担惩罚和预防一定程度受贿犯罪的功能。立法仅赋予罚金刑在受贿罪刑罚中从属地位与罚金刑独立对抗受贿犯罪的能力不相匹配,进而也减弱了罚金刑的威慑功能。

(二)偏重惩罚功能而忽略促进刑罚轻缓化功能

现代国家重视罚金刑适用的原因主要是罚金刑可以替代短期自由刑,有助于实现刑罚轻缓化、避免监禁刑不当、降低司法成本等。[①] 很多国家刑法除了扩大罚金刑适用范围外,还通过规定短期自由刑易科为罚金刑,成功减少了短期自由刑的适用,提高了罚金刑的地位和作用。例如,德国、希腊等国刑法规定,如无特别必要,罚金刑可以代替6个月以下监禁刑。我国《刑法修正案(九)》对受贿罪增加设置罚金刑,但规定罚金刑只能并科,意味着在受贿罪原有刑罚的基础上增加了剥夺一定金钱的刑罚,在此,罚金刑的功能就是加重受贿罪刑罚,体现出立法初衷只是为了充分发挥罚金刑对犯罪人的经济惩罚价值。至于其他国家看重的罚金刑有助于实现刑罚轻缓化的价值取向,由于对受贿罪不可以单独适用罚金刑,罚金刑无法起到替代现有短期自由刑的作用,因此我国受贿罪设置的罚金刑在刑罚轻缓化方面起不到应有的作用。

(三)缺少独立性的科处模式削弱了惩罚功能

罚金刑的科处模式主要包括三种:单科、并科和选科。单科罚金是

---

① 熊谋林:《我国罚金刑司法再认识——基于跨国比较的追踪研究(1945~2011)》,载《清华法学》2013年第5期,第87页。

指刑法对某种犯罪或某种犯罪的特定情节只规定罚金刑，而不规定其他刑罚方法，一般用于性质较轻的犯罪；并科罚金是指同时规定自由刑和罚金刑两种刑罚方法，法院量刑时可以或必须兼而科之；选科罚金是指规定既可以适用自由刑，也可以适用罚金刑，由法官择一适用。[①] 从其他国家刑事立法看，对罚金刑的适用以单科或选科为主，并科为辅。例如，韩国刑法规定 117 个罪名可以判处罚金刑，其中只有 21 个是并科罚金刑，瑞士刑法规定 129 个罪名可以判处罚金刑，其中 19 个是并科罚金刑。[②] 我国现行刑法中，除了规定对单位犯罪可以单科罚金刑外，对个人犯罪可以适用罚金刑的 212 个罪名中主要以并科为主，只有 82 个罪名可以选科单处罚金刑。根据《刑法修正案（九）》关于受贿罪罚金刑的规定，受贿数额较大或者有其他较重情节的必并处罚金，数额巨大或者有其他严重情节、数额特别巨大或者有其他特别严重情节的，选择适用并处罚金或者没收财产，也就是说，根据我国刑法，对受贿罪科处罚金刑只能并科，而不能单科。根据威慑理论，在只判处某种刑罚或者独立适用该刑罚的场合下，该刑罚强制力威慑犯罪人不去犯罪的效力更强。[③] 我国刑法未赋予罚金刑在受贿罪中的独立适用性，这样的科处模式很大程度上限制了罚金刑刑罚功能的发挥，威慑受贿犯罪的效应也大打折扣。

（四）数额标准偏离罪刑相适应原则

罚金刑的数额标准存在一个“度”的问题，是否科学直接影响刑罚功能的实现效果。如边沁所说，“刑罚的痛苦必足以抵消犯罪所得的快乐，方能起到防止犯罪之功效”，[④]因此，罚金刑的数额不能过低，要能够体现罚当其罪，对犯罪人产生足够的震慑和预防再犯作用；同时也不能过高，以至于显得刑罚过于严酷，不能体现刑罚的轻缓，而且也不具有可执行性，影响判决的严肃性。“两高”《贪污贿赂解释》规定，“对贪污

---

① 马克昌主编：《刑罚通论》，武汉大学出版社 2015 年版，第 211 页。

② 李洁：《论中国罚金刑的改革方向》，载《吉林大学社会科学学报》1997 年第 1 期，第 14 页。

③ 李芳芳：《威慑理论视角下贪贿犯罪罚金刑的配置及其实践——基于〈关于办理贪污贿赂刑事案件适用法律若干问题的解释〉十九条的思考》，载《学习论坛》2017 年第 7 期，第 72 页。

④ ［英］吉米·边沁：《立法理论——刑法典原理》，中国人民公安大学出版社 1993 年版，第 68 页。

罪、受贿罪判处三年以下有期徒刑或者拘役的，应当并处十万元以上五十万元以下的罚金；判处三年以上十年以下有期徒刑的，应当并处二十万元以上犯罪数额二倍以下的罚金或者没收财产；判处十年以上有期徒刑或者无期徒刑的，应当并处五十万元以上犯罪数额二倍以下的罚金或者没收财产。”司法解释对受贿罪罚金刑采取限额罚金制与倍数罚金制相结合的方式，兼具原则性与灵活性。特别是对三个量刑档的罚金刑分别规定了 10 万元、20 万元、50 万元的下限，避免了采用过去司法解释常用的单纯倍比罚金制可能导致出现的“天价罚金”，①相比之下更加合理和科学。但是第二、三个量刑档中规定罚金上限是受贿金额的二倍，这就给司法预留了巨大的裁量空间，例如某被告人受贿 5000 万元，法院依法可以在 50 万元至 1 亿元的区间内决定对犯罪人判处的罚金刑，跨度如此之大，造成了罚金刑实际的不可测，弱化了受贿事实、情节与罚金数额之间的关联性，容易导致罪刑不相适应。

四、受贿罪罚金刑面临的实务困顿

如哲学家约翰·杜威所说，“方法和结论要放回到平常经验的事务中来，在它们的粗糙和自然状态中求得实证。”②相关规定在受贿罪审判实务中对罚金刑刑罚功能的实现能否起到推动和保障作用？笔者结合司法实践进行分析，认为受贿罪罚金刑的规定在实务中面临困境。

（一）司法机关对犯罪人确定罚金刑数额的裁量规则难以执行

《刑法》第 52 条规定，应当根据犯罪情节决定罚金数额。但如果在确定罚金数额时不去考虑犯罪人的经济能力，体现出的仅是形式上的平等而不是实质上的平等，难以有效地惩戒犯罪分子，且可能造成大量罚金刑由于犯罪人没有经济能力而“空判”。为了实现罚金刑判罚的实质公平，防止出现“空判”现象，最高人民法院于 2000 年发布的《关于适用财产刑若干问题的规定》对罚金刑的判处作出进一步规定，即“人民

---

① 例如，相关司法解释规定，侵犯知识产权犯罪的，罚金数额一般在违法所得的一倍以上五倍以下，或者按照非法经营数额的 50% 以上一倍以下确定。曾经有一个案件引发热议，一个农民销售假冒名牌的羊毛衫 400 件，销售额 6 万元，获利约 1 万元，警察在其店内扣押羊毛衫 2 万余件，按照吊牌价计算共计 4300 万余元，法院以此作为非法经营额对被告人判处罚金 2151 万元。

② ［美］约翰·杜威：《经验与自然》，傅统先译，江苏教育出版社 2005 年版，第 25 页。

法院应当根据犯罪情节,并综合考虑犯罪分子缴纳罚金的能力,依法判处罚金”。但是,最高人民法院 1999 年印发的《全国法院维护农村稳定刑事审判工作座谈会纪要》[①]提出了相反的要求,即“凡法律规定并处罚金或者没收财产的,均应当依法并处,被告人的执行能力不能成为是否判处财产刑的依据”。由于罚金刑具有执行受制于犯罪人经济能力的特性,犯罪人的经济能力是罚金刑所面临的一个无法回避的因素,判处同样的罚金数额对于经济能力不同的人来讲惩罚的力度和震慑效果是截然不同的,因此有学者指出,“罚金刑在相对威吓上与自由刑具有一样的刑罚效果,对穷人和富人判处与财力相适应的罚金可实现刑罚的目标。”[②]鉴于此,相比较而言上述会议纪要的内容有失偏颇,而司法解释将犯罪人经济能力作为判处罚金的考量因素的规定是客观合理的。

尽管已经制定了罚金刑的裁量规则,但实践中法官如何在犯罪情节与经济能力之间权衡把握作出裁量仍是难题。而且,实践中关于被告人的财产状况,公诉机关在提起公诉时并不需要提供,尽管最高人民法院 2010 年《关于财产刑执行问题的若干规定》要求法院对被执行人的财产状况进行调查并采取强制执行措施,[③]但现实中囿于人员力量、手段等限制,该规定难以真正执行。因此,虽然司法解释要求综合犯罪事实、情节以及被告人财产状况等因素来决定判处的罚金数额,但由于法院未获取相关财产信息,不具备考虑被告人经济能力的条件,因此法院在确定罚金刑数额时主要依据的就是犯罪事实和情节,几乎不去主动考虑犯罪人的经济能力,这样造成罚金数额与可供执行财产之间存在巨大反差的情况比比皆是。[④] “两高”《贪污贿赂解释》施行后,在最高人民法院组织的全国刑事审判工作座谈会上,各地法院普遍提出了

---

① 该座谈会纪要虽然不具备法定效力,但是由于是最高人民法院发布的司法文件,因此实际上相关内容已成为各司法机关办案中的重要参考依据。

② Bentham - J. ,The Works of Jeremy Bentham, Vol. 1, in j. Bowring(ed.),New York: Russell & Russell,1962,pp. 579 - 582.

③ 《最高人民法院关于财产刑执行问题的若干规定》第 4 条规定:“人民法院应当依法对被执行人的财产状况进行调查,发现有可供执行的财产,需要查封、扣押、冻结的,应当及时采取查封、扣押、冻结等强制执行措施。”

④ 黎宏、江伟:《财产刑的执行现状和对策建言》,载《云南大学学报》(法学版)2006 年第 5 期,第 63 页。

罚金刑量刑幅度过大难以把握的问题。笔者对选取的司法解释施行后法院宣判的40件省部级干部受贿案件判处情况进行实证研究发现，其中27件案件的受贿数额在1000万元至5000万元之间，判决中除了坦白、退赃、认罪悔罪情节外，基本上没有认定其他特别的犯罪情节，法院在100万元至300万元之间判处了罚金刑。以上情况说明两个问题，一是由于法院主观上不重视和客观上不具备条件，因此造成在决定罚金数额时并未将犯罪人的经济能力作为考量因素，依据的主要就是犯罪数额情节；二是法院在巨大的裁量幅度内，通常贴近下限选择确定罚金刑数额，体现出了稳妥、保守的倾向。

（二）罚金刑的执行缺乏有效保障

与自由刑不同，罚金刑的执行受制于很多因素，因此，综观各国司法现状，罚金刑不能执行的情况在各国均不同程度存在，只不过在美国、英国、德国等国家，罚金刑不能执行的占少数，[①]而我国能够执行的罚金刑仅是少数，据统计司法实践中罚金刑执结率仅为20%左右。[②]我国罚金刑主要通过犯罪人或其亲属主动缴纳以及法院强制执行两个途径执行，当前执行率低的原因主要是：

1. 现有法律对不执行罚金刑缺乏有效的制约和制裁措施

罚金刑执行难在各国程度不同，前述美国等国家之所以大部分罚金刑能够执行，其中一个重要原因就是建立了日额罚金、分期支付、易科制度等保障罚金刑执行的有力措施。[③] 例如易科制度，即在对犯罪人的罚金刑无法执行的情况下，以其他刑罚或强制措施替代罚金刑。通常情况下，如果法律规定了易科制度，两害相权取其轻，大多数人会选择缴纳罚金而不愿失去自由，会主动配合执行罚金刑，因此易科制度对于有缴纳能力而通过隐匿或转移财产逃避罚金刑执行的犯罪人有很强

---

① 熊谋林：《我国罚金刑司法再认识——基于跨国比较的追踪研究（1945～2011）》，载《清华法学》2013年第5期，第97页。

② 根据最高人民法院司法统计，法院判处的罚金刑执结率约为20%，没收财产刑的执结率极低，很多地方为零。二者同为财产刑，执行情况的差异主要是基于两方面的原因：一是单处罚金刑的对象是单位，相比较而言，法院对单位执行的措施更多，通常单位可供执行的财产也多于个人；二是许多情况下主动缴纳罚金可换取法院从轻量刑，因此被告人亲属自愿主动缴纳罚金。

③ 熊谋林：《我国罚金刑司法再认识——基于跨国比较的追踪研究（1945～2011）》，载《清华法学》2013年第5期，第97页。

的强制性,被认为是确保罚金刑顺利执行的最后一道屏障。[①] 实践也证明,很多国家规定易科制度后,罚金刑执行率大幅度上升。而我国刑法仅泛泛规定罚金刑“期满不缴纳的,强制缴纳”,但对于具体如何强制缴纳并未规定切实可行的举措,犯罪人感受不到不执行罚金刑带来现实的不利后果,难免产生不执行罚金刑的侥幸心理。

2. 重民事执行轻财产刑执行的倾向

法院长期以来重视民事执行,着力解决的也是民事执行难问题,对于刑事案件中财产刑的执行投入力量有限。以受贿案件为例,实践中执行罚金刑的普遍做法是,如果前期纪检监察机关和侦查机关扣押、冻结在案的被告人财产多于判决上缴的犯罪所得,法院就将多出部分用于执行财产刑;如果没有可供执行的在案财产,法院基本上不去主动调查并执行被告人财产。

3. 调查犯罪人财产状况存在困难

首先,法院调查被告人财产状况的途径和手段有限,除非被告人及其家属主动配合,否则法院很难掌握财产状况。其次,即使法院掌握犯罪人的家庭财产,要强制执行其个人所占份额,还需要从中析出个人财产。要想从企业股权、股票、债券、基金、债权、知识产权、有贷款的不动产等财产中进行析产,不仅程序繁杂,而且难度很大。

4. 罚金刑的执行情况对减刑、假释的影响力较弱

根据我国《刑法》第 78 条第 1 款和第 81 条第 1 款规定,“接受教育改造,确有悔改表现”是减刑、假释的必要条件。最高人民法院《关于办理减刑、假释案件具体应用法律若干问题的规定》第 2 条第 3 款规定,认罪悔罪是确有悔改表现的条件之一:“罪犯积极执行财产刑的,可视为有认罪悔罪表现,在减刑、假释时可以从宽掌握;确有执行、履行能力而不执行、履行的,在减刑、假释中应当从严掌握。”但是从实践中的减刑、假释率与财产刑的执结率对比可以看出,司法机关在办理减刑、假释案件中对于财产刑的执行并没有给予足够重视,造成拒不执行财产刑而无需承担不利后果的情况。

以上因素导致实践中财产刑执结率极低,大多数财产刑的判决成

---

① 刘海军、符维:《论罚金刑的适用——罚金刑适用率低之原因与对策》,载《甘肃政法成人教育学院学报》2003 年第 2 期,第 38 页。

为了“空判”，严重损害了法院裁判的权威性。

（三）司法机关“量刑交易”的尝试在现行法律背景下处境尴尬

所谓“量刑交易”，就是在被告人可能被判处短期自由刑并处罚金刑的案件中，被告人及其亲属、律师与法院协商，在判决前向法院预缴一定数额的保证金，法官据此对被告人的自由刑从轻判处，判决生效后保证金抵作罚金。[①] 这种做法在实践中有一定普遍性，近年来在受贿案件的判处中亦不少见。由于于法无据，该尝试在理论上的合法性和正当性广受争议，批评者指出系“以钱赎刑”，有违法律面前人人平等的原则，[②]赞成者认为体现了罚金刑替代性刑罚的价值，是实现刑罚轻缓化的具体体现。[③]

笔者认为，“量刑交易”从法理看具有合理性，实践中也有助于发挥刑罚轻缓化作用，是一项有益的尝试。首先，“量刑交易”实质上是将部分自由刑向罚金刑转换，金钱被赋予刑罚的色彩，它本身就是刑罚措施，而不是单纯意义上的金钱，不存在“以钱赎刑”问题。[④] 对犯罪人增加罚金惩罚减轻自由刑惩罚，与不交易的情况下犯罪人受到的刑罚相比，只存在刑罚方式上的不同，刑罚总量是均衡的，给犯罪人带来的痛苦也是均衡的，不违背罪刑相适应和平等原则，相反更体现了刑罚的公正性和实效性。其次，“量刑交易”能够保证罚金刑的执行，前述提到法院判处的大约20%罚金刑得以执结，其中相当一部分靠的就是“量刑交易”。最后，被告人提前主动缴纳保证金，而且多数情况下是亲属代其缴纳，这种方式对被告人的触动要比判处罚金刑后不执行大得多，能够取得更好的一般预防效果。然而，尽管以上“量刑交易”的尝试具有其存在的价值，但因为在受贿罪审判中进行“量刑交易”法律依据不足，这就导致一方面实践中大量运用，另一方面由于缺乏法律依据而使法院真实的裁判理由无法在裁判文书中阐释的尴尬状态，同时也埋下了由于不公开透明引发的暗箱操作的隐患。

综上所述，《刑法修正案（九）》对受贿罪增设罚金刑，对于完善受

---

① 黎宏、江伟：《财产刑的执行现状和对策建言》，载《云南大学学报》（法学版）2006年第5期，第63页。

② 张雪妲：《财产刑执行监督问题初探》，载《国家检察官学院学报》2004年第6期，第102页。

③ 黎宏、江伟：《财产刑的执行现状和对策建言》，载《云南大学学报》（法学版）2006年第5期，第63页。

④ 林亚刚、周娅：《罚金易科制度探析》，载《法制与社会发展》2002年第1期，第91页。

贿罪财产刑，提高财产刑惩罚与预防受贿犯罪针对性具有积极意义。但罚金刑附加刑的地位、没有独立性的科处方式削弱了罚金刑的惩罚与预防功能，也无法在实现受贿罪刑罚轻缓化上发挥作用，同时不尽科学的规定也给司法实践造成掣肘。

五、对受贿罪设置没收财产刑的评价

1997 年《刑法》对受贿罪设置的唯一财产刑就是没收财产刑。没收财产刑作为当今世界很少国家保留的一项财产刑制度，其刑罚价值以及存废问题始终饱受争议。保留论者认为，对于某些严重犯罪，只有判处没收财产刑才能发挥最大的特殊预防功能，没收财产作为处罚严重犯罪的一种附加刑有其存在的价值。[①] 废除论者认为，国家应当充分尊重公民个人财产，没收财产刑与时代精神背道而驰，亦不利于罪犯的教育改造，存在诸多弊端和不合理之处，应予废除。[②]

根据 1997 年《刑法》第 59 条第 1 款规定，没收财产是没收犯罪分子个人所有财产的一部或者全部。刑法对 80 余个罪名规定了没收财产刑，主要包括危害国家安全犯罪、经济犯罪等具有经济目的的犯罪、有组织犯罪以及腐败犯罪。我国刑法设置没收财产刑主要受苏联刑法影响，立法的初衷是为了实现对严重犯罪进行严厉惩罚，如果说在中华人民共和国成立初期基于稳固政权、镇压敌对势力的需要如此考虑还有一定合理性和必要性，但是国家社会、法治已经发展到今天仍然保留这样的立法，没收财产刑存在的正当性就应另当别论了。笔者拟从立法理念、刑罚目的入手，结合这些年受贿案件中没收财产刑的适用效果，对受贿罪没收财产刑设置的利弊以及存废问题进行研究。

（一）与保护公民财产权的宪法原则相冲突

财产权是公民的一项重要基本权利，世界上大多数国家都将对个人合法财产的保护写进宪法，我国《宪法》亦规定，“公民的合法的私有财产不受侵犯”。即使是罪犯，其个人基本权利也应得到保护。贝卡里亚曾说：“没收财产是在软弱者头上定价，它使无辜者也忍受着罪犯的

---

① 何显兵：《论没收财产刑的改革与完善——以绵阳市最近三年司法统计数据为例》，载《中国刑事法杂志》2011 年第 1 期，第 18 页。

② 曲新久：《没收财产，一种应当废除的刑罚》，载《检察日报》2000 年 3 月 16 日。

刑罚,并使他们沦于必然去犯罪的绝境。”[①]因此,笔者认为,在当今法治社会语境下,设置以个人合法财产为对象的没收财产刑罚,与宪法确认的保护公民私有财产权原则存在本质上的冲突。

(二)不符合当今刑罚思想与目的的发展趋势

个人的合法财产本身与犯罪无关,对这些与犯罪无关的合法财产予以没收,明显不具有合理性,而且剥夺了犯罪人赖以生活和生产的物质基础,对犯罪人的矫正作用产生负面影响,没收个人的合法财产是报应刑思想至上的产物,不能实现刑罚的目的,不利于犯罪人的再社会化,也不符合刑罚的发展趋势。近年来,随着俄罗斯、匈牙利等国相继废除没收财产刑,目前只有中国、朝鲜、越南、古巴等少数几个国家保留,这也反映了刑罚理念的发展趋势。

(三)不符合谦抑性原则

谦抑性要求刑罚不能过分严厉与苛刻,随着社会的进步和发展,刑罚轻缓化是当今各国刑罚制度一致的发展趋势。犯罪人实施犯罪,已被处以自由刑并被追缴犯罪所得的情况下,还要被剥夺合法财产,特别是被判处无期徒刑或者死刑的犯罪人,被没收全部合法财产,意味着从人格、自由或生命,以及财产三个角度给予全面否定,[②]这样的刑罚过于严苛,与谦抑性的要求背道而驰。

(四)属于“情绪性立法”,缺少实际价值

如前所述,立法者基于将没收财产刑作为与严重犯罪作斗争的有效手段的初衷,在刑法中对受贿罪设置了没收财产刑,以期通过该刑罚的适用达到震慑受贿犯罪的效果。但是,无论通过其他学者对某个法院判处的受贿案件所作的实证研究,[③]还是笔者所进行的实证研究,均得出了基本一致的结论:第一,除了判处无期徒刑和死刑必须并处没收个人全部财产的案件外,法院在其他依法“可以并处没收财产”的受贿案件中适用没收财产刑总体比例不高,判处没收财产数额也较为随意。

① [意]贝卡里亚:《论犯罪与刑罚》,黄风译,中国大百科全书出版社1993年版,第53页。

② 时延安:《论没收财产刑的废除》,载《南都学坛》(人文社会科学学报)2017年第3期,第63页。

③ 参见陈泽宪、向燕:《没收财产刑问题的实证分析》,载赵秉志主编:《刑罚体系结构的改革与完善》,北京师范大学出版社2012年版,第161~169页。

第二,《刑法修正案(九)》对受贿罪作出罚金刑与没收财产刑选处的规定后,法院对95%以上的案件选择适用了罚金刑,只有极少数案件中适用没收财产刑。第三,与罚金刑相比,没收财产刑的执结率更低,总的看不高于5%,很多地方甚至为零,[①]可以说,绝大多数没收财产刑的判决成为了“空判”。从以上实证研究可以看出,受贿罪的没收财产刑适用率不高,执结率更低,因此立法设置的严惩犯罪、加大震慑的设计功能难以实现。

综上,我国受贿罪设置了没收财产刑,由于没收财产刑本身存在理论上不正当的缺陷,导致实践中适用率偏低,执结率更低,其刑罚价值发挥极其有限。

第三节　受贿罪资格刑的设置

资格刑作为刑罚体系的组成部分,是一种剥夺犯罪人享有或行使一定权利的资格的刑罚。[②] 设立资格刑的目的,就是通过对犯罪人资格的剥夺以实现对其的惩罚,同时消除其对特定犯罪再犯的可能性。资格刑具有轻缓性、多样性、非物质性及可恢复性等特征,使其在预防受贿等职务犯罪方面拥有得天独厚的优势。[③] 综观我国古代及其他法域立法,都将包括剥夺担任公职权利等在内的资格刑作为惩治受贿罪刑罚体系中的重要内容,而我国现行刑法对受贿罪的规定则存在资格刑缺位、刑罚价值无法有效发挥等突出问题。由于这些问题并非仅受贿罪所特有,问题的根源在于我国刑罚体系中资格刑的总体设置理念和模式,因此本节首先探讨我国资格刑的总体设置,在此基础上再研究受贿罪刑罚结构中对资格刑设置缺位等问题。

---

① 关于没收财产刑的执行情况,笔者未获取全国情况的统计数据,但获取了部分地方法院所做的局部统计数据,总的看来,各地方法院没收财产刑的执结率均未超过5%,有部分法院的执结率为零。

② 赵秉志:《当代中国刑罚制度改革论纲》,载《中国法学》2008年第3期,第180页。

③ 李海滢、麻锐:《腐败犯罪控制视野下的资格刑研究》,载《法学杂志》2009年第7期,第49页。

一、资格刑一般规定的置评

（一）刑种单一且存在刑罚过剩和刑罚不足问题

资格刑的设置可追溯到古巴比伦的《汉谟拉比法典》，即“法官擅自改变法律判决的，除了判处法官一定罚金外还要剥夺法官参与司法活动的权利”的规定。[①] 发展到现代，资格刑已经成为世界各国刑罚体系中一项必要的刑罚，不同国家资格刑所包含的种类各不相同，主要包括剥夺选举权和被选举权、剥夺担任公职的权利、剥夺荣誉称号、剥夺国籍、驱逐出境等。从资格刑的实践功效看，其价值主要体现在两方面：一是资格刑所特有的有针对性地剥夺犯罪人某项职位和资格的功能，可以防止犯罪人重新利用该职位或资格实施犯罪，在实现刑罚特殊预防目的上有突出的作用；二是单独适用资格刑可以有效减少自由刑的适用，有利于实现刑罚轻缓化，降低罪犯改造成本，而且可避免因监禁带来的罪犯之间的交叉感染，使罪犯更易于回归社会。

我国刑罚体系中的资格刑，除了针对外国人的驱逐出境之外，[②]唯一具有普遍适用性的资格刑就是剥夺政治权利。剥夺政治权利是剥夺犯罪人参与和管理国家政治生活的权利的刑罚。[③] 根据现行《刑法》第54条规定，剥夺政治权利的范围包括：（1）选举权和被选举权；（2）言论、出版、集会、结社、游行、示威自由的权利；（3）担任国家机关职务的权利；（4）担任国有公司、企业、事业单位和人民团体领导职务的权利。除此之外，我国其他法律法规中还规定了大量具有资格刑性质的处罚，例如我国《法官法》规定，因犯罪受到刑罚处罚的人不得担任法官；我国《注册会计师法》规定，因受刑事处罚，自刑罚执行完毕之日起至申请注册之日止不满5年的不予注册；等等。这些关于因刑事处罚而剥夺从事特定职业或资质的规定具有资格刑的特点和功能，但是在刑法中没

---

① 李荣：《试论我国资格刑的缺陷与完善》，载《河北法学》2007年第7期，第66页。

② 有学者提出，剥夺军衔也属于资格刑。笔者不同意该观点，《中国人民解放军军官军衔条例》中规定，军官犯罪，被依法判处剥夺政治权利或者3年以上有期徒刑的，由法院判决剥夺其军衔。退役军官犯罪的，依照前款规定剥夺其军衔。尽管单行法规中规定了剥夺军衔这一处罚措施，而处罚确实也起到了资格刑的作用，但是刑法并未将剥夺军衔规定为刑罚措施，因此严格来讲，不宜将剥夺军衔归为资格刑。

③ 赵秉志主编：《刑罚总论问题探索》，法律出版社2002年版，第128页。

有规定，属于“虽无资格刑之名，但有资格刑之实”。①

而刑法规定的这一剥夺政治权利的资格刑，存在刑罚过剩与刑罚不足问题。首先，剥夺政治权利资格刑包括的上述四项内容具有整体性，法院判处剥夺政治权利的，该四项权利一并被剥夺，针对性不强，不符合刑罚个别化原则。其次，对于犯罪人服刑期表现良好，剩余刑期没有必要执行的，因我国刑法对资格刑未规定复权制度，②因此资格刑需继续执行。以上情形导致资格刑的“刑罚过剩”问题。同时，我国资格刑还存在“刑罚不足”问题，主要体现在：一是对包括职务犯罪等在内的以特定职务或资格为实施犯罪前提条件的犯罪未规定资格刑；二是我国资格刑局限于四项具体内容，事实上无论从各国立法例还是惩治犯罪的实际需要看，还有大量犯罪所依赖的特定资格、职业，对上述职业等资格的剥夺和限制散见在其他法律法规中，刑法未涵盖在资格刑中。

（二）资格刑的名称政治色彩过于浓重

考察相关立法例，其他法域资格刑的称谓一般都是“剥夺公权”，我国清朝和民国时期立法也称为“褫夺公权”。我国现行刑法将唯一有普遍适用性的资格刑命名为“剥夺政治权利”，其渊源可追溯到1949年9月中国人民政治协商会议通过的有临时宪法性质的《中国人民政治协商会议共同纲领》（以下简称《共同纲领》），《共同纲领》中首次提出“剥夺政治权利”，规定“对于一般的反动分子、封建地主、官僚资本家，须依法在必要时期内剥夺他们的政治权利。”可以看出，剥夺政治权利的规定是当时阶级斗争形势下的产物，是适用于敌对阶级和敌对分子的专政措施，自产生时就带有浓重的政治色彩。与其说是个法律概念，不如说是个政治概念。而且，从刑法规定的剥夺政治权利内容看，严格来讲“担任国有公司、企业、事业单位和人民团体领导职务的权利”等明显不具有政治性，并非“政治权利”，多数是公民行使公共权力、参加国家和社会管理的资格，定性为“公权”更为准确，刑法将其统统冠以“政治权利”之名，属于名不副实。因此，时过境迁社会发展至今日，刑法仍将资格刑命名为“剥夺政治权利”，完全不符合现代刑法理念，其科学性、合

---

① 房金玲：《资格刑改革论要——以适用于我国公民犯罪的资格刑为中心》，载《北京政法职业学院学报》2009年第2期，第37页。

② 复权制度，是指对被判处资格刑的犯罪分子，在其具备一定条件时提前恢复其被剥夺、限制的权利或者资格的制度。

理性值得商榷。

(三)资格刑的内容欠缺合宪性

根据1997年《刑法》第54条规定,剥夺政治权利的范围包括选举权和被选举权,言论、出版、集会、结社、游行、示威自由,担任国家机关职务和国有公司、企业、事业单位和人民团体领导职务四方面内容。[①]其中,将"言论、出版、集会、结社、游行、示威自由"作为可以予以剥夺的政治权利,违反了现代社会的民主法治精神,[②]从合宪性角度看有明显缺陷。

首先,对于何为"政治权利",我国宪法虽然没有明确列举公民政治权利具体包括哪些,但是在公民的基本权利一章中以另外一种方式作出规定,即《宪法》第34条规定公民的"选举权和被选举权"条款中,规定"但是依照法律规定被剥夺政治权利的人除外",[③]而在第35条规定公民的"言论、出版、集会、结社、游行、示威的自由"条款中,就没有规定但书条款,[④]规定公民其他基本权利的条款中也没有作出类似例外规定。从以上宪法规定看,选举权和被选举权是宪法确认的公民参与国家政治生活的政治权利,而言论、出版等自由是公民的基本权利,尽管其内容可能与政治有关,但不属于宪法规定的可以剥夺的政治权利。[⑤]因此可以说,我国刑法规定的政治权利的范围远远超出了宪法规定的范围,刑法的规定缺乏宪法基础。宪法条文中没有但书条款规定依法可以予以剥夺,就意味着这些自由是绝对的,是不可剥夺的。刑法作为下位法,作出剥夺上述自由的规定违背了宪法精神。

其次,立法者作出该规定假设的前提是以上权利均与政治有关,初

---

① 1997年《刑法》第54条规定:"剥夺政治权利是剥夺下列权利:(一)选举权和被选举权;(二)言论、出版、集会、结社、游行、示威自由的权利;(三)担任国家机关职务的权利;(四)担任国有公司、企业、事业单位和人民团体领导职务的权利。"

② 李海滢、麻锐:《腐败犯罪控制视野下的资格刑研究》,载《法学杂志》2009年第7期,第50页。

③ 《宪法》第34条规定:"中华人民共和国年满十八周岁的公民,不分民族、种族、性别、职业、家庭出身、宗教信仰、教育程度、财产状况、居住期限,都有选举权和被选举权;但是依照法律被剥夺政治权利的人除外。"

④ 《宪法》第35条规定:"中华人民共和国公民有言论、出版、集会、结社、游行、示威的自由。"

⑤ 刘松山:《宪法文本中的公民"政治权利"——兼论刑法中的"剥夺政治权利"》,载《华东政法学院学报》2006年第2期,第11页。

衷是为防止犯罪人的言论、作品、行为等危害国家的政治安全等，但事实上，上述自由的外延范围十分宽泛，涉及公民工作、学习、生活、娱乐多个方面，未必与政治有关。例如言论、出版自由，就某自然科学、文学艺术等领域发表言论或出版书籍，与政治毫无关系，任何人正确行使该权利都能对国家和社会发展起到积极作用，没有剥夺的必要。因此，刑法不加区分地将上述自由纳入政治权利范畴，并赋予司法机关剥夺犯罪人享受上述自由的权利，有悖于刑法的谦抑性以及民主法治精神，[①]亦于社会的进步与发展无益。

最后，由于这些自由的权利直接或间接涉及人的精神层面和认知领域，很多时候法律无法真正剥夺，例如剥夺言论自由，实践中实际可操作性很差，刑法作出这样的规定，就面临着要么使法院判决无法执行，要么就严重侵犯公民基本人权的尴尬境地。[②]

总之，我国资格刑的内容设置不科学、不准确，缺乏宪法基础，与自由刑等其他刑罚方式相比，现有资格刑的惩罚性和震慑性很弱，预防功能难以实现。

（四）资格刑的适用对象缺乏针对性

资格刑最突出的功能是通过剥夺犯罪人行使一定权利的资格以防止其再犯。影响资格刑上述功能能否实现的因素，除了资格刑本身的内容之外，还有刑罚的适用对象。根据资格刑的功能，界定该刑罚的适用对象应以犯罪类型为标准，而不是犯罪的严重程度。根据我国刑法，附加剥夺政治权利的范围包括：一是危害国家安全的犯罪人应当附加剥夺政治权利；二是故意杀人、强奸、放火、爆炸、投毒、抢劫等严重破坏社会秩序的犯罪人可以附加剥夺政治权利；三是对故意伤害、盗窃等严重破坏社会秩序的犯罪分子主观恶性较深、犯罪情节恶劣、罪行严重的，也可以依法附加剥夺政治权利；[③]四是对于被判处死刑、无期徒刑的犯罪人应当剥夺政治权利终身。从我国刑法规定资格刑的适用对象

---

① 于雪婷：《受贿罪法定刑设置研究》，法律出版社2013年版，第115页。

② 吕天奇、何显兵：《论剥夺政治权利刑内容的改革》，载《社会科学研究》2006年第3期，第92页。

③ 最高人民法院法释〔1997〕11号《关于对故意伤害、盗窃等严重破坏社会秩序的犯罪分子能否附加剥夺政治权利问题的批复》规定，对故意伤害、盗窃等其他严重破坏社会秩序的犯罪，犯罪分子主观恶性较深、犯罪情节恶劣、罪行严重的，也可以依法附加剥夺政治权利。

看，体现出严惩的刑罚理念，但是在实现资格刑预防犯罪的刑罚价值上关注不够。

基于实现资格刑刑罚功能的考虑，应当将以具备一定资格、能力为前提的犯罪作为适用资格刑的重点。但从以上规定看，我国资格刑适用的犯罪缺乏针对性，资格刑适用对象主要是危害国家安全犯罪、暴力犯罪以及严重破坏社会秩序犯罪的犯罪人，以及被判处无期徒刑和死刑的犯罪人。上述适用对象与资格刑应然性适用对象并不吻合，导致资格刑的功能难以实现，表现在：

第一，刑法对无需一定资格的暴力犯罪和破坏社会秩序犯罪规定了资格刑，对于贪污、受贿、滥用职权等需要以担任一定公职为前提的职务犯罪，反而没有规定资格刑。

第二，对于抢劫、杀人、强奸、盗窃等犯罪人，现实生活中其对于是否有权参加选举、出版著作、担任公职等通常并不关心，因此上述权利被剥夺给其带来的痛苦微乎其微；对于那些曾经担任一定公职、对国家社会公共管理事务有一定话语权的职务犯罪人而言，剥夺上述权利给其带来的痛苦则要大很多。而刑法却作出了相反的规定，使资格刑的适用没有针对性，刑罚适用对象的偏差直接影响该刑罚的功能和实效，有悖于资格刑存在的价值和旨趣。①

第三，资格刑适用于“被判处死刑、无期徒刑的犯罪人”不具有合理性和必要性。首先，被判处死刑或者无期徒刑的犯罪人，无论实际执行情况如何，客观上刑罚执行完毕之后担任公职的能力和条件微乎其微，而且我国《公务员法》《国有企业领导人员廉洁从业若干规定》等已经作了禁止性规定，②即使上述犯罪人不被剥夺政治权利，也完全不具备再担任公职的可能性。其次，对于绝大多数被判处死刑、无期徒刑的犯罪人而言，上述刑罚执行完毕基本上已不具备发表言论、出版著作、参与选举、担任公职等的愿望和能力，因此刑法的上述规定既不合理，也无必要。

---

① 房金玲：《资格刑改革论要——以适用于我国公民犯罪的资格刑为中心》，载《北京政法职业学院学报》2009 年第 2 期，第 38 页。

② 《公务员法》第 24 条规定：“下列人员不得录用为公务员：(一)曾因犯罪受过刑事处罚的……”《国有企业领导人员廉洁从业若干规定》第 25 条第 3 款规定：“构成犯罪被判处刑罚的，终身不得担任国有企业的领导职务。”

总之,我国刑法对资格刑规定的意义更多在于表明国家的否定态度,而从预防犯罪的功利意义考虑较少。

二、受贿罪刑罚结构中资格刑的缺失

基于资格刑刑罚功能的考虑,受贿罪应当作为适用资格刑的重点犯罪。在惩治腐败犯罪成效显著的国家,立法无一例外地重视对相关犯罪资格刑的设置,对于受贿罪犯罪人,规定在一定期间内剥夺其参加选举、担任公职的权利。例如,美国《联邦贿赂法》规定,对于性质较重的贿赂犯罪可处以剥夺公职保有权的刑罚,剥夺公职保有权的外延宽泛,包括与名誉、信任、利益有关的公职的资格。[①] 我国刑法没有专门针对受贿罪规定资格刑,只是根据刑法总则规定,判处无期徒刑或者死刑的,同时附加判处剥夺政治权利终身,因此在因受贿罪被判处无期徒刑或死刑的案件中,被告人一律被判处剥夺政治权利终身。关于我国受贿罪的资格刑,除了剥夺政治权利自身具有的上述一般性缺陷外,还存在对受贿罪刑罚结构中缺失资格刑问题,该立法缺陷严重影响了资格刑在受贿罪预防上功能的发挥,无法适应打击和预防受贿犯罪的现实需要。

第一,特定身份是受贿罪得以实施的先决条件,剥夺受贿犯罪人担任公职的权利,使其失去了实施受贿行为的必要条件,可以有效防止犯罪人再次实施同类犯罪,实现特殊预防的刑罚目的。同时,杜绝因受贿被追究刑事责任的犯罪人继续担任公职,有利于维护国家机关公信力,巩固和提高惩治腐败的效果。

第二,受贿罪最为突出的特征就是滥用公权力,通过对受贿罪的犯罪人判处资格刑,限制或剥夺其担任一定公职的资格,对其在行使公权力方面作出否定性评价,毁灭其价值追求,这样的刑罚除了对犯罪人本人的惩罚和震慑外,还能够对其他公职人员产生警示作用,实现一般预防的目的。如法国学者指出,适用资格刑,禁止担任某一职务、禁止从事某项职业,这样的禁止事项可以实现社会防卫的目的,并且具有威慑

---

① 储槐植:《美国刑法》,北京大学出版社 1996 年版,第 333 页。

效果。①

第三，对于被判处有期徒刑或以下刑罚的受贿罪犯罪人，特别是在被定罪免刑或者判处缓刑等轻刑的情况下，实践中很多犯罪人仍然继续担任公职，或缓刑期满后很快就恢复公职，②这样就为犯罪人保留了再次实施受贿犯罪的条件，同时也无法起到警示其他人的作用，严重影响惩治腐败犯罪的效果。

第四，虽然刑法之外其他法律、法规规定了一系列剥夺资格性质的规定，例如前述提到的《公务员法》等，分别对被刑事追究人员担任公务员、法官、国有企业负责人等公职人员作出限制性规定，但这些规定存在于刑罚体系之外，而且相互之间、与刑法规定之间的相关内容存在不吻合、不衔接等问题，因此，从受贿罪的刑罚体系完善角度讲有明显欠缺。

此外，需要说明的是，《刑法修正案（九）》第 1 条规定，“因利用职业便利实施犯罪，或者实施违背职业要求的特定义务的犯罪被判处刑罚的，人民法院可以根据犯罪情况和预防再犯罪的需要，禁止其自刑罚执行完毕之日或者假释之日起从事相关职业，期限为三年至五年。”“被禁止从事相关职业的人违反人民法院依照前款规定作出的决定的，由公安机关依法给予处罚；情节严重的，依照本法第三百一十三条的规定定罪处罚。”即按照拒不执行判决、裁定罪定罪处罚。有学者提出，上述规定是对贪污、受贿犯罪设置的资格刑。③ 笔者认为，该条款规定在刑法总则中，适用于分则规定的所有适格罪名，并非专门针对贪污、受贿罪。此外，关于法院所作“禁止从事相关职业”决定的性质，笔者认为不属于资格刑，主要考虑：一是该规定并未包含在刑法规定的主刑和附加刑之内，而是放在包括责令具结悔过、行政处罚等非刑罚处罚措施的条款之后，立法显然并未将此作为独立刑种；二是对于违反法院所作决定的由公安机关处罚，不同于违反各类主刑和附加刑判决的处罚方式，反而与《刑法》第 38 条第 2 款规定的执行管制期间禁止犯罪分子从事特定活

---

① ［法］卡·斯特法尼：《法国刑法总论精义》，罗结珍译，中国政法大学出版社 1998 年版，第 497 ~ 499 页。

② 张步洪：《给缓刑犯留个怎样的“饭碗”》，载人民网：http://www.people.com.cn/GB/shehui/46/20020710/773015.html，最后访问日期：2016 年 7 月 21 日。

③ 张兆松：《〈刑法修正案（九）〉（草案）对贪贿犯罪的修改述评》，载《山东警察学院学报》2015 年第 2 期，第 71 页。

动，进入特定区域、场所，接触特定的人的规定类似。[1] 综上可见，“禁止从事相关职业”不具备资格刑的性质，而是法院对适格犯罪所采取的一种预防性措施，[2]因此上述规定并未解决受贿罪资格刑缺失问题。

第四节 小 结

本章的研究主题是受贿罪的刑罚体系，基于问题导向，主要对受贿罪中死刑、财产刑和资格刑的设置进行研究，发现现行刑法对受贿罪规定的刑罚体系存在刑罚严苛与缺乏针对性并存等突出问题。具体而言，首先，刑法对受贿罪保留死刑缺乏正当性和必要性，由死刑衍生出的死缓刑执行方式先天不足，《刑法修正案（九）》独创的“死缓减为无期徒刑后终身监禁”制度的科学性和严谨性亦面临法理的挑战。其次，没收财产刑自身的缺陷使该刑种在受贿罪刑罚结构中发挥作用有限，《刑法修正案（九）》对受贿罪增加规定罚金刑具有积极意义，但是缺少独立性的科处模式削弱了罚金刑的惩罚功能，罚金刑的判处标准也无法实现罪刑相适应，而且，在缺乏相关制度保障的情况下，罚金刑亦面临难以执行的实务困顿。最后，现行刑法没有针对受贿罪渎职性的特点对受贿罪设置资格刑，不仅不利于特殊预防，而且体现不出对受贿行为渎职性的否定性评价，一定程度上影响一般预防目的的实现。

---

① 《刑法修正案（八）》修订的《刑法》第 38 条规定，判处管制，可以根据犯罪情况，同时禁止犯罪分子在执行期间从事特定活动，进入特定区域、场所，接触特定的人。违反第 2 款规定的禁止令的，由公安机关依照《治安管理处罚法》的规定处罚。

② 对此，全国人大常委会法工委副主任郎胜及该委刑法室副主任臧铁伟均表示，《刑法修正案（九）》第 1 条规定的禁止从事特定职业并不是一个刑种的设置，而是从预防犯罪、保障社会公众安全和维护社会公众利益的角度，采取的一项预防性措施。引自人大新闻网：http://npc.people.com.cn/n/2015/0829/c14576－27531225.html，最后访问日期：2017 年 10 月 21 日。

第六章　受贿罪刑罚裁量的实证研究

为了掌握司法实践中受贿案件的刑罚裁判情况，检验受贿罪刑罚制度的实践运用，笔者收集了 1991 年到 2017 年年初中国法院审判的省部级官员受贿犯罪案例 139 件。基于保守工作秘密的职业要求，笔者并未使用工作中掌握的资料，而是使用司法机关通过官方媒体公开发布的案件事实、判处结果以及裁判理由，[①]并将媒体发布的内容与判决核对无误后，作为提取案件相关要素的依据。这样既能保证本书所使用的均为公开信息，又能确保信息资料的准确性。由于这部分案件中被告人被追究前的职务高，案件影响大，判处结果具有权威性和示范性。同时，笔者还通过中国裁判文书网[②]查阅了分别代表中国东部、中部和西部的北京市、浙江省、湖南省、甘肃省和贵州省法院的刑事裁判文书，并从中抽取中级法院和基层法院自 2010 年到 2016 年审判的 150 件受贿罪案件的一审判决书。这些裁判文书的审判法院，几乎遍布五省市的所有法院，能够代表该五省市法院对于受贿罪刑罚适用的实际状况；同时，由于中国适用全国统一的成文法和司法政策，各地即使自行制定一

---

① 主要包括相关案件开庭和宣判的新闻稿、办案人员的解读文章等。

② 中国裁判文书网是最高人民法院根据《最高人民法院关于人民法院在互联网公布裁判文书的规定》第 2 条的规定开通建立的，网址：http://wenshu.court.gov.cn/，统一公布各级人民法院的生效裁判文书。

些司法指导文件，内容也没有实质性差别，所以，这部分案例能够代表中国地方法院对受贿罪的刑罚适用状况。此外，因本书建立的两个案例库中判处死刑案件和判处死缓减为无期徒刑后终身监禁的案件数量少，为便于对这些类型案件的裁判理由总结规律，笔者还另外收集了部分判处上述刑罚的有较大影响的其他受贿案件，以供研究相关问题所用。对于以上案例，笔者根据本书研究的需要逐案阅读，找出其刑罚适用的共性与个性，并进行统计学分析。

根据我国《刑法》总则以及分则第383条的规定，受贿犯罪适用的主刑包括拘役、有期徒刑、无期徒刑和死刑，附加刑包括罚金、没收财产以及剥夺政治权利终身。从前面章节的研究结论看，我国对受贿罪适用财产刑和资格刑这些附加刑的主要问题是立法缺位、刑种设置和适用规则不科学等问题，实践中的适用问题并不突出，考虑到对于上述案件中财产刑和资格刑的裁量情况本书已在之前章节中分别进行了梳理分析，本章不再研究。本章中，笔者拟在统计分析的基础上，根据刑事法律的规定分别对受贿罪适用死刑（仅指死刑立即执行）、死缓刑、无期徒刑、有期自由刑（包括有期徒刑和拘役）的刑罚裁量情况的表象进行描述并对其存在的问题进行探究。

第一节 死刑的适用

死刑是剥夺犯罪分子生命的刑罚方法，[①]只适用于罪行极其严重的犯罪分子。死刑是我国刑法规定的最为严厉的刑罚方法，对其在受贿犯罪案件中的适用情况研究，能够揭示我国对重特大受贿犯罪惩治的状况和存在的问题。这里所说的死刑适用，仅指死刑立即执行，而不包括死刑缓期二年执行和死刑缓期二年执行期满减为无期徒刑后终身监禁的情形。死刑刑罚的存废以及限制死刑适用的呼声长久以来不绝于耳，我国刑事立法坚持保留死刑但严格适用死刑的基本政策，而严格适用死刑的核心思想就是坚持少杀，[②]将死刑适用于罪行极其严重的犯罪

① 陈兴良主编：《刑法总论精释》，人民法院出版社2011年版，第743页。

② 张小虎：《刑罚论的比较与建构》，群众出版社2010年版，第183页。

分子。那么,对于社会公众十分痛恨的官员受贿犯罪,严格控制死刑的刑事政策贯彻情况如何、影响死刑裁量各因素的掌握情况如何,则是本节要考察探究的。

一、受贿罪适用死刑的审慎态度

司法实践中,法院对于国家工作人员受贿犯罪适用死刑表现出的审慎态度,主要体现在死刑刑罚适用的对象和适用的时间段方面。

(一)受贿罪死刑刑罚适用的对象严格限制

根据表6-1可以看出,自1991年到2017年2月的26年期间,全国法院审判的省部级官员受贿犯罪的案件139件,其中适用死刑的案件为4件,所占该同类案件的比例为2.88%;适用死刑之外其他刑罚的案件为135件,所占该同类案件的比例为97.12%;而抽查的五省市法院判处的150件普通国家工作人员受贿犯罪案件中,没有一件适用死刑的案件,从笔者工作中掌握的情况看,2000年以来最高人民法院严格限制对职务犯罪判处死刑,因此受贿罪核准死刑立即执行的案件数量非常少。总的来看,审判实践中对受贿案件适用死刑的数量和比例情况,清晰地反映了我国法院在受贿罪审判中贯彻死刑适用的审慎态度,将剥夺生命的最严厉刑罚仅适用于极少数受贿罪数额特别巨大、犯罪情节特别严重的犯罪人。(见表6-1)

表6-1　省部级官员与其他人员受贿犯罪刑罚适用情况①

受贿犯罪主体	案件总数量/件	适用死刑数量/件	适用死刑比例/%	适用其他刑罚数量/件	适用其他刑罚比例/%
省部级官员	139	4	2.88	135	97.12
其他人员	150	0	—	150	100

(二)受贿罪死刑适用的时间段集中且近年来不再适用

要对受贿案件适用死刑问题进行研究,本书两个案例库中的案例

① 表中数据是根据笔者收集的相关判例进行统计分析后得出的,其中其他刑罚是指适用死缓、无期徒刑、有期徒刑、拘役等非死刑的案件。副省部级以上国家工作人员受贿案件数据为1991年到2017年年初全国法院判处的案件;普通国家工作人员受贿案件数据,是笔者通过登录中国裁判文书网对北京、浙江、湖南、甘肃、贵州五省市法院自2010年到2016年间审判的受贿案件进行抽取而来的。

仅有4个，难以总结共性规律，因此除4个省部级官员受贿案件外，笔者还收集了2000年以来6个在全国有较大影响的适用死刑的受贿案件，包括姜某案、许某案、曾某案、文某案、李某案、万某案（因涉及某县“717”重大矿难被关注）（见表6-3）。对以上10个案件研究发现，对受贿犯罪适用死刑的时间段主要集中在2000年到2011年，期间各年度判处受贿死刑案件的数量相对比较均衡，在2011年最高人民法院对姜某、许某两人以受贿罪核准死刑之后，只有在2018年法院对一个犯受贿罪的被告人一审判处死刑（最高人民法院尚未核准）。可以看出，我国虽然在立法上对受贿罪保留死刑，但近年来实践中司法机关对于受贿犯罪死刑刑罚的适用是极其谨慎的。（见表6-2、表6-3）

表6-2　省部级官员受贿犯罪适用死刑年份情况①

适用年份	1991~1999	2000	2003	2007	2008~2017
案件数量/件	0	2	1	1	0
比例/%	—	50	25	25	—

二、受贿罪适用死刑的数额与其他情节条件变化

1997年《刑法》规定，受贿数额在10万元以上的，处10年以上有期徒刑或者无期徒刑，可以并处没收财产；情节特别严重的，处死刑，并处没收财产。可见，我国受贿案件适用死刑的考量因素为数额与情节。根据笔者对收集到的我国法院判处死刑的10件受贿案件的分析，发现受贿犯罪案件适用死刑刑罚需具备的条件，均表述为数额特别巨大和情节特别严重。同时，司法实践中数额特别巨大的标准是不断变化的，情节特别严重的标准是具体的、个性化的。

（一）受贿罪适用死刑案件中认定“数额特别巨大”的标准不断增高

根据1997年《刑法》受贿犯罪适用死刑的犯罪数额起点为10万元，而实践中实际适用死刑的受贿犯罪数额远远高于此起点数额，并且呈不断增高趋势。通过表6-3中的案例可以发现，适用死刑案件中认定数额特别巨大的标准，2007年之前为517万元到4109万元之间，而2008年到2011年则提高到3122万元到14,529万元之间。后者的最

---

① 表中数据是根据笔者收集的相关判例进行统计分析后得出的。

低数额是前者的6倍,后者的最高数额为前者的3.5倍,前后相差巨大。由此可见,认定受贿犯罪数额特别巨大并适用死刑的具体数额标准,在《刑法修正案(九)》施行前的法律规定虽然没有发生变化,但是司法实践中实际掌握适用的标准有大幅提升。

(二)受贿罪适用死刑案件中认定“情节特别严重”相对具体

犯罪情节特别严重是受贿犯罪适用死刑的必要条件,该条件在司法实践中的把握情况是需要重点研究的问题。通过对以上10个因受贿被判处死刑的案例进行分析可以发现,判决书对判处死刑的理由均有受贿“情节特别严重”的表述,但对于“情节特别严重”的具体表现较难找寻共同的行为特征或者研究变量,相对共性的行为特征主要有:一是社会影响极其恶劣,此类案件为6件;二是有索贿情节,此类案件为5件。其余基本都是个性化的行为特征,主要包括:一是作为高级领导干部,所犯罪行严重破坏秩序,侵犯职务廉洁性,败坏国家工作人员声誉,如成某案;二是在被查处期间继续索贿并用于阻止对其犯罪查处,此外还拒不认罪,如王某案;三是置国家和人民的重要利益于不顾,严重危害人民群众的生命、健康安全,如郑某案;四是未采取措施关闭非法小矿井,导致发生重大人身伤亡事故,如万某案;五是违背职责、弄虚作假为行贿人谋利,造成重大损失,如姜某案;六是为他人职务晋升谋取不正当利益,对队伍建设造成极大损害,不履行法定职责,非法干预办案,致使黑社会组织发展壮大,社会危害性极大,如文某案。以上案件中考量的个性化理由,例如收受贿赂用于非法活动、造成严重损害后果、恶劣社会影响等影响受贿罪量刑的具有典型意义的情节已被“两高”《贪污贿赂解释》吸纳,成为受贿罪普遍适用的规范化的从严处罚情节。

分析以上10个被判处死刑的受贿案件的裁判理由,可以发现其呈现以下特点:第一,上述判刑的具体情节,大部分是在法院发布的新闻稿、解读文章中体现,法院的判决书主要采取的是笼统列举“犯罪情节特别严重”“造成极为恶劣的社会影响”等高度抽象化的结论来阐述判处死刑的理由,对于为何认定为“社会影响极为恶劣”以及“情节特别严重”,通常不作具体阐述,只有少数案件判决书的裁判理由对个性化量刑情节进行了阐述,郑某案判决是一个很好的范例。第二,每个案件中都存在的在受贿中违背职责、造成损失、受贿次数多、持续时间长等罪中情节未体现在裁判理由中。第三,法院对赃款赃物全部追缴或退缴、主动坦白部分事实、认罪态度好等从宽情节的排除适用，均未充分阐述理由。

表 6－3　1991～2017 年省部级官员受贿案及部分其他人员受贿案适用死刑考量情节情况①

被告人	判决年份	数额/万元	判决书记载以及有关法院通过其他方式阐述的判处死刑的理由	从宽情节
成某	2000	4109	受贿数额特别巨大，作为高级领导干部，所犯罪行严重破坏正常工作秩序，侵犯职务廉洁性，败坏国家工作人员声誉，情节特别严重	全部追赃
胡某	2000	544	受贿数额特别巨大，部分索贿，造成极为恶劣的社会影响，犯罪情节特别严重	认罪态度好，全部追赃
王某	2003	517	受贿数额特别巨大，多次索贿，在查处其犯罪期间继续索贿并用于阻止对其犯罪查处，犯罪情节特别恶劣；拒不认罪，态度极为恶劣	—
郑某	2007	649	受贿数额特别巨大，且置国家和人民的重要利益于不顾，为有关企业在获得相关许可证、药品进口，注册、审批等方面谋取利益，严重侵害了国家工作人员的职务廉洁性，严重破坏了国家药品监管的正常工作秩序，危害人民群众的生命、健康安全，造成了极其恶劣的社会影响，犯罪情节特别严重	坦白部分受贿事实，赃款全部退缴
姜某	2011	10,857	受贿数额特别巨大，违背职责、弄虚作假为行贿人谋利，犯罪情节特别严重，给国家造成重大经济损失	坦白部分受贿事实，追缴大部分赃款
曾某	2008	3123	受贿数额特别巨大，索贿 329 万元，干预多起违纪案件查办，犯罪情节特别严重，社会影响极其恶劣	—

① 10 个案件中，省部级官员受贿案件为 4 件，依次为成某案、胡某案、王某案和郑某案；影响较大的其他人员受贿犯罪案件 6 件，依次为姜某案、许某案、曾某案、文某案、李某案、万某案。

续表

被告人	判决年份	数额/万元	判决书记载以及有关法院通过其他方式阐述的判处死刑的理由	从宽情节
许某	2011	14,529	受贿数额特别巨大,部分索贿,造成了极其恶劣的社会影响	坦白部分受贿,赃款赃物已追缴
万某	2002	321	受贿数额特别巨大,部分索贿,收受贿赂后未采取措施关闭非法小矿井,导致发生矿井透水的矿难,81名矿工死亡。权钱交易时间长,次数多,罪行特别严重,社会影响极其恶劣	坦白部分受贿,赃款赃物已追缴
文某	2010	1211	受贿数额特别巨大,情节特别恶劣,为他人职务晋升谋取不正当利益,对公安队伍建设造成极大损害,影响特别恶劣;不履行法定职责,非法干预办案,致使黑社会组织发展壮大,社会危害性极大,造成极其恶劣社会影响	坦白部分受贿,赃款赃物已追缴
李某	2002	814	受贿数额特别巨大,严重破坏国家机关正常工作秩序,败坏国家工作人员声誉,情节特别严重	坦白部分受贿,认罪态度较好

三、受贿罪适用死刑标准的探析

通过以上内容的考察可以发现,我国审判受贿犯罪的司法实践表明,严格限制死刑适用的刑事政策在惩治受贿犯罪中基本得到了有效的贯彻,这是值得肯定并应当继续坚持的。同时,在对受贿罪判处死刑标准的把握上,特别是对情节标准的把握,也体现出了较好地兼顾全面性和个别化的特点。

(一)数额特别巨大是对受贿罪适用死刑的前提条件

根据我国1997年《刑法》规定,对受贿罪适用死刑的最低数额标准是10万元。基于对死刑的审慎态度,司法实践掌握受贿罪适用死刑的数额标准是数额特别巨大,而且该数额标准是决定受贿犯罪案件能否适用死刑的实质性的前提条件。前述10个案件中,数额最低的是321

万元，与当今大量受贿案件动辄几千万元甚至上亿元的数额相比不算太大，但是该案发生在15年之前，而且即使按照现行司法解释的规定也已经达到“数额特别巨大”的标准，因此，可以说受贿数额特别巨大是对受贿罪适用死刑这一最为严厉刑罚的先决条件。

（二）情节特别严重是受贿罪适用死刑的重要决定因素

根据1997年《刑法》，受贿罪每个量刑档的量刑标准都是以一定犯罪数额为基础，以一定情节严重程度为辅助，死刑也不例外，“情节特别严重”是对受贿罪适用死刑的决定因素。如前面章节研究，在受贿罪量刑标准中，非数额情节往往被虚化为从属要件，在量刑中仅起到辅助性作用。但通过前述对10个死刑案件量刑情节的研究可以看出，非数额情节在对受贿罪判处死刑的量刑中的作用未被虚化，且起到了重要作用。具体体现在，一是根据司法实践的通常掌握标准，其他大量与上述案件犯罪数额相近的受贿案件，多被判处无期徒刑或死缓，这表明数额在受贿罪适用死刑上并非决定性因素；二是适用死刑的所有案件基本上都具有严重、恶劣的非数额情节，有的是违背职责，谋取不正当利益，给国家、社会和人民利益造成严重损失等罪中情节，有的是对抗调查、拒不认罪等罪后情节。例如郑某案，其受贿数额为649万元，具有坦白部分受贿事实和全部退赃情节，同时期与其受贿数额相近甚至高于该数额的案件通常被判处无期徒刑或者死缓刑，从法院判决阐述的裁判理由可以看出，之所以对郑某判处死刑，主要考虑的因素是其犯罪情节和社会危害性，即郑某利用食品药品监督的职权，因受贿而违规为有关企业获取药品审批谋取利益，其滥用职权的行为事关国计民生，导致国家对药品监管失控，严重危及人民群众生命健康，严重损害了政府公信力，因此对其判处死刑。[①] 可以看出，法院在受贿案件判处死刑的考量中，非数额情节起到了实质性的决定作用，如果上述案件中不具备前述非数额从严处罚情节，犯罪人受到的将是轻于死刑的其他刑罚。

（三）从宽量刑情节的排除适用规则未予确定

上述适用死刑的受贿案件中，大部分犯罪人同时具有退赃、坦白等从宽量刑情节，法院在量刑中均未予考虑，排除适用的理由在判决书中

---

① 根据北京市第一中级人民法院(2007)一中刑初字第1599号刑事判决书。

表述为,“虽然……但不足以从轻处罚”,至于为什么不足以从轻处罚则没有阐明。体现出法院在审判中对于具有从宽处罚功能的类似情节,没有确定的适用和排除适用规则,有很大的自由裁量空间。

以上情况表明,法院在对受贿罪适用死刑时持谨慎的态度,除犯罪数额外,其他非数额情节起到了重要的决定性作用。但是只有少部分裁判文书提到非数额情节的考虑,大部分案件的裁判文书中采用“数额特别巨大,情节特别严重,社会影响极其恶劣”这样的格式性表述,对适用死刑的具体理由、从宽情节排除适用理由等未作出有针对性的个性化的阐述,难免引发公众对刑罚适用公正性的质疑。

第二节　死刑缓期二年执行的适用

我国刑法独创的死缓制度,是死刑执行方法的一大特色。[①] 死缓制度设立的目的在于使一些罪该处死的犯罪分子,在具备特定从宽情节的情况下,有条件地不被处死,从而在总体上限制和减少死刑的实际适用。[②] 由此,受贿罪适用死缓的法定条件应当为:一是罪该判处死刑,即应当达到受贿犯罪数额特别巨大,情节特别严重的程度;二是不是必须立即执行,基于犯罪分子所犯罪行的主客观情况,虽然应当判处死刑,但是由于案件存在自首、立功或其他法定从轻情节,或共同犯罪中罪行不是最严重的,或其他在同一类犯罪中不是最严重的,或犯罪分子存在令人怜悯情形的,或具有其他应当留有余地情况的等因素,而不是必须立即执行。[③]

一、受贿罪适用死缓的案件数量与适用条件变化

《刑法修正案(九)》修改后的《刑法》第383条规定,受贿数额特别巨大,并使国家和人民利益遭受特别重大损失的,处无期徒刑或者死刑,并处没收财产。“两高”《贪污贿赂解释》将受贿数额特别巨大的标

① 张小虎:《刑罚论的比较与建构》,群众出版社2010年版,第181页。
② 赵秉志主编:《刑罚总论问题探索》,法律出版社2003年版,第154页。
③ 张小虎:《刑罚论的比较与建构》,群众出版社2010年版,第181页。

准具体规定为300万元以上,是之前1997年《刑法》规定的10万元标准的30倍。该数额标准的修改,对受贿犯罪死缓适用的案件数量和适用的条件必然产生影响。(见表6-4)

(一)受贿罪死缓刑罚适用的案件数量明显减少

为便于比较《刑法修正案(九)》施行前后死缓刑的适用情况,笔者在省部级干部受贿案例库中选取了前后各40个案例作为样本。通过对2007年12月至2017年2月判决的80件省部级官员受贿犯罪案件进行了调查,发现《刑法修正案(九)》施行前判决的40件案件中适用死缓刑罚的为14件,占该类案件的比例为35%;而《刑法修正案(九)》施行后判决的40件案件中适用死缓刑罚的为2件,占该类案件的比例为5%。同时,笔者还对2010年到2016年间北京、浙江、湖南、甘肃、贵州五省市部分基层法院、中级法院审判并发生法律效力的150件案件进行调查,发现《刑法修正案(九)》施行之前被法院判决的100件案件中适用死缓刑罚的为3件,占该同类案件的比例为3%;而《刑法修正案(九)》施行后的50件案件则没有一件被判处死缓刑罚的案件。这一调查结果表明,《刑法修正案(九)》施行后,受贿犯罪适用死缓的案件数量和比例较之前明显减少和降低。

(二)受贿罪适用死缓的实际数额条件明显增高

根据笔者对80件省部级官员受贿犯罪案件的调查,发现《刑法修正案(九)》施行前被判处死缓刑罚的案件中,数额最低的为682万元,数额最高的达到19,500万元,两者相差18,818万元,最高数额是最低数额的28.55倍;而《刑法修正案(九)》施行后被判处死缓的,最低数额为14,000万元,最高数额达到24,000万元,两者相差10,000万元,最高数额是最低数额的1.4倍。可以看出,《刑法修正案(九)》施行后适用死缓刑的数额标准较施行之前有明显提高,最高数额和最低数额分别提高了4500万元和13,318万元。同时,150件其他人员受贿案件中,《刑法修正案(九)》施行之前被判决适用死缓刑的,最高数额为2100万元,最低数额为845万元,两者相差1255万元,前者是后者的2.49倍;《刑法修正案(九)》施行之后则没有发现适用死缓刑的案件。

表 6－4　《刑法修正案(九)》施行之前后死缓适用情况①

适用主体	《刑法修正案(九)》之前				《刑法修正案(九)》之后			
	案件数量/件	同期比例/%	最高数额/万元	最低数额/万元	案件数量/件	同期比例/%	最高数额/万元	最低数额/万元
省部级官员	14	35	19,500	682	2	5	24,000	14,000
其他人员	3	3	2100	845	0	—	0	0
合计	17	12.1	19,500	682	2	2.2	24,000	14,000

二、死刑可不立即执行各情节功能差异的体现

根据我国《刑法》第 48 条的规定，适用死缓必须同时具备两个条件：(1)罪该处死。这是适用死缓的前提条件，它表明适用死缓的对象与适用死刑的对象均是罪行极其严重的犯罪分子。(2)不是必须立即执行。这是区分死刑缓期执行与死刑立即执行的原则界限，也是死缓适用的本质条件。② 具体到受贿犯罪，死缓适用的条件在司法实践中的状况有其独特的表现。(见表 6－5 和表 6－6)

(一)受贿犯罪适用死刑可不立即执行的量刑情节种类相对固定

通过对 80 件省部级官员受贿犯罪案件以及 150 件案件中适用死缓刑的其他人员受贿案件情况调查可以发现：一是对适用死缓的前提条件——罪该处死的把握上，数额特别巨大几乎是法院考量的唯一因素，而且从法院对数额特别巨大的掌握标准看，死缓刑要求的数额条件等同于甚至超过死刑适用的数额条件。二是对死缓适用的本质条件——不是必须立即执行的把握上，法院考量的因素通常落实在几种常见的罪后情节上，也就是说，在受贿罪行论罪该处死的情况下，如果犯罪人具备以下一种或者几种罪后情节，法院则认定属于不是必须立即执行。常见的罪后情节包括以下四类：其一是供述犯罪方面，其二是

---

① 表中副省部级以上国家工作人员适用死缓案件数量，是自 2007 年 12 月至 2017 年 2 月间审判并发生法律效力的 80 件案件样本中抽取的，其中《刑法修正案(九)》施行之前后各有样本 40 件；其他人员受贿适用死缓案件，是自 2010 年到 2016 年间北京、浙江、湖南、甘肃、贵州五省市部分基层法院、中级法院审判并发生法律效力的 150 件案件样本中抽取的，《刑法修正案(九)》施行之前后分别有样本 100 件和 50 件。

② 陈兴良主编：《刑法总论精释》，人民法院出版社 2011 年版，第 737 页。

认罪态度方面，其三是赃款赃物追缴退缴方面，其四是检举立功方面。上述判处死缓刑的19件案件中，具有退缴赃款赃物方面值得肯定情节的案件为17件，占比89.47%；具有认罪态度方面值得肯定情节的案件为14件，占比73.68%；具有主动交代受贿犯罪事实情节（依据刑法规定亦称为坦白）的案件为12件，占比63.16%；具有检举违法犯罪线索为其他案件查处发挥作用情节的案件为1件，占比5.26%。

（二）可不立即执行的量刑情节功能差异没有明确区分

即影响法院决定是否适用死缓刑罚的量刑情节，其对刑罚轻重发挥作用的功用和效能的大与小，或者强与弱在判决中没有清晰地体现出来。通过表6-5和表6-6的案件情况可以看出：一是同一种类中不同程度的各量刑情节功能差异没有明确区分。影响是否立即执行的四类量刑情节，每一类中具体不同情节对量刑的影响程度应当存在功能差异，但从判决书看没有发现法院针对该功能差异对不同情节作出区别适用。具体而言，本书抽取的适用死缓的受贿案件中，在供述犯罪方面存在主动交代大部分罪行、主动交代小部分罪行等不同程度；在认罪态度方面存在认罪悔罪、认罪、认罪态度好、认罪态度较好等不同程度，在赃款赃物追缴退缴方面存在全部退赃、全部追赃、大部分退赃、小部分追赃等不同程度，但上述情节不同程度的表现在判决书中并未被明确区别对待。二是不同种类的量刑情节功能差异没有明确区分。以上影响是否立即执行的各量刑情节对裁量刑罚的影响力应当是有所不同的，但法院判决中没有体现出各种不同量刑情节的功能大小或强弱。

表6-5　《刑法修正案（九）》施行之前适用死缓案件的条件、情节情况①

被告人	受贿次数、数额、是否索贿	判决认定的可不立即执行的情节			
何某	索贿、受贿多次　841万元	主动交代罪行	—	赃款追缴约一半	—
陈某	受贿多次　19,500万元	自首	认罪悔罪	赃款全部退缴	检举违法违纪线索为查处发挥作用

① 表中副省部级以上国家工作人员适用死缓案件数量，是自2007年12月到2015年10月间审判并发生法律效力的40件案件样本中抽取的；其他人员适用死缓案件，是自2010年到2015年10月间北京、浙江、湖南、甘肃、贵州五省市部分基层法院、中级法院在《刑法修正案（九）》施行之前审判并发生法律效力的100件案件样本中抽取的。

续表

被告人	受贿次数、数额、是否索贿	判决认定的可不立即执行的情节			
孙某	受贿多次　910 万元	—	—	赃款追缴少部分	—
王某	受贿多次　1196 万元	—	认罪态度好	赃款全部追缴	—
米某	索、受贿多次　682 万元	主动交代部分受贿	认罪态度较好	赃款大部退缴	—
陈某	索、受贿多次　2959 万元	主动交代大部分受贿	认罪悔罪	赃款赃物全部追缴	—
皮某	受贿多次　754 万元	—	认罪悔罪	赃款赃物小部追缴	—
黄某	受贿多次　954 万元	主动交代部分受贿	认罪态度较好	赃款赃物全部追缴	—
宋某	受贿多次　1022 万元	主动交代部分受贿	认罪态度较好	赃款赃物全部退缴	—
许某	受贿多次　3318 万元	主动交代部分受贿	认罪态度较好	赃款赃物全部追缴	—
张某	受贿多次　746 万元	—	认罪态度较好	赃款赃物全部追缴	—
宋某	受贿多次　817 万元	主动交代大部分受贿	—	赃款赃物全部追缴	—
刘某	受贿多次　6460 万元	主动交代部分受贿	认罪悔罪	赃款赃物被追回	—
周某	受贿多次　2464 万元	主动交代大部分受贿	—	—	—
郭某	受贿多次　845 万元	主动交代部分受贿	认罪悔罪	赃款赃物全部积极退回	—
程某	受贿多次　1961 万元	—	—	赃款赃物全部退回	—
史某	受贿多次　2100 万元	—	认罪	—	—

表 6－6　《刑法修正案(九)》施行之后适用死缓案件条件、情节情况①

被告人	受贿次数、数额、是否索贿	判决书认定的可不立即执行的情节		
白某	受贿多次　24,000 万元	主动交代大部分受贿	认罪悔罪	赃款赃物全部追缴
朱某	受贿多次　14,000 万元	主动交代大部分受贿	认罪悔罪	赃款赃物全部退回

① 表中案件为在《刑法修正案(九)》施行之后审判的副省部级以上国家工作人员受贿犯罪的 40 件案件样本中,抽取的适用死缓的案件;抽取的在《刑法修正案(九)》施行之后审判的其他人员受贿案件样本 50 件中没有适用死缓的案件。

三、受贿罪适用死缓标准的探析

通过以上调查情况可以发现,我国死缓制度在受贿罪审判的司法实践中有效地发挥了限制和减少死刑适用的效果,形成了可杀可不杀的一律不杀的基本态势;①同时也发现,在对受贿罪适用死缓案件中存在单纯以数额为基准的量刑标准,其他罪中情节的功能基本上不发挥作用,对适用死缓起到决定性作用的罪后情节相对固定但功能差异难辨等问题。

(一)适用死缓案件中对非数额罪中情节基本不予考虑

前述调查显示,无论《刑法修正案(九)》施行前后,我国对受贿罪适用死缓刑的所有案件中,法院判决书陈述的"论罪应当判处死刑"的理由都是"数额特别巨大,情节特别严重","可不立即执行"的理由都是主动坦白、退赃等罪后情节,至于受贿中的背职情况、损害后果、受贿次数、持续时间等影响对受贿行为社会危害性判断的重要罪中情节,在判决理由中没有任何体现。实际上,判决书内容显示,以上案件无一例外地存在受贿人违背职责为他人谋取不正当利益、受贿行为持续十余年甚至数十年、受贿次数多达数十次甚至上百次之多等明显罪中情节。这表明,法院在对受贿案件确定死缓的基准刑时考虑的量刑标准具有明显的"唯数额论"倾向,即使在《刑法修正案(九)》将"数额特别巨大,并使国家和人民利益遭受特别重大损失"规定为对受贿罪判处死刑的标准,"两高"司法解释已明确将"谋取不正当利益""为他人谋取职务调整、晋升""造成恶劣影响"等规定为从严惩处情节的情况下,法院在审判中仍未将上述罪中情节作为确定基准刑的因素予以考量。例如在朱某案中,其受贿1.4亿元,判决认定其具有主动交代大部分受贿事实、认罪悔罪、全部退赃情节,因此对其判处死刑,可不立即执行。从其受贿事实看,朱某为行贿人谋取的利益中,包括帮助他人职务提拔、干预土地审批和工程承揽,以及干涉司法机关刑事、民事案件处理等,而且朱某受贿次数多,持续20余年,而判决书在阐述裁判理由时,对于上述情节只字未提。表明在《刑法修正案(九)》提高非数额情节在受贿罪量刑中权重的立法背景之下,法院在实践中仍未对受贿案件的非数额罪中情节给予应有的关注和考虑。

---

① 陈兴良主编:《刑法总论精释》(第2版),人民法院出版社2011年版,第407页。

（二）适用死缓的数额标准一再提高

调查显示，《刑法修正案（九）》施行后，受贿犯罪适用死缓刑数量明显减少，适用死缓案件的受贿数额也由之前通常掌握的1000万元至2000万元左右骤升为1.4亿元。可以说，《刑法修正案（九）》施行后不仅已将适用死刑的案件数量控制为零，而且也大幅减少了受贿案件死缓刑的适用，实现了限制和减少死刑适用（包括死缓）的刑事政策目的，具有正向的作用。但是，由此带来的问题是实践中适用死缓的数额标准一再提高，不仅高出《刑法修正案（九）》施行前死缓通常数额标准上亿元，甚至高于之前适用死刑的受贿案件犯罪数额。而且，《刑法修正案（九）》施行后判处的省部级官员受贿案件中，有6个案件受贿数额超过8000万元，没有特殊量刑情节，犯罪人均被判处了无期徒刑，这一现象也表明当前法院对受贿罪适用死缓刑掌握的数额标准通常不低于8000万元。这样的司法掌握标准尽管能够起到一定的对受贿罪减少死刑（包括死缓）适用的作用，但是在犯罪数额对量刑起到决定性影响力的情况下，量刑数额标准的大幅度攀升，容易引发公众产生对受贿犯罪降低惩罚力度的质疑；同时对于犯罪数额和情节相似的受贿案件，也可能出现三年前被判处死缓，三年后则判处有期徒刑的情况，不利于实现罪刑相适应。

（三）决定可不立即执行的量刑情节功能差异模糊

笔者的上述调查显示，我国司法机关处理的受贿犯罪适用死缓的案件，决定其可不立即执行的情节主要集中在主动交代犯罪、认罪态度好、赃款赃物全部或大部追缴等几个方面；但是，这几个方面的情节自身影响量刑的功能差异，以及不同情节对量刑影响的功能差异没有在判决中清楚地表述和释明。

一是各个情节自身影响量刑的功能差异没有体现。主要表现在认罪态度、赃款赃物追缴退缴、立功等各类情节中，对量刑影响程度不同的情节，判决中没有体现出不同的从宽幅度考虑。例如，主动交代大部分罪行和主动交代小部分罪行，犯罪人交代的犯罪事实在整个犯罪中所占比例的大小不同，应当影响对其从宽量刑功能大小与强弱的发挥；再如，主动退缴赃款赃物与被动追缴赃款赃物，前者犯罪人的主观可原宥性要大于后者，前者对司法资源的节省也要大于后者，其对量刑的影响功能也是有区别的；还如，认罪悔罪与认罪态度较好也是有区别的，前者犯罪行为人是对所犯罪行危害性的内心认可和悔悟，而后者犯罪行为人只是较好的认识到自己所犯罪行的危害性,两者在主观上的可原宥性与可改造性也有一定差距。

二是决定死刑可不立即执行的不同量刑情节相互之间的影响力功能的作用大小不分。笔者调查的受贿犯罪适用死缓的案件情况显示,同时具备主动交代犯罪、坦白、认罪悔罪以及追缴赃款赃物多种情节并存的居多,但是,少数案件中只具备其中某一项或少数几项情节。那么,在案件犯罪数额相当,且具有其他相似情节的情况下,只是具备一个或者少数几个从宽情节的案件,与具备多个从宽情节的案件,法院判决不阐述任何理由即判处同样刑罚,将各量刑情节的功能、作用力混为一谈。

以上问题的存在,表明司法实践中法院在对受贿罪适用死缓刑中忽略了对非数额罪中情节对量刑的影响,与适用死刑中对量刑标准的把握相比在全面性、科学性上有明显欠缺,数额标准的不断提高也会导致司法难以实现罪刑相适应的原则;此外,司法实践将是否立即执行的因素局限于四类罪后情节有失偏颇,同时在具体审判中对上述情节的功能、作用力的考量采用"估堆式"方式进行,缺乏精细化判断,在刑罚个别化、罪刑相适应上打折扣,进而影响判决的公正性。

第三节　无期徒刑的适用

无期徒刑是剥夺犯罪分子终身自由,并强制劳动改造的刑罚方法。无期徒刑是我国刑法对情节特别严重的受贿犯罪分子所规定的一种仅次于死刑的严厉刑罚方式,在受贿罪保留死刑的情况下,也是替代和限制死刑适用的重要途径之一。[①] 无期徒刑的严厉性与替代性,决定了司法实践中适用的慎重性和适用尺度的疑难程度。

一、受贿罪适用无期徒刑的案件数量与适用条件变化

根据1997年《刑法》规定,受贿罪判处无期徒刑的数额标准为10万元以上,《刑法修正案(九)》施行后"两高"司法解释将该数额标准提高到300万元以上。以上法律规定的变化必然导致实践中对受贿罪适

① 陈兴良主编:《刑法总论精释》,人民法院出版社2011年版,第733页。

用无期徒刑实际掌握的数额标准大幅度提高，受贿罪适用无期徒刑的数量与比例也会随之发生变化。

（一）适用无期徒刑的受贿案件数量和比率超过适用死缓案件

调查显示，《刑法修正案（九）》施行之前，40 件省部级官员受贿案件中适用无期徒刑的有 12 件，适用死缓的有 14 件；100 件其他人员受贿案件中适用无期徒刑的有 1 件，适用死缓的有 3 件；总计适用无期徒刑案件占比 9.3%，适用死缓案件占比 12.1%，前者较后者低了 2.8%（见表 6－7 和表 6－4）。以上适用数量及比例对比显示，该阶段我国司法机关对受贿犯罪死刑的替代适用上，死缓较无期徒刑占据了更为重要的地位。《刑法修正案（九）》施行之后，40 件省部级官员受贿案件中适用无期徒刑的有 6 件，适用死缓的有 2 件；50 件其他人员受贿案件中适用无期徒刑、死缓的均为 0 件；总计适用无期徒刑案件占比 6.7%，适用死缓案件占比 2.2%，前者较后者高出 4.5%（见表 6－7 和表 6－4）。以上适用数量及比例对比显示，《刑法修正案（九）》施行之后至 2017 年年初，我国司法机关更加注重无期徒刑的适用，对受贿犯罪死刑的替代适用上减轻了对死缓的依赖，无期徒刑发挥了更大作用。例如《刑法修正案（九）》施行后判处无期徒刑的申某、苏某、杜某、谭某四案，受贿数额在 8000 万元至 1.2 亿元之间，判决认定该四人具有的量刑情节为主动交代大部分（或绝大部分）受贿事实、认罪悔罪、赃款赃物全部（大部分）退缴，反观《刑法修正案（九）》施行前判处的案件，陈某受贿 2959 万元、宋某受贿 817 万元、许某受贿 3318 万元、刘某受贿 6460 万元，判决认定该四人的量刑情节同于前述案件的量刑情节，而四人均被判处死缓刑。可见，《刑法修正案（九）》施行后，随着量刑数额标准的提高，无期徒刑已经在很大程度上取代了死缓刑的适用。

（二）受贿罪适用无期徒刑与死缓的数额标准相互交叉

调查显示，法院对省部级官员受贿犯罪判处无期徒刑的案件中最高犯罪数额和最低犯罪数额分别由《刑法修正案（九）》施行之前的 3558 万元和 390 万元，提高到施行之后的 12,300 万元和 8600 万元。当前司法实践掌握的受贿罪无期徒刑数额标准已远高于《刑法修正案（九）》施行前适用死缓刑通常的 1000 万元至 2000 万元的数额标准（陈某受贿 19,500 万元判处死缓属于特例，因其具有自首、为查处他人犯罪发挥重要作用等法定和酌定从宽情节）（见表 6－7 和表 6－4）。司法实践掌握的受贿罪量刑数额标准的变化表明,过去可能适用死缓的受贿犯罪当前法院更多考虑适用无期徒刑甚至有期徒刑。

表6-7 《刑法修正案(九)》施行前后无期徒刑适用情况①

适用主体	《刑法修正案(九)》之前				《刑法修正案(九)》之后			
	案件数量/件	同期比例/%	最高数额/万元	最低数额/万元	案件数量/件	同期比例/%	最高数额/万元	最低数额/万元
省部级官员	12	30	3558	390	6	15	12,300	8611
其他人员	1	1	2400	2400	0	—	0	0
合计	13	9.3	3558	390	6	6.7	12,300	8611

二、受贿罪适用无期徒刑中各类情节运用的反差

罪中情节与罪后情节具有不同的量刑功能和不同的功能强度。笔者拟通过考察除犯罪数额之外的非数额罪中情节与罪后情节在司法实践中的适用情况,发现两类情节在量刑中功能的实际发挥状况。

(一)除个别案件外非数额罪中情节对量刑的影响在判决书中未予提及

如表6-8显示,《刑法修正案(九)》施行前,抽取案件中有13件适用了无期徒刑,其中有2件案件的判决书在裁判理由部分阐述了量刑中对非数额罪中情节的考虑,即黄某某案判决中将“身为大法官知法犯法”表述为对其从重处罚的量刑情节,朱某案判决中将“索贿”表述为对其从重处罚的量刑情节。调查表6-9显示,《刑法修正案(九)》之后适用无期徒刑的6件案件中,判决书的裁判理由中均未涉及对非数额罪中情节的考虑。此外,所有被判处无期徒刑的19件案件中,犯罪人都具有违背职责为他人谋取不正当利益、受贿行为持续多年、多次受贿等非数额罪中情节,但判决书的裁判理由中均未提及。由此可见,非数额罪中情节在受贿犯罪量刑中发挥的作用十分有限,即使在《刑法修正

① 副省部级国家工作人员适用无期徒刑案件数量,是自2007年12月到2017年2月审判并发生法律效力的80件案件样本,《刑法修正案(九)》之前后各有40件;其他人员适用无期徒刑案件数量,是自2010年到2016年北京、浙江、湖南、甘肃、贵州五省市部分基层法院、中级法院审判并发生法律效力的150件案件样本,《刑法修正案(九)》施行之前后分别有样本100件和50件。

案（九）》及"两高"司法解释对上述情节作出明确规定后，司法实践中"唯数额论"的倾向仍未得到明显改善，受贿罪量刑标准的掌握走向规范化、科学化的实际进度不容乐观。

表 6－8 《刑法修正案（九）》施行之前适用无期徒刑受贿案件情况①

被告人	犯罪次数及数额	从轻情节			从重情节
黄某某	受贿多次 390 万元	主动交代不被掌握的部分受贿	认罪悔罪	赃款大部分追缴	身为大法官知法犯法
陈某	受贿多次 819 万元	主动交代不被掌握的大部分受贿	—	赃款赃物大部分退缴	—
朱某	受贿多次 744 万元	主动交代不被掌握的大部分受贿	—	赃款赃物全部退缴	索贿
康某	受贿多次 666 万元	主动交代不被掌握的大部分受贿	认罪较好	赃款赃物全部退缴	—
李某	受贿多次 768 万元	主动交代不被掌握的绝大部分受贿	认罪较好	赃款追缴过半	—
张某	受贿多次 735 万元	主动交代不被掌握的大部分受贿	认罪较好	赃款赃物全部追缴	—
刘甲	受贿多次 817 万元	主动交代不被掌握的大部分受贿	认罪较好	赃款全部退缴	—
黄某	受贿多次 1223 万元	主动交代不被掌握的大部分受贿	认罪悔罪	赃款赃物全部退缴	—
薄某	受贿多次 2044 万元	—	—	赃款全部追缴	—
田某	受贿多次 1919 万元	主动交代不被掌握的大部分受贿	认罪较好	赃款全部追缴	—
王某	受贿多次 1073 万元	主动交代不被掌握的大部分受贿	认罪好	赃款全部追缴	—
刘乙	受贿多次 3558 万元	主动交代不被掌握的大部分受贿	认罪悔罪	赃款全部追缴	—
苏某	受贿多次 2400 万元	主动交代不被掌握的大部分受贿	—	—	—

表 6－9 《刑法修正案（九）》施行之后适用无期徒刑受贿案件情况②

被告人	犯罪次数及数额	从轻情节				从重情节
金某	受贿多次 12,373 万元	主动交代部分受贿	立功	认罪悔罪	赃款赃物全部追缴	—
申某	受贿多次 9541 万元	主动交代绝大部分受贿	—	认罪悔罪	赃款赃物全部退缴	—
万某	受贿多次 11,000 余万元	主动交代部分受贿	重大立功	认罪悔罪	赃款赃物全部退缴	—
苏某	受贿多次 11,600 余万元	主动交代部分受贿	—	认罪悔罪	赃款赃物全部追缴	—
杜某	受贿多次 8011 余万元	主动交代大部分受贿	—	认罪悔罪	赃款赃物全部退缴	—
谭某	受贿多次 8625 余万元	主动交代绝大部分受贿	—	认罪悔罪	赃款赃物大部分退缴	—

① 表中副省部级以上国家工作人员适用无期徒刑案件数量，是自 2007 年 12 月到 2015 年 10 月间判决并发生法律效力的 40 件案件样本中抽取的；抽取的 100 件其他人员受贿案件样本中，适用无期徒刑的只有 1 件。

② 表中适用无期徒刑的案件均为副省部级以上国家工作人员受贿犯罪，是从 2015 年 10 月到 2017 年 2 月间判决并发生法律效力的 40 件副省部级以上受贿犯罪案件样本中抽取的；抽取的 100 件其他人员受贿案件样本中，没有适用无期徒刑的案件。

(二)从宽的罪后情节是法院量刑中重点考量的情节

表6－8和表6－9显示,被判处无期徒刑的19件受贿案件,判决书的裁判理由中均阐述了从宽处罚的罪后情节。其中,有坦白或赃款全部追缴一个情节的各1件,有主动坦白大部受贿事实和赃款大部分退缴两个情节的2件,有主动坦白部分受贿事实、认罪悔罪和赃款部分被追缴三个情节的13件,在此情节基础上又有立功或重大立功等情节的2件。可以看出,罪后情节对于受贿案件的量刑,特别是从宽处罚起到了主要作用。

三、受贿罪适用无期徒刑标准的探析

通过以上考察可以发现,我国司法实践中对于受贿犯罪适用无期徒刑,表现出更强的替代死缓的功能,为减少和限制死缓的适用发挥了有效作用。同时,在对受贿罪判处无期徒刑中,数额情节与非数额情节之间,非数额情节中的罪中情节和罪后情节之间,所发挥的作用均呈现明显不平衡。

(一)无期徒刑替代死缓刑罚的功能得以强化

从我国刑法对刑罚体系的规定来看,无期徒刑是严厉程度仅次于死刑的刑罚,要减少死刑适用就需要从法律规定的刑罚中选择较轻的替代刑罚,无期徒刑无疑是首选。但是,由于我国刑法同时规定了死刑的缓期二年执行方式,作为限制或者减少死刑适用的方式,司法实践中通常将死缓作为死刑与无期徒刑之间的一个量刑选择。因此,无期徒刑对于死刑的替代和减少功能,通常表现在替代和减少死缓的适用上。从以上第一部分的考察可以看出,《刑法修正案(九)》施行后,司法解释将受贿犯罪数额特别巨大的基数提高至300万元以上,无期徒刑和死缓适用的案件数量较过去明显减少,但是,无期徒刑的适用数量和比例明显多于和高于死缓的适用情况;《刑法修正案(九)》施行之前可能判处死缓的案件,之后均适用了无期徒刑。这些趋势揭示了我国司法机关在审理受贿案件时,对适用无期徒刑这种严厉刑罚的慎重以及以无期徒刑替代和减少死缓适用的倾向。

(二)非数额罪中情节功能被严重虚置

罪中情节反映的是犯罪行为人在施行犯罪过程中,犯罪人主观心理状态和犯罪行为对社会的危害程度,在决定法定刑幅度和刑种、刑期选择上起到重要的基准性作用；而罪后情节反映的是行为人实施犯罪行为后，其主观心理状态以及对危害结果的弥补情况，一般不影响法定刑幅度，是影响刑种、刑期选择的重要考量要素，对量刑起到调节作用。可见，在量刑中罪中情节的作用应当大于罪后情节。但是，从笔者的第二部分的考察情况看，判处无期徒刑的受贿案件量刑中基本上是犯罪数额发挥决定性作用，只有个别案件对部分非数额罪中情节予以考虑，其他具有从宽或从严功能的非数额罪中情节，法院判决中均未予考虑；相反，从宽的罪后情节则是法院量刑时着重考虑的因素。

在对受贿案件的处理中适用死缓减少、适用无期徒刑增多的现象表明，我国司法机关对受贿犯罪的惩处改变了过去一味倚重死刑、死缓等严厉刑罚的做法，对受贿罪的量刑逐步在向轻缓化迈进，同时也为下一步对受贿罪取消死刑奠定了实践基础，符合当代刑罚制度的发展趋势。但在量刑中对非数额罪中情节的忽视，使数额成为受贿犯罪刑罚裁量中唯一考量的基准因素，许多直接体现受贿行为社会危害性以及受贿犯罪人主观恶性的罪中情节被忽视，不符合罪刑相适应的原则。

第四节　有期自由刑的适用

根据我国刑法规定，受贿罪适用的有期自由刑包括有期徒刑和拘役。[①] 本节拟研究有期徒刑和拘役在受贿案件中的适用情况。

一、受贿罪适用10年以上有期徒刑中数额对刑期影响的考察

（一）《刑法修正案（九）》施行之前刑期与犯罪数额的关系

根据《刑法修正案（九）》施行之前的1997年《刑法》规定，受贿数额在10万元以上对应的有期徒刑刑罚幅度为10年以上有期刑期。为

① 根据1997年《刑法》第383条规定："对犯贪污罪的，根据情节轻重，分别依照下列规定处罚：（一）贪污数额较大或者有其他较重情节的，处三年以下有期徒刑或者拘役，并处罚金。（二）贪污数额巨大或者有其他严重情节的，处三年以上十年以下有期徒刑，并处罚金或者没收财产。（三）贪污数额特别巨大或者有其他特别严重情节的，处十年以上有期徒刑或者无期徒刑，并处罚金或者没收财产；数额特别巨大，并使国家和人民利益遭受特别重大损失的，处无期徒刑或者死刑，并处没收财。"第386条规定："对犯受贿罪的，根据受贿所得数额及情节，依照本法第三百八十三条的规定处罚。索贿的从重处罚。"

了探明该量刑幅度内受贿数额对刑期的具体影响，笔者对样本中《刑法修正案（九）》施行之前判决的判处10年以上有期徒刑的66件受贿案件进行了量化统计分析。首先，发现受贿犯罪适用的有期徒刑10年到15年的刑期中，每提高两年刑期，其犯罪数额则成倍增长，刑期越高则倍数增长越大。调查表6－10显示，适用有期徒刑10年到11年的受贿犯罪最低数额为10万元不满20万元；而适用有期徒刑12年到13年的受贿犯罪最低数额则为20万元不满150万元；适用有期徒刑14年到15年的受贿犯罪最低数额则高达300万元以上，最高到4856万元。其次，发现受贿数额的大小与刑期的长短基本对应，受贿数额越大则有期徒刑的刑期也越长。表6－10显示，适用有期徒刑10年的最高受贿数额为359.2万元，适用有期徒刑11年的最高受贿数额为370万元，适用有期徒刑12年的最高受贿数额为3979万元（此案中被告人具有重大立功、认罪悔罪、如实供述犯罪、赃款赃物全部退赔的法定减轻和从轻处罚情节，加之该案存在特殊背景，法院量刑时作出特殊掌握，因此该案所体现出的数额与刑期的关系仅是个别现象，不能用作规律分析），适用有期徒刑13年的最高受贿数额为400万元，适用有期徒刑14年的最高受贿数额为600万元，适用有期徒刑15年的最高受贿数额为4856万元。最后，还发现受贿案件适用10年以上有期徒刑的5年刑期差距，所对应的犯罪数额由最低的10万元不满20万元到最高的4856万元，之间存在4840余万元的巨大差距。

（二）《刑法修正案（九）》施行之后刑期与犯罪数额的关系

根据《刑法修正案（九）》和“两高”司法解释规定，受贿数额在300万元以上，或者150万元以上不满300万元同时具有其他特别严重情节的，可依法判处10年以上有期徒刑。①

---

① 《刑法修正案（九）》第44条第3项规定：“贪污数额特别巨大或者有其他特别严重情节的，处十年以上有期徒刑或者无期徒刑，并处罚金或者没收财产；数额特别巨大，并使国家和人民利益遭受特别重大损失的，处无期徒刑或者死刑，并处没收财产。”《最高人民法院、最高人民检察院关于办理贪污贿赂案件适用法律若干问题的解释》第3条规定：“贪污或者受贿数额在三百万元以上的，应当认定为刑法第三百八十三条第一款规定的‘数额特别巨大’，依法判处十年以上有期徒刑、无期徒刑或者死刑，并处罚金或者没收财产。受贿数额在一百五十万元以上不满三百万元，具有本解释第一条第三款规定的情形之一的，应当认定为刑法第三百八十三条第一款规定的‘其他特别严重情节’，依法判处十年以上有期徒刑、无期徒刑或者死刑，并处罚金或者没收财产。”

通过对《刑法修正案(九)》施行之后判处10年以上有期徒刑的35件案件进行调查发现,首先,35件案件均为受贿数额300万元以上的,受贿150万元以上不满300万元同时具有其他特别严重情节的案件数量为零。其次,适用10年以上各刑期的最高受贿数额与之前相比明显提高,且刑期越高数额提高幅度越大。表6-10显示,适用有期徒刑10年的案件,最高受贿数额已从《刑法修正案(九)》施行之前的359.2万元提高到施行之后的1118万元;适用15年有期徒刑的案件,最高受贿数额从施行之前的4856万元提高到6056万元。

表6-10 《刑法修正案(九)》施行前后判处10年以上有期徒刑案件中数额与刑期关系的情况①

刑期/年		数额满10万元不满20万元/人	数额满20万元不满150万元/人	数额满150万元不满300万元/人	数额300万元以上/人	最高数额/万元
《刑法修正案(九)》之前	10	7	19	4	1	359.2
	11	1	3	3	2	370
	12	—	2	4	4	3979
	13	—	1	2	4	400
	14	—	—	—	3	600
	15	—	—	—	8	4856
《刑法修正案(九)》之后	10	—	—	—	2	1118
	11	—	—	—	5	1356
	12	—	—	—	14	2046
	13	—	—	—	6	2371
	14	—	—	—	2	2328
	15	—	—	—	6	6056

① 表中所列不同有期徒刑刑期包括该刑期本数及以上1个月到不满12个月的刑期。例如,有期徒刑10年包括有期徒刑10年、有期徒刑10年零1个月、10年零2个月,直到10年零11个月。表中案件来源于《刑法修正案(九)》施行前和施行后副省部级国家工作人员犯罪案件各40件,《刑法修正案(九)》施行前和施行后其他人员受贿案件分别为100件和50件。

二、受贿罪适用 10 年以下有期徒刑和拘役中数额对刑期影响的考察

(一)《刑法修正案(九)》施行前刑期与犯罪数额的关系

根据《刑法修正案(九)》施行前 1997 年《刑法》的规定,受贿数额在 5 万元以上不满 10 万元的,处 5 年以上有期徒刑;受贿数额在 5000 元以上不满 5 万元的,处 1 年以上 7 年以下有期徒刑,情节严重的,处 7 年以上 10 年以下有期徒刑;受贿数额不满 5000 元且情节较重的,处 2 年以下有期徒刑或者拘役。

通过对本书抽取的《刑法修正案(九)》施行前判决的案例调查发现,一是判处有期徒刑 10 年以下刑罚的案件中,属于按照法律规定数额标准在法定刑幅度内判刑的占少数,属于在法定数额标准对应的量刑幅度以下减轻处罚的占多数。表 6－11 显示,判处 10 年以下有期徒刑的案件中,在法定量刑幅度内适用刑罚的有 9 件,刑期均为 5 年以下有期徒刑;而在法定量刑幅度之下适用刑罚的多达 34 件,其中 33 件受贿数额在 10 万元以上,最多的为 305 万元,有 1 件受贿数额为 7 万元。这表明,受贿数额超过 10 万元的,减轻处罚的案件所占比例很高;受贿数额不满 5 万元的案件,则都在法定刑幅度内量刑。二是适用较轻刑罚的受贿案件很少。表 6－11 显示,判处 3 年以下有期徒刑的案件仅有 1 件,适用拘役刑的案件数为零。三是没有发现未达起刑点因情节较重被追究刑事责任的案件。

(二)《刑法修正案(九)》施行后刑期与犯罪数额的关系

根据《刑法修正案(九)》及"两高"司法解释规定,受贿数额在 20 万元以上不满 300 万元,以及受贿数额在 10 万元以上不满 20 万元,同时具有司法解释规定的从严处罚情节之一的,依法判处 3 年以上 10 年以下有期徒刑;受贿数额在 3 万元以上不满 20 万元,以及受贿数额在 1 万元以上不满 3 万元,同时具有司法解释规定的从严处罚情节之一的,依法判处 3 年以下有期徒刑或者拘役。①

---

① 《贪污贿赂解释》第 1 条第 2、3 款规定:"贪污数额在一万元以上不满三万元,具有下列情形之一的,应当认定为刑法第三百八十三条第一款规定的'其他较重情节',依法判处三年以下有期徒刑或者拘役,并处罚金:(一)贪污救灾、抢险、防汛、优抚、扶贫、移民、救济、防疫、社会捐助等特定款物的;(二)曾因贪污、受贿、挪用公款受过党纪、行政处分的;(三)曾因故意犯罪受过刑事追究的;(四)赃款赃物用于非法活动的;(五)拒不交待赃款赃物去向或者拒不配合追缴工作,致使无法追缴的;(六)造成恶劣影响或者其他严重后果的。受贿数额在一万元以上不满三万元,具有前款第二项至第六项规定的情形之一,或者具有下列情形之一的,应当认定为刑法第三百八十三条第一款规定的'其他较重情节',依法判处三年以下有期徒刑或者拘役,并处罚金:(一)多次索贿的;(二)为他人谋取不正当利益,致使公共财产、国家和人民利益遭受损失的;(三)为他人谋取职务提拔、调整的。"

通过《刑法修正案(九)》施行后判决的案例调查发现,一是判处有期徒刑10年以下刑罚的案件中,多数是按照法律规定数额标准在法定刑幅度内判刑,少数在法定数额标准对应的量刑幅度以下减轻处罚。表6-11显示,受贿数额20万元不满300万元的案件中,有21件在法定刑罚幅度内量刑,有4件被减轻处罚判处3年以下有期徒刑;2件案件受贿数额在300万元以上被减轻处罚判处10年以下有期徒刑;此外还有15件案件受贿数额不满20万元,被判处3年以下有期徒刑。二是判处有期徒刑10年以下的受贿案件,刑期主要集中在有期徒刑5年以下这个区间,5年以上不满10年有期徒刑的适用较少,拘役刑则没有案件适用。表6-11显示,判处3年以下有期徒刑的19件,判处3年以上5年以下的20件;而判处有期徒刑5年以上10年以下的案件有4件,适用拘役的案件数为零。三是少数案件适用司法解释规定的加重情节被升格判处刑罚。表6-11显示,有4件受贿数额不满20万元的案件,因具有加重处罚情节被判处3年以上有期徒刑;有2件受贿数额1万元以上不满3万元的案件被判处刑罚,其中1件受贿数额为2.7万元,虽然没有司法解释规定的加重处罚的情节,但考虑到被告人具有利用公安机关看守所协警身份受贿的情节,故被认定构成受贿罪判处有期徒刑8个月零20天;另外1件受贿数额为2万元,因具备司法解释规定的加重处罚情节之一"拒不配合追缴工作,致使无法追缴的",而被定罪判处有期徒刑9个月。[①]

---

① 详见浙江省诸暨市人民法院2016年1月16日作出的(2015)绍诸刑初字第959号刑事判决书,湖南省岳阳县人民法院2016年6月12日作出的(2016)湘0621刑初62号刑事判决书。"两高"《贪污贿赂解释》对受贿犯罪数额加重情节的规定于2016年4月18日公布施行,故浙江诸暨市法院的案件没有适用该解释,而是根据法院对《刑法修正案(九)》规定的"其他较重情节"的理解而进行定罪量刑的。

表 6－11 《刑法修正案(九)》施行前后判处 10 年以下有期徒刑(不包括 10 年)和拘役受贿案件中数额与刑期关系的情况①

刑期		数额不满5000元	数额满5000元不满5万元/人	数额满1万元不满3万元/人	数额满5万元不满10万元/人	数额满3万元不满20万元/人	数额满10万元不满20万元/人	数额满20万元不满300万元/人	数额300万元以上/人	最高数额/万元
《刑法修正案(九)》之前	拘役	—	—	—	—	—	—	—	—	—
	不满3年	—	1	—	—	—	—	—	—	4
	3年	—	2	—	1	—	—	—	—	7
	4年	—	—	—	—	—	1	—	—	12
	5年	—	—	—	6	—	5	9	—	35
	6年	—	—	—	—	—	2	8	—	107
	7年	—	—	—	—	—	—	3	—	238
	8年	—	—	—	—	—	—	2	—	93
	9年	—	—	—	—	—	1	1	1	305
《刑法修正案(九)》之后	拘役	—	—	—	—	—	—	—	—	—
	不满3年	—	—	2	—	9	4	4	—	106
	3年	—	—	—	—	—	—	12	—	91
	4年	—	—	—	—	—	—	6	1	390
	5年	—	—	—	—	—	—	1	—	127
	6年	—	—	—	—	—	—	1	—	187
	7年	—	—	—	—	—	—	—	—	—
	8年	—	—	—	—	—	—	1	1	557
	9年	—	—	—	—	—	—	—	—	—

① 表中所列不同有期徒刑刑期包括该刑期本数及以上 1 个月到不满 12 个月的刑期。例如,有期徒刑 3 年包括有期徒刑 3 年、有期徒刑 3 年零 1 个月、3 年零 2 个月,直到 3 年零 11 个月。表中案件来源于《刑法修正案(九)》施行前和施行后副省部级国家工作人员犯罪案件各 40 件,《刑法修正案(九)》施行前和施行后普通国家工作人员犯罪案件分别为 100 件和 50 件。其中《刑法修正案(九)》施行之前被适用有期徒刑 9 年以上刑罚的案件最高受贿数额为 305 万元,为王某受贿案件,因重大立功被减轻处罚。

三、受贿罪适用有期徒刑中非数额情节发挥作用的考察

量刑情节与犯罪人及其侵害行为密切相关,表明行为的社会危害性程度和行为人的人身危险性程度具有据以决定量刑轻重的功能。[①]数额情节在决定受贿犯罪刑罚中所起的作用毋庸置疑,非数额情节的作用是本书关注的重点,因此本研究拟对非数额情节与刑罚之间的关系进行研究,以探究罪前情节、非数额罪中情节和罪后情节分别在适用有期徒刑的受贿案件中对刑罚裁量的影响。通过调查总的来看,《刑法修正案(九)》施行前后,以上三类情节在适用有期徒刑的受贿案件中对刑罚裁量的影响作用没有发生明显的变化。

(一)罪后情节在裁量刑罚中产生重要影响

通过调查发现,一是罪后情节是受贿案件刑罚裁量中普遍考虑的量刑情节。表6-12显示,《刑法修正案(九)》施行前,适用有期徒刑的107件案件中,罪后情节发挥影响量刑裁量功能的案件数量有102件,占比95%,仅有5个案件的判决书中未涉及罪后情节;《刑法修正案(九)》施行后,适用有期徒刑的78件案件全部都是在考虑罪后情节基础上作出判决,罪后情节发挥影响刑罚裁量功能的比例为100%。二是如实供述自己罪行、真诚悔罪、积极退赃等由酌定情节变为法定情节,前后适用情况没有明显变化。调查显示,实践中受贿案件中考虑的常见的罪后情节包括自首、坦白、立功、如实供述、认罪悔罪、拒不认罪、退赔赃款赃物等,除了1997年《刑法》总则规定的自首、坦白、立功外,其余情节均是刑法没有规定的酌定情节,然而,表6-12中95%的适用率表明,如实供述、认罪悔罪、退赃等尽管是酌定情节,却已被法院广泛适用于受贿犯罪案件的量刑中,之后《刑法修正案(九)》将上述罪后情节纳入刑法,使之由酌定情节升格为法定情节,[②]对上述罪后情节在受贿罪量刑中的适用没有大的影响。

---

① 于志刚主编:《刑罚制度适用中的疑难问题研究》,吉林人民出版社2001年版,第1、16页。

② 《刑法修正案(九)》第44条第3款规定,"犯第一款罪,在提起公诉前如实供述自己罪行、真诚悔罪、积极退赃,避免、减少损害结果的发生,有第一项规定情形的,可以从轻、减轻或者免除处罚;有第二项、第三项规定情形的,可以从轻处罚。"

(二)非数额罪中情节在裁量刑罚中发挥的作用非常有限

通过调查发现,一是非数额罪中情节在判处有期徒刑的受贿案件量刑中产生的影响极其微弱。表 6－12 显示,案例库中共计 185 件受贿案件被判处有期徒刑,判决书中记载非数额罪中情节对量刑产生影响的有 29 件,占比 15.6%。而实际上从案件事实看,以上案件中绝大多数都存在犯罪人持续多年多次实施受贿行为、为行贿人谋取不正当利益、造成损失和恶劣社会影响等非数额罪中情节,由此可见,在大部分判处有期徒刑受贿案件的审判中,非数额罪中情节在法院裁量刑罚时被忽略。

二是《刑法修正案(九)》提升了非数额情节在量刑中的地位,并且“两高”司法解释明确将谋取不正当利益、造成损失、产生恶劣社会影响等规定为受贿罪的加重处罚情节,但即便如此,非数额罪中情节在受贿罪量刑中没有受到重视的状况仍没有实质性改变。表 6－12 显示,《刑法修正案(九)》施行前的 107 件判处有期徒刑的受贿罪案件,裁判理由中提到非数额罪中情节对量刑产生影响的有 14 件,占比约 13.08%;《刑法修正案(九)》施行后的 78 件判处有期徒刑的受贿罪案件,裁判理由中提到非数额罪中情节对量刑产生影响的有 15 件,占比 19.23%。虽然《刑法修正案(九)》施行后,非数额罪中情节的适用较之前略有提高,但是离其在量刑中应有的功能价值尚有很大差距。例如聂某收受 37 人贿赂 4458 万余元,判处有期徒刑 15 年。聂某为其中 36 名行贿人谋取的利益都是职务晋升和调整,属于典型的具有“为他人提供职务提拔、调整”法定从严处罚情节的受贿,但上述情节在裁判理由中没有体现,法院在考虑犯罪数额的基础上鉴于其具有的主动交代、认罪悔罪等罪后情节对其从轻处罚。

三是司法考量的罪中情节种类单一。调查显示,29 件对非数额罪中情节予以考虑的案件中,提到的非数额罪中情节仅包括索贿和共同犯罪的主犯、从犯,即使“两高”司法解释明确规定了“为他人谋取职务提拔、调整”“拒不交待赃款赃物去向或者拒不配合追缴工作,致使无法追缴的”等情节,但只有 3 件案件的裁判理由中提到了对上述情节的考量,其他具有上述情节的案件裁判理由中均未提及。

(三)罪前情节发挥作用极为有限

调查表 6－12 显示,案例库中共计 185 件被判处有期徒刑的受贿案件,只有7件案件的裁判理由中提到罪前情节对刑罚裁量的影响,而且这些情节均为“初犯”。很显然,与罪中情节和罪后情节相比,法院在对受贿罪裁量刑罚中对犯罪人的一贯表现等罪前情节关注很少,罪前情节的功能在受贿案件量刑中发挥作用极为有限。

表6-12 适用有期徒刑受贿案件中犯罪情节考量情况①

时间	案件总数/件	有期徒刑以下主刑/件	罪前情节/件	罪中情节/件	罪后情节/件
《刑法修正案(九)》之前	140	107	2	14	102
《刑法修正案(九)》之后	90	78	5	15	78

四、受贿罪适用有期自由刑标准的探析

通过以上三个方面的调查,笔者将受贿罪适用有期自由刑案件的标准上存在的问题概括如下:

(一)犯罪数额对刑罚轻重起决定性作用

调查显示,在法院对受贿犯罪判处有期自由刑的过程中,犯罪数额对具体刑罚起到了决定性的作用,数额无限与刑期有限的矛盾凸显。首先,除了少数具有法定减轻处罚情节的案件外,绝大部分案件中对犯罪人适用的量刑档是根据受贿数额确定的;其次,在确定的量刑档之内,法院通常根据受贿数额的大小在量刑幅度内选择对犯罪人判处刑期的长短,原则上数额越大刑期越长。但是,近年来随着受贿犯罪数额的大幅度提高,犯罪数额与法院宣告刑期不相对应的矛盾逐渐凸显。根据调查,该矛盾在有期徒刑10年至15年的区间内尤为突出,如表6-10显示,5年的刑期之差对应的是300余万元到6000余万元的受贿数额之差,不论如何精准量刑都难以做到犯罪数额与刑期的合理对应;10年以下自由刑也存在同样问题,只是程度较轻而已。由于无限的受贿数额和有限的刑期之间的矛盾,加之刑罚裁量中对犯罪数额过度依

① 表中案件来源于《刑法修正案(九)》施行前和施行后副省部级国家工作人员犯罪案件各40件,《刑法修正案(九)》施行前和施行后其他人员受贿案件分别为100件和50件。表中数据为含有量刑情节的案件数量,这些案件的判决书本院认为部分明确表明对量刑发挥影响作用的情节,或含有罪前情节,或含有罪中情节,或含有罪后情节,或者同时含有两种以上情节。

赖以及对非数额情节的忽视,造成许多受贿数额差额巨大的案件之间犯罪人的刑罚所差无几。

导致以上问题的原因应当是刑法对受贿罪犯罪数额的过于关注,尽管《刑法修正案(九)》改变了这一惯性做法,规定了受贿犯罪数额与其他犯罪情节并重的刑罚标准,强调了其他犯罪情节与犯罪数额同等地对刑罚的选择产生影响。但相关司法解释又拉回到过去强调犯罪数额的做法,重新确立了受贿数额在量刑中的基准性地位,剥夺了其他情节独立作为量刑标准的资格,其他情节对量刑的作用必须建立在一定的受贿数额标准之上。在此背景下,狭小的刑期空间对应的受贿数额差异又不断攀升,裁判者固守以数额为基准的司法习惯,不去树立和引导其他情节是影响刑罚重要因素的价值理念,就难免使公众形成受贿数额与刑期应成正比,但实践中二者之间比例失调的认识。

(二)拘役刑没有发挥有效作用

根据我国《刑法》的规定,受贿犯罪适用的最轻自由刑为拘役。拘役是一种剥夺犯罪分子短期人身自由,就近强制劳动改造的刑罚方法。[①] 拘役作为一种较轻的剥夺犯罪人自由的刑罚,对于罪刑较轻、人身危险性较小,无需动用徒刑的犯罪人,拘役是一种恰当的改造手段,有利于实现罪刑相适应和刑罚个别化;此外,判处拘役刑不会造成犯罪人因长期与社会隔离而与社会生活格格不入,同时也可避免给犯罪人家庭造成精神和经济的不幸。[②] 尽管拘役刑有以上优势,但调查显示实践中对受贿的犯罪人适用拘役刑的居然为零。这一“零适用”现象,可能是笔者调查案件数量与范围的局限所致,但是也足以说明拘役刑在受贿犯罪中适用受限的客观现象。

笔者分析,导致这一现象的出现主要有两方面原因。一是情节较轻、适合适用拘役刑的受贿案件很少。如前所述,实践中大量受贿数额较低、情节较轻的受贿犯罪未进入司法程序,而是为党纪、政务处分所

---

① 陈兴良主编:《刑法总论精释》,人民法院出版社 2011 年版,第 740 页。

② 参见张小虎:《刑罚论的比较与建构》,群众出版社 2010 年版,第 118 ~ 119 页;邱兴隆、许章润:《刑罚学》,中国政法大学出版社 1999 年版,第 200 页;赵秉志主编:《刑法修改研究综述》,中国人民公安大学出版社 1990 年版,第 173 ~ 174 页;高格:《论进一步完善我国的刑罚制度》,载杨敦先等主编:《刑法发展与司法完善》,中国人民公安大学出版社 1989 年版,第 148 页。

代替。根据1997年《刑法》规定，受贿数额不满5000元，情节较重的，可判处拘役；根据《刑法修正案（九）》修订后的刑法以及司法解释规定，受贿3万元以上不满20万元，或者受贿数额在1万元以上不满3万元，具有其他较重情节的，可以判处拘役。根据表6－11统计，符合上述数额条件的案件共计只有15件。符合判处拘役刑数额条件的受贿行为数量很少，是导致拘役这一较轻刑罚难以发挥作用的首要因素。二是对受贿罪刑事政策的不当理解。我国历来对受贿等腐败犯罪持从严惩处的刑事政策，社会公众以及立法、司法机关都不同程度形成了认识误区，认为更重的刑种和更长的刑期才能体现严惩，强调刑罚轻缓就有放纵犯罪、违背从严惩处的刑事政策之嫌。所以实践中法院在对受贿罪裁量刑罚时，可以判处有期徒刑或拘役的情况下通常首选有期徒刑，如果认为罪行较轻、不执行有期徒刑也不致再危害社会的就适用缓刑，轻易不会选择拘役刑这种体现刑罚轻缓化的刑罚，如表6－11显示，前述符合适用拘役刑数额条件的15件案件在实践中都被判处了三年以下有期徒刑。这种做法能够迎合大环境下公众对从严惩处腐败犯罪的要求，使司法者避免外来责难。

（三）过度重视罪后情节而忽视非数额罪中情节和罪前情节

如前所述，我国法院在对判处有期徒刑的受贿案件裁量刑罚中，除了受贿数额这一量刑基准发挥决定性作用之外，其他非数额情节中，罪后情节被法院高度重视，在判决书的裁判理由中适用率高达97.2%，而非数额罪中情节的适用率不到20%，对罪前情节的适用率更是不足10%。而且，司法实践对受贿罪量刑中重视罪后情节而忽视非数额罪中情节和罪前情节的现象并没有随着《刑法修正案（九）》对罪中情节和罪后情节进一步作出规定而发生实质性的变化。

重罪后情节而轻非数额罪中情节和罪前情节的倾向，探究其原因主要有两个方面：一是司法机关基于功利的考虑，愿意以减轻刑罚处罚作交换鼓励被告人主动交代自己的罪行、积极退缴犯罪所得、检举他人犯罪等，以便于节省司法资源、突破案件，因此，如实供述犯罪事实、认罪悔罪、追缴赃款赃物、立功等罪后情节容易得到司法机关的从宽处罚。二是长期以来刑法对受贿罪规定了与贪污罪相同的量刑标准和刑罚幅度，导致社会公众甚至司法机关都不同程度的将受贿罪视同于财产犯罪，忽视了其对职务公正性法益的侵犯，因此，在实践中将审判焦点集中在利用职务获得财物的数额大小上，以及获得财物是否追回等状况上，而没有更多地关注受贿人对职务公正性损害等犯罪过程中的情节，也没有更多关心反映行为人主观恶性大小的一贯表现等罪前情节。三是《刑法修正案（九）》修改之前的刑法，只要受贿数额 10 万元以上，所对应的法定刑就是 10 年以上有期徒刑、无期徒刑直至死刑，司法机关为了使这一过于教条、严厉的量刑规定运用在具体案件中获得相对轻缓、合理的判处结果，最常用的方式就是尽可能发掘甚至制造被告人具有自首、立功、坦白等罪后情节，并以此为理由对被告人从轻或减轻处罚，久而久之，司法机关形成了注重上述量刑情节的司法习惯。四是《刑法修正案（九）》单独在受贿罪和贪污罪的条款中将多个长期实践中法院酌情考虑的从宽罪后情节法定化，但关于从严非数额罪中情节和罪前情节，“两高”司法解释却降低了修正案规定的其在决定受贿罪量刑中的独立地位，规定这些情节只能在一定数额基础之上才能发挥调节量刑作用。对于司法机关而言，以上立法和司法解释的规定代表了立法机关和最高司法机关的态度和立场，因此立法和司法解释体现出的强化罪后情节、淡化罪中情节的态度，对司法实践的掌握会产生很大导向作用。

第五节　小　结

在前述章节分别对受贿罪的起刑点、刑罚标准、量刑情节、刑罚体系的立法设置进行规范分析研究的基础上，本章通过对司法实践中受贿案件的刑罚裁量情况进行实证研究，以检验受贿罪刑罚制度的实际运用情况。对 139 件省部级官员受贿犯罪案件、150 件其他人员受贿案件，以及另外一些被判处死刑和死缓减为无期徒刑后终身监禁的案件的一审判决书进行研究，在统计分析的基础上，对受贿罪适用死刑（仅指死刑立即执行）、死缓、无期徒刑、有期自由刑的刑罚裁量情况的表象进行描述，并对实践中数额和其他各类非数额情节对量刑的影响、各量刑情节功能差异的体现、《刑法修正案（九）》施行前后司法机关对受贿罪量刑情节掌握的变化等问题进行探究，发现以下突出问题：数额在受贿案件量刑中起到绝对的基准作用，近年来法院实际掌握的数额量刑标准呈持续大幅提高趋势;非数额罪中情节除了在决定对被告人判处死刑的案件中发挥较大作用外,在判处其他刑罚的案件中发挥的作用非常有限;法院在受贿罪量刑中对于不同非数额情节影响量刑的功能和作用力缺乏精细化判断,存在对从宽的罪后情节考量过度、对从严的罪中情节评价不足的问题。以上研究结论一方面印证了前面章节对受贿罪刑罚制度的评析,另一方面也为受贿罪刑罚制度的重构奠定了实践基础。

第七章　受贿罪刑罚制度的重构

前面的章节首先从理论层面对我国受贿罪刑罚现行规定进行了评析，又通过实证研究验证了现行立法和司法解释在实践中存在的问题。本章拟在前述研究的基础上，尝试对进一步完善我国受贿罪刑罚制度提出一些大胆的设想和建议，以期有效解决受贿罪量刑失衡问题，实现法律的公平正义价值。

第一节　重构我国受贿罪刑罚制度的证成

一、我国受贿罪刑罚制度重构的问题缘由

通过本书前述章节的研究发现，长期以来我国受贿罪刑罚制度在起刑点、刑罚标准、刑罚体系等方面存在明显弊端，尽管为顺应国家反腐败形势需要，我国受贿罪刑罚的规定不断尝试进行调整，但是由于立法等机关修法的态度十分谨慎，调整之后的规定，对受贿罪与贪污罪同罚、犯罪数额为刑罚基准、受贿罪保留死刑等基本制度始终没有实质性改变。同时，实证研究发现，上述制度缺陷的弊端在司法实践中被进一步放大，例如刑法和司法解释将非数额情节规定为决定受贿罪刑罚的考量因素之一，司法实践中却存在“唯数额论”倾向，侦查、起诉和审判的重点都放在受贿数额上，非数额罪中情节在受贿罪量刑中发挥的作用非常有限，刑期有限与

数额无限之间的矛盾仍然凸显；在受贿罪量刑中对于不同非数额情节影响量刑的功能和作用力缺乏精细化判断，存在对从宽的罪后情节考量过度、对从严的罪中情节评价不足的问题等。司法掌握的偏差直接导致实践中受贿罪的量刑失衡，刑罚预防受贿犯罪的功能难以实现；而且，实证研究还发现，《刑法修正案（九）》及配套司法解释出台后，上述问题并没有得到有效解决，立法机关、最高司法机关以及学者关于在受贿罪量刑中提高非数额情节权重，实现受贿罪罪刑相适应的预期没有取得明显成效。综上，构建一个能够准确把握保护法益、符合通行刑罚原理、实现刑罚目的的科学、合理的受贿罪刑罚制度依然任重而道远，重新构建我国受贿罪刑罚制度存在迫切的必要性。

（一）未针对受贿罪特性规定刑罚标准是当前制度的最大缺陷

我国刑法不顾受贿罪与贪污罪保护法益的差异，规定受贿罪按照贪污罪的刑罚标准进行处罚，在立法机关与最高司法机关已经清晰认识到贪贿同罚模式存在明显弊端的情况下基于保守的考虑仍未作出改变。[①] 在“以数额为基准，其他情节为辅助”的刑罚标准下，犯罪数额占据绝对地位，而其他情节特别是体现背职情况的情节未被赋予应有的权重，刑罚标准不能准确体现受贿行为的社会危害性，不符合罪刑相适应原则，造成不同受贿案件之间、受贿案与贪污案之间罪刑失衡现象普遍存在。久而久之引导司法机关对受贿罪保护法益的认识和实践掌握产生偏差。从侦查、审查起诉直至审判，各司法机关均执着依赖于犯罪数额，而冷落数额之外的其他情节，“两高”在司法解释中突出数额标准的基准地位而降低其他情节权重，正是基于对各级司法机关依赖犯罪数额的司法习惯的迁就，这也造成《刑法修正案（九）》及配套司法解释出台后，法院在裁量受贿案件刑罚时对数额的依赖和对其他情节的忽略仍没有实质性改变。现行刑法对受贿罪刑罚标准的规定从根本上动摇了受贿案件刑罚实现公平正义及社会防卫目的的根基。

（二）保留并不断提高受贿罪起刑点与刑罚目的背道而驰

由于包括受贿在内的腐败犯罪对政权稳固的危害，古今中外各国

---

① 黄太云：《〈刑法修正案（九）〉对贪污贿赂犯罪的立法完善》，载《刑事审判参考》（总第106集），法律出版社2017年版，第226页。

政府均无一例外地宣示对腐败犯罪“零容忍”的态度,将受贿等腐败行为视作严重犯罪进行严惩。20世纪80年代末,我国立法机关为了解决因腐败高发所造成的受贿案件数量增加与司法资源承受能力之间的矛盾,对受贿罪设定了起刑点,以一定犯罪数额为界限对受贿行为进行分流处理,达到起刑点的进行刑罚处罚,未达起刑点的作出党纪、政务处分。这样的规定表明立法机关在面对给司法机关减负和坚持反腐败“零容忍”双重压力的困境中,做出了刑法对腐败“零容忍”为现实情况让路的选择。这样的妥协,首先,背离了对受贿罪保护法益的应然性定位,对于违背职责要求收受不正当利益,侵害受贿罪保护法益的行为,不论主观恶性、背职程度、危害后果等情况,仅因受贿数额未达起刑点就做非罪处理,与设立受贿罪所要保护的职务公正性的立法目的背道而驰,难以实现公平正义;其次,人为设定的起刑点很难做到恰如其分,实践中起刑点屡被虚置和突破的现象会更进一步损害法律的权威性;最后,对犯罪数额低于起刑点的受贿行为不从刑法上作否定性评价,形成“破窗”,而且随着起刑点的提高被排除在犯罪圈之外的受贿行为越来越多,意味着刑法对受贿行为一定程度上的宽容,容易产生“破窗效应”,与反腐败“零容忍”的刑事政策相悖,由此产生的负面导向不利于体现法律的威慑力,影响预防犯罪刑罚目的的实现。

(三)受贿罪量刑情节体系缺乏科学性和合理性

《刑法修正案(九)》及配套司法解释形成的对受贿罪的量刑情节体系中,对背职情况、特定领域、主体身份、犯罪频次等直接反映受贿行为法益侵害程度的罪中情节未予体现,据此作出的判决难以实现罪刑相适应,而且,对背职情况不作充分的否定评价,也容易使公职人员产生对职权滥用不在意倾向,不利于对滥用职权行为甚至犯罪的预防。此外,相关规定对受贿罪中坦白、认罪悔罪等情节的从宽尺度突破了刑法总则的规定,打破了对相关情节处罚的平衡,缺乏合理性和正当性,造成不同犯罪之间刑罚的失衡,所释放的对受贿犯罪格外从宽的信号也与严惩腐败犯罪的精神不符。

(四)刑罚结构设置受到人权保护和刑罚目的的实现的双重挑战

我国刑法在对受贿罪保留死刑、广泛适用自由刑的基础上又独创设置了“死缓减为无期徒刑后终身监禁”的刑罚执行方式。这样的刑罚结构不仅面临刑法理论和原则的挑战,还因体现出浓重的重刑主义色彩受到质疑。死刑对人权保障的破坏自不用说,动辄 10 年以上直至无期徒刑的自由刑也有违立法应有的理性和节制,不符合谦抑性原则;而且,实践证明严厉的刑罚并无益于犯罪的预防。此外,各国实践证明对受贿犯罪有很强针对性的资格刑和罚金刑在我国立法中没有给予足够重视,不仅不利于特殊预防,而且体现不出对受贿行为渎职性的否定性评价,对其他具有同样资格的人不能产生足够的威慑作用,在一定程度上也影响一般预防目的的实现。

二、我国受贿罪刑罚制度重构的刑事政策基础

“零容忍”是我国惩治腐败犯罪的重要的刑事政策,包含两方面含义:一是方法上重视打击轻微犯罪,主张防患于未然;二是严格执法,对所有的违法犯罪行为一律严惩不贷,不得随意执法。惩治腐败“零容忍”,就是对腐败现象毫不忍受、毫不宽容。对腐败分子,发现一个坚决查处一个;对腐败行为,发现一起坚决纠正一起;坚持“露头即打”,防止滋生蔓延。① 然而,我国刑法对受贿罪保留了起刑点,而且起刑点数额标准还不断提高,据此,被排除在受贿罪犯罪圈外的受贿行为不减反升,关于这样的修法能否体现惩治腐败“零容忍”的刑事政策,值得深思。对此,最高司法机关表示,“零容忍不意味着零刑事门槛,在刑罚之外,惩治腐败的措施还有党纪处分和政务处分。对于数额不达起刑点而且没有其他严重情节的受贿行为,可给予党纪处分、政务处分。”②按照该意见,我国现行法律规定的刑罚与党纪、政务处分相结合,就可以做到对受贿行为处罚的全覆盖,因此也实现了对受贿行为的“零容忍”。笔者不赞同此观点,认为即使在我国对受贿行为采取刑事处罚与党纪、政务处分并行的模式下,将腐败行为的“零容忍”界定为刑法层面更有利于预防受贿行为的社会防卫功能的实现。如此,刑法“零容忍”则成为重构我国受贿罪刑罚制度的刑事政策基础。

---

① 北京市中国特色社会主义理论体系研究中心:《持以零容忍态度惩治腐败——深入学习贯彻习近平同志在十八届中央纪委三次全会上的重要讲话》,载《人民日报》2014 年 2 月 18 日。

② 裴显鼎等:《〈最高人民法院、最高人民检察院关于办理贪污贿赂刑事案件适用法律若干问题的解释〉理解与适用》,载《人民司法(应用)》2016 年第 19 期,第 17 页。

(一)刑法"零容忍"对预防受贿犯罪的功能无可替代

监察体制改革后,监察对象覆盖所有依法履行公职的人员,[①]从理论上讲,对于公职人员的受贿行为可以实现政务处分的"零容忍"。然而,即便如此,由于党纪、政务处分与刑法对受贿行为否定评价的性质和程度不同,对社会传递的威慑力也有很大不同。比较而言,刑法"零容忍"在预防腐败犯罪方面有着以下不可替代的作用。

1. 刑法的否定性评价具有更强的"零容忍"的宣示性意义

法律对某违法行为一定程度的宽容,体现出国家和社会对该行为的漠视或者潜在地纵容。[②] 有学者认为,对受贿行为适用行政法律予以行政制裁一样也是否定性评价,因此保留并提高受贿罪起刑点符合腐败"零容忍"的刑事政策,而且这种模式还兼顾了法的秩序和效率价值的并重。[③] 笔者认为,刑事意义上的否定性评价与纪律意义上的否定性评价在否定程度上的差异性和示范性不容忽视。刑法作为最严厉的法律,承担的是社会防卫的最后一道防线,[④]因此被刑法规制的行为,可以认为是有较大社会危害性、被社会价值判断彻底否定的失范社会行为;而党纪、政务规制的行为尽管也有违法性和社会危害性,但是社会危害性相对较小,社会对该行为还有一定容忍度。两者相比较,一个行为如果被刑法规制,就意味着该行为具有的社会危害性更大,否定性评价的程度更重,违犯者所受到的惩罚更严厉,因此对社会公众产生的震慑力也就更强。因此某一行为是否为刑法所规制,对社会有强烈的宣示意义。

与受贿行为的危害性相匹配,应当由刑法作出否定性评价,体现国家从严惩贪的坚决态度和决心。而提高起刑点将更多的受贿行为排除在受贿犯罪圈之外,即使这些行为都可以被党纪、政务予以规制,也意味着为腐败分子预设了一个不小的行为空间,似乎一定数额的受贿是被刑法允许的,[⑤]体现出对受贿行为更高的容忍度。因此,即使在党纪、

---

① 参见《中华人民共和国监察法》第15条规定。

② 王秀梅:《论贿赂犯罪的破窗理论与零容忍惩治对策》,载《法学评论》2009年第4期,第67页。

③ 于志刚:《贪污贿赂犯罪定罪数额的现实化思索》,载《人民检察》2011年第12期,第86页。

④ 于志刚:《贪污贿赂犯罪定罪数额的现实化思索》,载《人民检察》2011年第12期,第86页。

⑤ 卢建平:《贿赂犯罪十问》,载《人民检察》2005年第7期(下),第25页。

政务已然能够对轻微受贿行为予以规制的情况下，仍应将对受贿行为的党纪、政务“零容忍”上升到刑法“零容忍”，这样既能将惩治受贿纳入法治轨道，又能充分体现国家对受贿行为最严厉的、根本性的否定性评价，全社会才能不放纵腐败行为，遏制小贪变大贪的演变路径，才是真正地对腐败行为的“零容忍”。

2. 刑法“零容忍”对公职人员有更强有力的震慑作用

刑法的禁令告诫人们必须遵守，否则就要承担作为犯罪的法律后果，将被剥夺一定的自由权、财产权甚至生命权，而且在中国语境下还意味着除此之外还要受到开除党籍、开除公职等最重的党纪、政务处罚。相比较而言，党纪、政务处分中除了“开除公职”使被处分人丢掉工作并失去养老等一系列保障等根本利益，其余处分影响的只是党内职务或者职位高低、岗位重要性或者一段时间内的提拔进程，在处罚严厉程度上轻缓得多，实践中受到党纪、政务处分后又被重新使用、提拔的公职人员不在少数。因此，单纯的党纪、政务处分所产生的震慑力是不够的，如果对受贿行为只有党纪、政务“零容忍”而无刑法“零容忍”，公职人员因违法成本过低难免造成怀有侥幸心理而实施受贿。而如果面对刑法“零容忍”，在慑于刑罚之苦的心理压力下，公职人员会选择压制受贿的冲动。

3. 刑法“零容忍”对民众树立法律信仰、抵制受贿有强烈的引导作用

某种犯罪行为的泛滥，往往一方面是潜在犯罪人在权衡利弊后作出实施犯罪的选择，另一方面是社会民众对该行为的纵容和漠视也起到推波助澜作用。以受贿为例，回望这些年社会公众对受贿的态度，他们不认可甚至反感公职人员受贿，但是又一定程度上接受、容忍着受贿行为，甚至很多时候为了一己之利积极参与贿赂行为，为潜在受贿人营造了便于其实施受贿的氛围、创造了条件。不得不说，公众的这种态度与刑法对行贿、受贿定罪规定了高门槛所释放出的立法并非“零容忍”的态度有很大关系。因此，只有刑法“零容忍”，向社会释放明确的、强烈的惩治所有受贿行为的信号，才能促使社会公众树立维护法律尊严的意识，产生抵制贿赂的自觉性和勇气，进而铲除受贿犯罪产生的土壤。

（二）刑法“零容忍”符合国际通行做法及国际公约要求

考察其他法域立法，大都对受贿罪只作罪质规定而无罪量规定，采取了惩治受贿行为的刑法“零容忍”模式，即只要因职务关系而索取、接

受或者约定利益的即构成受贿罪。《联合国反腐败公约》中也作出了类似规定。从反腐败成效看,基于对受贿"零容忍"理念构建严密法网的国家和地区,通过惩罚轻行为预防重行为,有效地将受贿犯罪控制在较轻阶段,很好地体现出刑罚的预防功能。而反观我国,尽管国家加大惩治腐败犯罪力度,但成效却不尽如人意,其中法网粗疏和执法不严导致大量职务犯罪案件被忽视、被容忍、被"谅解"是主要原因之一。[①] 有学者提出,考虑到中国"人情社会"下反腐败的文化根基以及立法的设罪模式和司法实践,对腐败行为定罪"零容忍"缺乏现实基础。[②] 笔者认为,无论在何种国情背景下,对受贿行为彻底否定都应当是不争的立法价值取向,同为华人社会的中国香港、新加坡立法对受贿采用"零容忍"模式并取得良好惩贪效果的事实进一步表明,在对受贿行为的"零容忍"上过于强调特殊国情、中国特色并非明智的选择。刑法对腐败"零容忍"不仅是依法治国背景下法治反腐的重要体现,而且是我国履行《联合国反腐败公约》缔约国义务的要求。

(三)刑法"零容忍"在我国刑法中有大量先例可循

我国刑法原则上采用"立法定罪又定量"模式,但立法中对不同的犯罪采用了不同模式。[③] 近年来,为加大对某些失范行为的惩处力度,刑法取消了部分罪名的罪量因素,例如生产、销售假药罪,根据1997年《刑法》规定,生产、销售假药达到"足以严重危害人体健康"程度的才构成犯罪,后《刑法修正案(八)》删除了这一危险结果要件,将该犯罪转变为行为犯,即只要实施生产、销售假药行为就构成犯罪。[④] 刑法修正案之所以作出这样的修改,是由于之前刑法规定的定罪门槛将绝大

---

① 周光权:《社会转型时期职务犯罪预防的新课题》,载《政治与法律》2007年第5期,第12页。

② 孙国祥:《腐败定罪"零容忍"之审思》,载《江海学刊》2013年第4期,第134页。

③ 一种是刑法明确规定了定罪的数额、情节标准,例如"数额较大"是贪污罪、受贿罪、盗窃罪、走私普通货物、物品罪、诈骗罪、集资诈骗罪等犯罪的定罪要件,"数额巨大或者造成重大损失"是违反发放贷款罪、吸收客户资金不入账罪等犯罪的定罪条件;另一种是刑法只规定罪质因素而未规定罪量因素,例如故意杀人罪、强奸罪、抢劫罪等,特别是走私、贩卖、运输、制造毒品罪,刑法条文中还格外强调"无论数量多少,都应当追究刑事责任,予以刑事处罚"。

④ 原1997年《刑法》第141条规定,生产、销售假药的,足以严重危害人体健康的,处3年以下有期徒刑或者拘役,并处罚金。《刑法修正案(八)》第23条规定,将《刑法》第141条第1款修改为:"生产、销售假药的,处三年以下有期徒刑或者拘役,并处罚金……"

多数制售假药行为排除在犯罪圈之外，[1]而轻微的行政处罚完全无法阻挡制售假药带来的巨额利润的诱惑，导致我国制售假药屡禁不止，而且有愈演愈烈趋势，给人民群众的生命健康带来极大威胁，为了加大打击力度，立法机关对刑法作出以上修改。[2]

从以上立法情形可以看出，我国刑法对于故意杀人、抢劫等行为本身就明显具有特别严重社会危害性的犯罪不额外附加情节性定罪条件；[3]而对于那些犯罪行为本身有比较严重的社会危害性，但严重程度没有那么绝对和极端的，刑法是否附加情节性定罪条件，除了行为本身的社会危害性外，该行为侵害法益对相关社会秩序及公众利益的影响程度、该行为的泛滥程度，以及现有行政手段或其他法律手段惩罚和预防的有效性等亦是立法机关考量的重要因素，我国刑法对制售假药罪的立法变化是最好的例证。对于刑法规制的门槛，陈兴良教授提出“刑罚的不可避免性”理论，即一般情况下，对于某一危害行为来说，如果即使规定为犯罪并且处以刑罚也不能达到预防与抗制效果，或者运用道德教育、行政处罚等社会或其他法律手段就足以预防或抗制，或者采用刑罚处罚所产生消极作用过大的，就说明该行为不具有刑罚的无可避免性，[4]该行为不应当入罪。反过来可以理解为，如果某危害行为不符合以上情况的，就说明刑罚不可避免，应当入罪。[5] 该观点为研究刑法“零容忍”问题提供了理论基础。当前我国对公职人员的职业道德教育以及相关处罚手段，还没有完全起到预防和惩罚受贿行为的作用；其他法域的实践证明，对受贿行为的刑法“零容忍”实现了有效预防受贿犯罪的成效。按照陈兴良教授的理论，此类受贿行为具备刑罚的不可避免性。因此，对受贿行为的惩治不应局限于从量变到质变的认识范畴，而应当从性质上予以否定。对此，我国刑法对制售假药犯罪，走私、贩

---

① 据统计显示，《刑法修正案（八）》修改前，我国查处的假药案件中，只有约1‰案件进入司法程序，其余均仅被行政处罚。参见李润华：《药品安全的刑法保护》，载《中国卫生法制》2012年第6期，第4页。

② 李润华：《药品安全的刑法保护》，载《中国卫生法制》2012年第6期，第4页。

③ 刘晓莉：《降低入罪门槛的当代价值探究——以〈刑法修正案（八）〉对生产销售假药罪的修正为视角》，载《政治与法律》2011年第1期，第33页。

④ 陈兴良：《刑法哲学》，中国政法大学出版社1997年版，第7页。

⑤ 刘晓莉：《降低入罪门槛的当代价值探究——以〈刑法修正案（八）〉对生产销售假药罪的修正为视角》，载《政治与法律》2011年第1期，第33页。

卖毒品等犯罪的立法先例提供了很有价值的借鉴和参考。

三、我国受贿罪刑罚制度重构的制度和理论基础

除了受贿犯罪“零容忍”的刑事政策，对我国受贿罪刑罚制度进行重构还需要一定的法律制度和法学理论予以支撑，而我国目前的认罪认罚从宽制度试点以及案例指导制度等，为重构受贿罪刑罚制度提供了工作机制、程序、价值理念、指导模式等方面的借鉴，成为受贿罪刑罚制度重构的重要基础。

（一）刑事速裁程序和认罪认罚从宽制度的尝试为简化轻微受贿案件诉讼程序提供了程序制度基础

我国刑事案件数量增多与司法资源紧缺之间的突出矛盾长期存在，党的十八届四中全会《关于全面推进依法治国若干重大问题的决定》提出要“完善刑事诉讼中认罪认罚从宽制度”。2014 年 6 月全国人大常委会授权“两高”在部分地区开展刑事案件速裁程序试点工作。刑事案件速裁程序，就是通过进一步简化刑事诉讼法规定的相关诉讼程序、缩短办案期限，快速办理轻微刑事案件的刑事诉讼程序，相当于刑事诉讼的“快车道”。[①] 适用该程序的案件需具备事实清楚，证据充分，被告人自愿认罪，当事人对适用法律没有争议，而且情节较轻，依法可能判处一年以下有期徒刑、拘役、管制，或者依法单处罚金等条件。[②]

两年的试点情况表明，速裁程序在合理配置司法资源、提升诉讼效率上产生了明显成效。试点地区针对速裁程序进行侦、诉、审全流程简化改革，设立各部门便捷的工作沟通机制，各职能无缝对接；被告人自愿认罪认罚、适用速裁程序的，庭审中可不进行法庭调查、法庭辩论，而且可当庭宣判，实现办案期限在简易程序基础上的进一步缩短，有效地提升了诉讼效率。以北京市海淀区人民法院为例，适用速裁程序审理的案件，被告人在押案件诉讼全程平均用时 33 天，比之前适用简易程序审结的同类案件用时减少约 70%。[③] 据最高人民法院统计，速裁案

---

① 蔡长春:《宽严相济“简”程序不“减”权利》，载《法制日报》2016 年 9 月 5 日。

② 根据 2014 年 6 月 27 日全国人大常委会表决通过的《关于授权最高人民法院、最高人民检察院在部分地区开展刑事案件速裁程序试点工作的决定》规定。

③ 参见《48 小时全流程流转　推动刑事速裁见实效》，载北京市海淀区人民检察院官网《海检播报》栏目，最后访问日期:2017 年 8 月 14 日。

件10日内审结的占92.35%;当庭宣判率达96.05%;试点法院刑事法官人均结案数为214.86件,比同期规模相当的非试点法院多59.66件。[①] 同时,“两高”会同相关部门出台的制度对相关工作程序及对犯罪嫌疑人权利保障要求等作出具体规定,[②]建立法律援助制度充分保障当事人的诉讼权利,采用格式判决,通过当庭宣判、当庭送达判决书,庭审功能进一步加强,减少了庭前羁押和监禁刑的适用,更好地体现了宽严相济刑事政策,有利于罪犯改造和回归社会。目前“两高”又在此基础上进行刑事案件认罪认罚从宽制度试点,通过试点,相关地区在优化司法资源配置、提高刑事诉讼效率、缓解案多人少矛盾上取得了一定效果。

总之,开展刑事速裁程序和认罪认罚从宽制度试点工作,为的就是实现案件繁简分流,对符合速裁程序的案件,简化办案程序、格式化法律文书、类型化证据规格,减少内部审批环节,实现“简案快审”,为“疑案精审”创造条件,破解司法机关案多人少的困局,这也正是以上程序的制度价值所在。对于受贿罪,当前立法和司法解释坚持设立起刑点并不断提高起刑点,强调最多的理由就是要突出刑事打击重点,把有限的司法资源用在重大案件上。[③] 笔者认为,试想如果取消受贿界起刑点,司法程序中会增加大量情节较轻的受贿案件,[④]要在现有的诉讼资源条件下解决这部分新增案件,刑事速裁程序和认罪认罚从宽制度提供了一个非常有价值的实践探索。

(二)理性刑罚价值观为受贿罪刑罚轻缓化设置提供理论基础

长期以来,基于对刑罚威慑力的迷信,在“重典治吏”传统理念的支配下,我国对受贿罪设置的刑罚体现出明显的重刑主义倾向。然而,重刑对贿赂犯罪的震慑与遏制收效甚微的现实促使学界和实务界重新思考重刑的价值,经过大量实证研究及与其他法域的比较研究,学界与实务界对刑罚价值观的认识逐渐达成共识,正如陈兴良教授所说,“正义、

---

① 蔡长春:《宽严相济“简”程序不“减”权利》,载《法制日报》2016年9月5日。

② 参见最高人民法院、最高人民检察院、公安部、司法部出台的《关于在部分地区开展刑事案件速裁程序试点工作的办法》。

③ 2016年4月18日最高人民法院召开的《最高人民法院、最高人民检察院关于办理贪污贿赂刑事案件适用法律若干问题的解释》新闻发布会上提到。

④ 据统计,2015年全国纪检监察机关查处的党员涉嫌犯罪的贪污受贿4.7万余人,违反廉洁纪律不涉嫌犯罪的3.7万余人。

平等、自由、人道这类体现人类对社会美好的价值追求的内容都可以在理性的概念中得以栖居”,“在法治社会,法是自治型的,刑罚威吓是以心理强制为特征,具有节制性。在刑事法治的社会背景下,一般预防的威吓效应应通过下述途径合法地获得,其一是刑法严密,其二是刑罚宽缓,其三是刑法合理,通过这样理性的刑法制度建构的刑罚才能获得正当性。”①最高人民法院原副院长刘家琛也提出,“刑罚适用价值取向的理性化是我国基本刑事政策的必然要求,必须摒弃重刑主义思想,关键在于确立现代刑事司法价值理念,应着力强化公正、平等、效益、人道、人权等价值理念。”②

笔者认为,对受贿罪的严厉刑罚是在强调惩罚、报应、震慑的传统价值观指引下设置的。在当前公认的追求公正、人权、谦抑、秩序的刑罚价值观之下,摒弃严酷走向轻缓,摒弃发泄走向理性是设置刑罚的必然选择。理性的刑罚价值观不仅为司法机关的高层领导者所接受和倡导,而且成为指导司法实践的基本观念和理念,这将为我国重构受贿罪刑罚种类,实现受贿罪刑罚轻缓化提供重要的理论和理念基础。

(三)抢劫等犯罪的刑罚规定为构建以情节为中心的受贿罪刑罚标准提供了立法参考

刑法中的抢劫罪、绑架罪等与受贿罪有一定的相似性,即犯罪都具有一定的贪财性,但其主要保护法益却不是财产权益,而是其他权益,例如抢劫罪的保护法益主要是人身安全。根据通行的刑法理论,罪刑相适应原则要求法益侵害程度决定刑罚轻重,我国刑法关于抢劫罪刑罚标准的规定较好地体现了这一刑法原则。刑法针对抢劫罪的特点规定了与盗窃罪、诈骗罪等单纯财产性犯罪不同的刑罚标准。③ 一是规定了两个量刑档,即情节一般的抢劫罪判处 3 年以上 10 年以下有期徒刑,并处罚金;有加重情节的处 10 年以上有期徒刑、无期徒刑或者死

① 陈兴良:《刑法理念导读》,法律出版社 2003 年版,第 443 ~ 446 页。

② 刘家琛主编:《当代刑罚价值研究》,法律出版社 2003 年版,第 16 页。

③ 1997 年《刑法》第 263 条规定:“以暴力、胁迫或者其他方法抢劫公私财物的,处三年以上十年以下有期徒刑,并处罚金;有下列情形之一的,处十年以上有期徒刑、无期徒刑或者死刑,并处罚金或者没收财产:(一)入户抢劫的;(二)在公共交通工具上抢劫的;(三)抢劫银行或者其他金融机构的;(四)多次抢劫或者抢劫数额巨大的;(五)抢劫致人重伤、死亡的;(六)冒充军警人员抢劫的;(七)持枪抢劫的;(八)抢劫军用物资或者抢险、救灾、救济物资的。”

刑,并处罚金或者没收财产。二是分别从抢劫的场所、抢劫次数、抢劫金额、造成的后果、假冒特殊人员身份、持枪、抢劫特定物资等方面规定抢劫罪的加重处罚情节,以上情节全部都是罪中情节,主要体现的是抢劫行为对他人人身安全法益的侵害程度。三是犯罪数额是影响抢劫罪刑罚的诸多情节之一,但不具有核心的基准性作用。

从以上规定看,抢劫罪刑罚标准的立法依据着重于侵害主要法益的程度。首先是人身安全法益,多个情节体现的都是抢劫行为对他人人身安全法益侵害的实际程度或者潜在危险,例如将"持枪抢劫"规定为加重情节,立法依据就是在于该行为使被害人的人身安全法益风险陡然上升,[①]上述事关人身安全法益侵害性的情节在抢劫罪量刑考量中占据很大权重;其次,抢劫罪亦对被害人的财产权益造成侵害,抢劫数额体现了受害人财产权益受侵害的程度,因此也是刑罚考虑的情节之一,与体现人身安全法益的情节相比,所占权重不大。司法实践证明,刑法对于抢劫罪刑罚标准的规定准确把握了该罪的保护法益,从抢劫案件的判处结果看基本上能够做到罪刑均衡;八个情节反映的抢劫行为的社会危害性质及程度大体相当,符合同类解释规则[②],刑罚配置上符合罪刑均衡原则;此外,法律规定的部分量刑情节尽管在理解上有容易产生争议之处,但总体上看内容是比较明确的,有较强的可操作性。

总之,同为具有一定贪财性而主要保护法益又不是财产权益的犯罪,立法关于抢劫罪的刑罚标准规定具有较强的科学性和合理性。现行受贿罪刑罚标准中存在的保护法益体现不充分、情节之间千差万别、相关规定可操作性较差等问题,在抢劫罪的规定中都得到了一定程度的解决,因此,抢劫罪的立法例为下一步完善受贿罪刑罚标准提供了很好的借鉴。

(四)案例指导制度为调整受贿罪刑罚标准提供了统一司法参考标准

为了利用生效典型案例指导司法实践,近年来最高人民法院实行定期发布案例指导制度,对地方各级司法机关提供业务指导,发布的案例及其解读尽管不具备法律效力,但是其中体现出的司法理念和掌握

① 杜少尉:《人身安全法益侵害性是认定持枪抢劫的关键》,载《公民与法》2015 年第 1 期,第 35 页。

② 即一个法条并列规定的多项内容,在性质和程度上应当具有相当性或相似性。

标准已经成为司法机关处理类似案件的重要参考。目前以犯罪数额为基准对受贿罪进行量刑的刑罚标准简单、直观，司法操作难度不大，但如果以背职情况、危害后果等无法量化的情节作为受贿罪主要的刑罚标准，如何在司法实践中把握这些相对抽象的量刑情节，将给司法机关带来很大挑战。将来除了通过立法和司法解释性文件确定刑罚适用规则外，最高人民法院还可以定期发布指导案例，以具体案例释放对相关情节的把握原则，形成不成文的裁判规则，为统一司法标准、避免刑罚擅断提供参考。

第二节　重构受贿罪刑罚制度需厘清的理念和价值取向

我国受贿罪刑罚制度之所以在罪量因素、刑罚标准、刑罚种类等方面存在问题，并造成司法实践中受贿案件量刑失衡、惩罚和预防犯罪功能发挥不理想的现状，归根到底是由于在法学理论、立法理念以及价值观上存在认识偏差。要完善我国受贿罪刑罚制度，必须首先解决立法和司法中的理念和价值观问题，厘清和纠正错误观点，为完善制度奠定坚实的理论基础。在此基础上，才能构建一个能够准确把握保护法益、符合通行刑罚理论的受贿罪刑罚制度，进而实现法律的公平正义价值，发挥刑罚对受贿犯罪的预防和遏制作用。

一、受贿罪刑罚目的的立法体现

刑罚目的是指国家运用刑罚的目的，即国家通过制定、适用、执行刑罚所期望达到的目的。[①] 刑罚目的的取向对于刑罚的创制和适用有直接的指导意义。[②] 关于刑罚目的，法学界曾展开激烈争论，形成了报应论、预防论以及二者的综合论。由于单纯的报应论和预防论都有明显的局限性，因此兼顾报应论和预防论的综合论成为目前刑法学界关于刑罚目的的通说，即将二者结合起来阐释刑罚目的，认为刑罚的本质

---

① 杨春洗、杨敦先：《中国刑法论》，北京大学出版社 1994 年版，第 186 页。

② 田宏杰：《刑罚目的研究——对我国刑罚目的理论的反思》，载《政法论坛》（中国政法大学学报）2000 年第 6 期，第 70 页。

既是对犯罪的报应，同时要求应当实现刑罚的预防犯罪、防卫社会的目的。[①] 但我国受贿罪刑罚的设置并未很好地体现这一刑罚目的。主要体现在：

第一，我国刑法为受贿罪设置起刑点并不断提高数额标准，将大量受贿行为排除在刑罚范围之外，以及未将背职情况、受贿次数、持续时间等作为受贿罪量刑情节予以规定，以上情况导致大量明显具有相当程度社会危害性的受贿行为以及大量违背职责的行为未受到刑法的否定性评价，刑罚的惩罚性、报应性没有很好地实现。刑罚唯有给人带来痛苦，才使其对犯罪人产生惩戒作用，如果没有对已然犯罪的惩罚，对犯罪的预防也将成为空中楼阁，进而影响刑罚终极目的的实现。

第二，刑罚的重要价值就是能够实现预防犯罪的社会防卫目的。[②] 国家通过创制刑罚以及依法对犯罪人适用和执行刑罚，一方面对一般人产生震慑作用，使其认识到犯罪后将面临的惩罚的痛苦，从而遏制犯罪意念，实现刑罚的一般预防；另一方面通过对已然的犯罪人判处和执行刑罚，实现对犯罪人的教育、改造，消除其人身危险性，使之不再以身试法，重新回到正常的社会生活轨道上进而复归社会，实现刑罚的特殊预防。我国对受贿罪规定的包括起刑点在内的高门槛，与人们的法律感情以及法律信念背道而驰，[③]导致人们对法律秩序的不信任，难以实现预防犯罪的效果。

第三，根据刑罚一体化理论，报应与预防都是受贿罪刑罚赖以存在的根据，[④]即刑罚除了公正地报应犯罪之外，也兼具警示社会大众以及教化犯罪人的预防犯罪目的，只有将二者有机结合，统筹兼顾，才能够更加全面地阐释刑罚的正当性问题。我国对受贿罪刑罚的具体规定中，尚未很好地在实现刑罚报应性与预防性双重目的，例如，基于受贿罪对公职的依赖，剥夺受贿人担任公职的资格，既体现报应性，又能够有效预防重新犯罪，我国刑法对受贿罪剥夺担任公职资格刑的缺失，一定程度上影响了刑罚报应性和预防性目的的实现。

---

① 马克昌主编：《刑罚通论》，武汉大学出版社 2015 年版，第 57 页。

② 参见韩忠谟：《刑法原理》，北京大学出版社 2009 年版，第 401 页。

③ [日]大塚仁：《刑法概说》，冯军译，中国人民大学出版社 2003 年版，第 56 页。

④ 陈兴良：《刑罚目的新论》，载《华东政法学院学报》2001 年第 3 期，第 7 页。

二、受贿罪保护法益的准确把握

法益的认定不仅反映受贿罪本质，还为确定犯罪构成要件、划定受贿罪犯罪圈、制定刑罚标准提供了重要的理论基础。[①] 因此，法益除了具有解释功能外，还具有对刑事立法的指导功能。探究我国受贿罪刑罚制度中存在的设置起刑点、贪贿同罚、犯罪数额为刑罚基准等诸多问题，固然与价值理念、立法水平等有关，但归根到底可以说与对受贿罪保护法益定位不清晰、不准确有很大关系。如前所述，将受贿罪保护法益界定为职务行为的公正性和民众对职务行为公正性的信赖更为科学，要想完善受贿罪刑罚制度，须以此法益定位为基础进行制度设计。首先，关于受贿罪的起刑点问题，不应以受贿数额大小决定是否纳入受贿罪犯罪圈，只要收受与职务行为有关的不当利益，就可能影响公正行使职务行为、造成公众对职务公正性产生质疑，该行为对受贿罪保护法益已经造成侵害，就构成受贿罪。其次，关于受贿罪的刑罚标准问题，贪污罪保护法益是公私财产所有权，受贿罪保护法益与贪污罪有质的不同，因此不能同样适用以数额为基准的刑罚标准；受贿行为的社会危害性主要体现在因收受不当利益而造成的不公正行使职务行为的风险或者现实损害上，而不是收受利益本身，因此，应当打破犯罪数额在刑罚中的核心地位，建立以情节为中心的刑罚标准。最后，关于受贿罪的量刑情节问题，罪中情节集中体现犯罪行为的社会危害性，是量刑中首先要考量的量刑情节；而在罪中情节中，背职情况等最直接体现法益侵害程度的情节应当作为量刑考虑的核心和基准因素。

三、刑法谦抑性原则的综合考量

近些年，我国为适应惩治腐败的需要，历次修订法律或出台司法解释在受贿罪行为要件方面呈现出明显的严密法网、扩大犯罪圈的趋势，但同时却又提高了起刑点数额标准，缩小了犯罪圈。究其原因，立法和最高司法机关强调的理由之一就是刑法谦抑性原则，即受贿金额不大的行为，其社会危害性相对较小，适用党纪、政务处分就足够了，不宜动

---

① 牛猛：《论受贿罪的法益》，载《福建公安高等专科学校学报》2007 年第 2 期，第 76 页。

用刑罚。[①] 笔者认为,不能简单将取消起刑点认定为违背刑法谦抑性原则。

首先,对刑法谦抑性的评判不可机械。刑法谦抑性是一个为保障人权应运而生,当代刑事法治发展必须遵循的刑法原则,当前讨论犯罪圈的控制、刑罚适用程度等问题无可避免会涉及刑法谦抑原则。张明楷教授认为,“刑法的谦抑性,是指刑法应依据一定的规则控制处罚范围与处罚程度,即凡是适用其他法律足以抑止某种违法行为、保护合法权益时,就不要将其规定为犯罪;凡是适用较轻的制裁方法足以抑止某种犯罪行为、足以保护合法权益时,就不要规定较重的制裁方法。因此,要适当控制刑法的处罚范围和处罚程度。”[②]据此,对刑法谦抑性原则的解读应当是该原则既包括处罚范围的谦抑,又包括处罚程度的谦抑。[③]

刑法谦抑性要求的是将刑罚范围控制在必需的范围之内,在此不能过于机械地理解,认为立法只要是扩大刑罚范围就违反了刑法谦抑性原则,事实上二者并无必然矛盾,是否违反谦抑性原则还应当看扩大刑罚范围之后是否超出了“必需”的范围。从刑罚范围看,我国刑法对受贿罪规定的包括起刑点在内的高门槛已经导致大量损害职务公正性的受贿行为,在我国只能作非犯罪化处理,不在刑法层面给予否定性评价,从示范、引导效应进而预防受贿犯罪功能实现上看有明显欠缺。因此可以说当前我国刑法实际保护的范围与刑法调控社会的应然需要相比存在相当程度的缺位。[④] 从该意义上讲,我国刑法对许多犯罪处罚范围的规定谦抑有余,严密不足。在这种情况下进一步严密受贿罪法网,取消该罪起刑点,适当扩大犯罪圈,是有效惩治和预防受贿犯罪的有力手段,只要在“必需”的范围内,就不违反刑法谦抑性原则。

其次,对谦抑性的评判不可片面。刑法谦抑性原则规范的是刑罚的范围和程度,因此评判是否符合原则,应当结合刑罚的范围和程度两

---

① 裴显鼎、苗有水等:《〈关于办理贪污贿赂刑事案件适用法律若干问题的理解〉的理解与适用》,载《刑事审判参考》(总第106集),法律出版社2017年版,第120页。

② 张明楷:《论刑法的谦抑性》,载《法商研究》1995年第4期,第55页。

③ 储槐植、何群:《刑法谦抑性实践理性辨析》,载《苏州大学学报》(哲学社会科学版)2016年第3期,第60页。

④ 陈兴良:《刑法理念导读》,法律出版社2003年版,第10页。

方面作出综合判断。扩大刑罚范围并不当然意味着加重了刑罚，还要考量刑罚的程度，而且，在当前我国刑罚处罚介入不够，法网普遍粗疏的背景下，刑法谦抑性的内涵更应该着重考量刑罚的程度。[①] 我国对受贿罪的规定就是一个法网粗疏，同时又刑罚严酷的典型。对受贿罪严密法网、加大犯罪圈本身并不必然违反刑罚谦抑原则，在此基础上再适当降低刑罚程度，既有利于实现罪刑相适应，同时也符合刑法谦抑性原则。《刑法修正案（八）》增加规定醉驾入刑，就是一个扩大犯罪圈同时轻缓处理而获得良好预防效果的典范。结合我国社会治理以及刑法规定现状，刑法谦抑性原则更应该体现在刑罚的轻缓上，而不是犯罪圈的限缩上。具体到受贿罪上，取消起刑点将所有受贿行为都纳入刑法规制的范围，以刑事立法的方式向社会公众，特别是向公职人员宣告不容许受贿的法律底线，是目前有效预防和惩罚受贿犯罪必需的措施；如果与此同时双管齐下，降低刑罚严酷程度，并不违背刑法谦抑原则。

最后，适当扩大犯罪圈符合现代刑法发展趋势。考察域外刑法亦可发现，美国、德国、日本等大部分西方国家入罪的范围非常宽泛，随着刑法的规范功能受到关注，将一些普遍存在的违法行为犯罪化是当今各国立法为弥补法网粗疏的必由之路，已成为世界各国刑事立法的一个总体趋势。[②] 近年来，为打击社会生活中的不法行为，实现社会良好管理，进一步严密刑事法网已经成为我国修订刑法的重要内容。刑法修正案通过规定新罪名或者降低现有罪名的入罪门槛，将许多过去由行政法和民法规制的行为，甚至将由道德约束的行为入罪。例如，仅《刑法修正案（九）》就新增了20个罪名，其中包括替考、收买被拐卖妇女儿童等过去认为仅涉及个人诚信或道德问题、违法程度不高的行为，同时还通过对现有刑法条款的修改将许多行为明确纳入刑法规制的范围。应当说，通过立法将较轻违法行为司法化处理，进一步扩大犯罪圈的范围已是不争的事实，而且这种扩大化符合社会治理需要，具有积极的时代价值。

综上，对受贿罪取消起刑点，将情节较轻的受贿行为纳入刑罚处罚

---

① 储槐植、何群：《刑法谦抑性实践理性辨析》，载《苏州大学学报》（哲学社会科学版）2016年第3期，第64页。

② 贾丽英：《被告人认罪审程序的“破”与“立”——以刑事速裁程序实践性考证为切入点》，载《人民法治》2017年第1期，第38、39页。

范围，该举措是当前惩治和预防腐败犯罪所必需的，而且符合刑事立法的总体趋势，因此对各因素综合评价，取消受贿罪起刑点并不违反刑法谦抑性原则。

四、严惩腐败刑事政策的应然性理解

在现代刑法理念之下，刑事规制的理想状态是适度，即刑事立法和司法介入不法行为，调整社会关系适当的广度和深度，其中广度是刑法对刑罚处罚对象范围的选择，深度是指何种严厉程度的刑罚能够实现最佳效果。[①] 因此刑事立法和司法在深度和广度上都要做到宽严相济，避免过宽或过严。宽严相济是我国的刑事政策，对受贿犯罪也不例外。但由于受贿犯罪实施的主体是包括各级官员在内的公职人员，犯罪本身严重侵害公众利益，加之近年来受贿犯罪频发高发，民众产生了强烈的反感情绪，一定程度上影响到社会稳定和政权稳定，政府和社会各界广为关注，因此与其他犯罪相比，对受贿犯罪刑事政策的把握具有更强的敏感性。在立法和司法层面把握好“宽”与“严”，在考量法律效果的同时也必须考量社会效果，甚至政治效果。因此刑法修订取消了集资诈骗罪、虚开增值税专用发票罪等多个非暴力犯罪的死刑，但在取消受贿罪、贪污罪死刑上立法机关则显得格外保守。在当前的反腐败严峻形势下，在社会公众要求严惩腐败的呼声下，立法机关和最高司法机关也都作出从严惩处受贿犯罪的表态，但是“从严”应当如何具体体现在立法和司法中？目前的立法和司法现状是否符合刑事政策？在预防、遏制受贿犯罪发生上发挥作用如何？等等。厘清上述问题，才能为下一步构建一个符合刑事政策、实现量刑均衡、有效发挥预防作用的受贿罪刑罚制度奠定基础。

（一）从严惩处的刑事政策在受贿罪法律规范上的体现

各时代、各国执政者都视包括受贿在内的腐败犯罪为危及国家政权稳固的严重犯罪，无一例外地表明从严惩处的态度，但各国法律规定受贿罪刑罚的严厉程度却有巨大差异。当前我国对受贿罪的刑事政策

---

① 刘守芬、许道敏：《制度反腐败论》，载《北京大学学报》（哲学社会科学版）2000 年第 1 期，第 9 页。

是在宽严相济基础上趋向从严，[①]在定罪方面，通过修改立法或出台司法解释明确非典型受贿行为的犯罪性质、对受贿标的和谋利要件作出扩大解释等，一定程度上降低了受贿罪的定罪门槛；在刑罚方面，除了原有的死刑、无期徒刑、有期徒刑等刑罚外，又增加规定了“死缓刑减为无期徒刑后终身监禁”的刑罚执行方式和附加适用的罚金刑。近年来我国对受贿罪的立法总体上体现了从严惩处的理念，立法机关和最高司法机关也都如此认为，[②]但是，由于包括起刑点在内的定罪要求依然存在并且不断提高标准，因此与英国、美国、德国、日本、新加坡等其他法域法网严密、刑罚轻缓的受贿罪立法相比，我国的立法仍然具有鲜明的法网粗疏而刑罚严厉的特征，具有许多不完善之处，与从严惩治受贿犯罪的刑事政策要求还有一定差距，仍然难以从根本上发挥刑罚预防受贿犯罪作用。

（二）受贿罪严厉的刑罚无助于实现从严惩处刑事政策的目标

通过前面章节的研究可以看出，我国对受贿罪的刑罚无论是刑种还是刑度都比其他法域严厉得多。恰如我国立法机关所提出，以严厉的刑罚惩罚受贿犯罪，释放了政府严惩腐败的信号，体现了从严惩处刑事政策，适应当前反腐败斗争的需要。很显然，立法机关是基于严厉的刑罚可以产生更大威慑力进而更有利于预防犯罪这样一个假设提出以上观点的。然而，对于严厉的刑罚是否能够产生更强的震慑和预防作用，笔者通过理论和实践分析都得出了否定的答案。

首先，从犯罪心理看，如果将构罪与否与刑罚轻重相比，犯罪人和潜在犯罪人则对是否构成犯罪更为在意。例如受贿罪中，对公职人员而言，其一旦构成犯罪，不仅要承受刑罚之苦，而且还会失去公职及公职带给其的荣誉感、生活保障等许多利益，构成犯罪给潜在犯罪人带来的影响是根本性的、颠覆性的；而在已然构成犯罪情况下，刑罚的轻重只能导致惩罚程度的差异而已，二者相较，是质与量的差别。有学者提出，对于丧失

---

① 参见时任最高人民法院常务副院长沈德咏在全国法院学习贯彻“两高”《贪污贿赂解释》电视电话会议上的讲话，载《刑事审判参考》（总第106集）；最高人民法院2016年4月18日新闻发布稿；2011年7月19日以及2013年2月27日最高人民法院新闻发言人在相关新闻发布会上发布的内容，均明确提出加大对职务犯罪的打击力度，从严惩处职务犯罪等。

② 裴显鼎、苗有水等：《〈关于办理贪污贿赂刑事案件适用法律若干问题的理解〉的理解与适用》，载《刑事审判参考》（总第106集），法律出版社2017年版，第117页。

一切的贪官而言,死刑并不比终身监禁给他带来更多的痛苦和震撼,①同样道理,判处有期徒刑15年亦未必比10年带来更多的震撼。因此对于潜在犯罪人,是否构罪对其的触动远远大于罪刑的轻重,甚至可以说,潜在犯罪人在权衡是否实施犯罪时主要考虑的是自己会否因此被追究刑事责任,至于因此可能面临何种刑罚几乎不会考虑,实践中诸多被告人案发后的交代也证明这一点。② 对此,贝卡里亚等法学家的论著中也都明确提出刑罚的威慑力并非来自于刑罚严酷性的观点。③

其次,从实证结果看,我国对受贿罪的严厉刑罚丝毫没有阻挡住公职人员实施受贿犯罪的脚步,当代如此,历史亦是如此。在"重典治吏"的指导思想下,宋朝对贪官杖杀朝堂、对受贿犯实行连坐,明朝更是对赃吏适用族诛、凌迟等酷刑,然而这样的严刑峻罚仍然无法从根本上阻挡受贿犯罪的发生,即使在刑罚极其严酷的明朝,官员受贿的现象也从没有杜绝过,朱元璋曾叹,"我欲除贪官污吏,奈何朝杀而暮犯"。④ 反观英、美等国家,对受贿罪刑罚远比我国轻缓得多,但其公职人员的清廉程度则远高于我国。⑤ 特别是新加坡,对受贿罪的最高刑仅为有期徒刑7年,该国却多年来在清廉指数排名中稳居世界前十名、亚洲第一名。

关于刑罚的严厉程度与刑罚震慑力及预防犯罪成效之间的关系,以上分析表明,严厉的刑罚未必能遏制受贿犯罪的滋生,轻缓的刑罚也可造就清廉的国家。清朝法学家沈家本在考察明朝对贪贿犯罪的严刑峻罚及当时腐败蔓延滋生的状况后也感慨道,"上之人不知本原之务,而徒欲下之人不为,非也。于是重其刑诛谓可止奸而禁暴,究之奸能止乎?暴能禁乎?朝治而暮犯,暮治而晨亦如之,尸未移而人为继踵,治愈重而犯愈

① 刘璐:《职务犯罪的心理特征和刑罚设置》,载《公安学刊》2005年第1期,第43页。

② 例如,许多受贿案的被告人在解释自己的受贿行为时称,认为自己收受贿赂的过程设计巧妙,即使被发现能够规避刑法规定;或者身边许多有同样行为的人基本上都没有受到惩罚,有少数被发现了也就退出赃款了事,没有追究刑事责任;等等。从未有人提出是因为可能被判刑罚较轻所以敢于实施受贿行为。

③ [意]贝卡里亚:《论犯罪与刑罚》,黄风译,中国大百科全书出版社1993年版,第59页。

④ 孙钰涵:《重典治吏,奈何朝杀而暮犯——浅析朱元璋吏治失败的制度根源及当今借鉴意义》,载《今日南国》2009年第7期,第151页。

⑤ 参见透明国际发布的数据,载http://www.transparency.org,最后访问日期:2017年2月22日。

多。”[①]“化民之道,固在政教,不在刑威也。”[②]也就是说,预防犯罪的治本之策是有效的社会综合治理,而不在于刑罚的严厉。[③] 可以说,刑罚的严厉程度与震慑力及预防犯罪的成效之间并没有必然联系,从严惩处中的“严”不应体现在刑罚严厉上,对受贿罪规定并判处严厉的刑罚,并非“从严惩处”的真谛,不能实现有力震慑和预防受贿犯罪的目标。

(三)法网严密是从严惩处刑事政策的前提和基础

严密法网,是指为应对犯罪手段的日益翻新,各国立法通过采取调整罪状等措施严密刑罚惩罚范围,以达到有效地控制犯罪,维护社会秩序的目的。[④] 从根本上讲,严密法网是个定罪问题,直接决定犯罪圈的范围,但同时也是刑罚适用的前提。考察我国各历史时期以及当前外法域关于受贿罪的立法与官吏清廉状况之间的关系发现,但凡吏治清明,官员受贿得以有效遏制的,其时立法中关于受贿罪的法网必定是严密的,纵向和横向考察结论均是如此。相比之下,我国刑法对受贿罪规定高门槛给受贿行为留出了不小的“法外之地”,体现出对受贿行为否定性评价的态度显得不那么鲜明,有些许模棱两可之嫌,导致许多潜在受贿人对逃脱刑罚处罚心存侥幸。也就是说,如果一个国家对腐败行为持宽容态度,这个国家的官员产生腐败的动机将非常强烈;相反,如果他所处的国家不宽恕腐败行为,他产生腐败的动机将十分微弱甚至不复存在。[⑤] 因此法网严密的立法可以避免行为人侥幸逃脱刑罚处罚,所产生的震慑力对于打消潜在犯罪人实施犯罪行为的念头能够发挥重要作用。反思我国受贿犯罪屡禁不止的原因,不得不说,包括起刑点规定在内的粗疏法网应当首当其冲承担责任。因此,从严惩处的刑事政策,首先应当“严”在定罪上,即法网严密。

(四)严格执法是实现从严惩处刑事政策的保障

如前分析,法网严密是有效预防犯罪的基础,但在此基础上只有严格执法,体现刑罚惩罚的必然性,才是真正的从严惩处,才能够实现对

---

① (清)沈家本:《历代刑法考》(第1卷),中华书局1985年版,第64、180、181页。

② (清)沈家本:《历代刑法考》(第4卷),中华书局1985年版,第2025页。

③ 马克昌主编:《刑罚通论》,武汉大学出版社2002年版,第92页。

④ 储槐植、侯幼民:《论刑事立法方法》,载《中外法学》1992年第4期,第50~54页。

⑤ [新]乔恩·奎赫:《反腐败:新加坡的经验》,载《经济社会体制比较》1993年第5期,第42页。

犯罪的有效预防,否则再严密的法网也是不带电的高压线,形不成有效震慑。对此贝卡里亚提出,“对于犯罪最强有力的约束力量不是刑罚的严酷性,而是刑罚的必定性……因为,即便是最小的恶果,一旦成了确定的,就总令人心悸。刑罚的威慑力不在于刑罚的严酷性,而在于其不可避免性。”①列宁提出了相同的观点,即“惩罚的防范作用绝不在于刑罚的残酷,而在于有罪必究”。②

受贿罪法律规定的执行状况,直接决定刑罚的必定性是否能够实现,是影响受贿犯罪发生频率的重要因素。如果能够按照刑罚的必定性要求,刑法规定得以刚性执行,凡触犯者均依法受到惩罚,无一例外,那么无论对于犯罪人还是其他潜在犯罪人而言,其在对刑罚之苦和犯罪之利进行权衡时,都能够充分考虑犯罪所要付出的成本,有助于打消侥幸心理、有效遏制犯意的产生。法治是实现刑罚必定性的前提,只有执法者基于法治思维,真正以法律为依据,执法必严,违法必究,无论是谁,只要构成犯罪就一律追究,这样才能向公众展示出刑罚的必定性。然而,中国人治的传统源远流长,历史上各朝代,任何法律规定都可以被皇权轻易打破或改变,因此对法律的执行具有很大的随意性。例如明朝,大明律承袭前朝律法规定对受贿罪建立了严密的法网,明太祖朱元璋对腐败深恶痛绝,秉持的是不免不赦的理念,但即便如此也未实现有效遏制官员贪贿、吏治清明的目标,究其原因主要就是因为朱元璋的惩贪有着浓重的人治色彩,缺少法治精神。一方面在律法之外设置酷刑,另一方面执法中也相当随意,大批官员动辄获罪,甚至被满门抄斩。如此偏离法治轨道的惩贪使对官员贪腐行为的惩处具有很大的不确定性,对法律的执行取决于个人意志,失去应有的理性和客观,因此朱元璋死后其制定的法外之法《大诰》随即被废止。

衡量一个国家的法治化水平,法律的健全固然重要,然而最重要的是对法律的执行。如明朝张居正所说:“天下之事,不难于立法,而难于法之必行。”③学者何家弘指出,当下中国的问题是有法律而无法治,法

---

① [意]贝卡里亚:《论犯罪与刑罚》,黄风译,中国大百科全书出版社1993年版,第59页。

② [俄]列宁:《列宁全集》(第4卷),人民出版社1984年版,第364页。

③ (明)张居正:《请稽查奏章随事考成以修实政疏》,参见中国教育出版网:《写作名句词典》,载 http://chengyu.zzstep.com/mingju_content.php? classid = 788&contentid = 16432,最后访问日期:2017年10月3日。

律没有受到应有的尊重，内部政策、上级指示可以凌驾于法律之上，针对不同的对象进行选择性执法。[①] 当前我国的法治化程度不高是不争的事实，有法不依、违法不究的情况确实并不鲜见，特别是对公职人员受贿行为的查处，本身这类案件隐蔽性强的特点就导致被发现的概率低，犯罪“黑数”大，加之实践中存在提高定罪标准、突破法律规定的情况，[②]很多构成犯罪的受贿人未受到法律追究，有的仅被批评教育未受到任何实质性追究，有的甚至一边贪腐一边高升，这些现象给潜在犯罪人以很强的心理暗示，使其侥幸自己也能逃脱追究，会强化其实施受贿犯罪的欲念。我国立法对受贿罪的规定本就粗疏，司法实践中对粗疏的法网也不能严格执行，公职人员对禁止受贿的法律缺乏敬畏，因此导致受贿犯罪屡禁不止。相反，新加坡对受贿罪法网严密，而且法治刚性，因此即使刑罚轻缓也造就了该国的吏治清明。[③]

第三节　重构我国受贿罪刑罚制度的设想

我国受贿罪刑罚制度在罪量因素、刑罚标准以及刑罚结构等方面存在的缺陷，一方面违背了罪刑相适应原则，造成受贿案件量刑失衡，在震慑和预防受贿犯罪上没有实现应有的功能，不能为国家反腐败工作提供有力的法律保障；另一方面，相关规定与当今国际通行的立法、人权保护理念以及国际公约要求不吻合，造成我国在反腐败国际合作中的被动。如前面章节所分析，我国现行受贿罪刑罚制度在法理上存在根本性的缺陷和漏洞，是导致实践中量刑失衡、难以有效预防犯罪等问题的主要原因，对此立法机关和最高司法机关基于立法延续性、稳定性以及司法便利等考虑，在历次修法及制定该司法解释中相对保守，对

---

① 何家弘：《中国腐败犯罪的原因分析》，载《法学评论》2015 年第 1 期，第 76 页。

② 根据某法院的调研，刑法规定受贿罪起刑点为 5000 元的相当一段时期内，各地司法机关普遍突破该起刑点，受贿 2 万元以下的只有极个别被刑事追诉。

③ 例如，新加坡一名警员帮犯人买了条香烟收受 15 元“好处费”，被发现后被判处 3 个月有期徒刑。参见高波：《廉洁拐点——世界难题与中国答案》，中信出版集团 2017 年版，第 101 页。

既有规定没有大的改变，因此出台的规定总有隔靴搔痒、力不从心的遗憾。实证研究也证明，《刑法修正案（九）》及配套司法解释出台后，实践中“唯数额论”倾向、量刑失衡、预防犯罪效果不理想等问题并没有得到根本解决。刑罚制度只有与刑事政策、刑罚目的协调，才能充分发挥刑罚的功能，实现刑罚价值。[①] 笔者认为，要完善我国受贿罪刑罚制度，就要树立正确的刑罚价值观，针对受贿罪的特点及我国制度中存在的问题，以刑法谦抑性原则、“破窗理论”以及对受贿罪从严惩处、“零容忍”的刑事政策为指引，并借鉴其他法域的成功做法，通过重构受贿罪刑罚标准及优化刑罚体系来完善受贿罪刑罚制度。

陈兴良教授提出，在刑事法治的社会背景下，一般预防的威吓效应应通过下述途径合法地获得：其一，刑法严密；其二，刑罚宽缓；其三，刑法合理。[②] 笔者认为，可将陈兴良教授的观点作为重构受贿罪刑罚制度的指引，具体思路包括三方面：一是通过取消起刑点以严密受贿犯罪的刑事法网，同时相应调整刑种和适用程序，使其具有现实性和可操作性，以实现对受贿犯罪“零容忍”和“宽严相济”的平衡；二是紧密围绕受贿犯罪保护法益构建刑罚标准，确定以情节为中心的刑罚标准体系，以实现罪刑相适应，罚当其罪；三是调整刑罚结构，降低刑罚的严厉程度，改造财产刑和资格刑，既保障对人权的保护，又使刑罚功能得以充分发挥。

一、取消受贿罪起刑点

关于对受贿罪起刑点的去留，从立法机关和最高司法机关的表态看，我国有关部门目前并没有取消起刑点的考虑，但笔者认为，经过之前章节的论述可以看出，起刑点的存在是造成受贿罪刑罚标准不科学、刑罚的震慑和预防犯罪效果不佳的根本性原因，取消起刑点确有必要性和可行性，同时也是我国履行《联合国反腐败公约》缔约国义务[③]的

---

① 谢望原、游涛：《我国刑罚制度的主要缺陷与变革》，载《政治与法律》2010 年第 10 期，第 9 页。

② 陈兴良：《刑法理念导读》，法律出版社 2003 年版，第 443～446 页。

③ 《联合国反腐败公约》第 15 条规定，各缔约国均应当采取必要的立法措施和其他措施，将下列故意实施的行为规定为犯罪：（1）直接或间接向公职人员许诺给予、提议给予或者实际给予该公职人员本人或者其他人员或实体不正当好处，以使该公职人员在执行公务时作为或者不作为；（2）公职人员为其本人或者其他人员或实体直接或间接索取或者收受不正当好处，以作为其在执行公务时作为或者不作为的条件。

要求。当然,取消受贿罪起刑点并非一个简单的定罪问题,而是一个牵动各项相关法律制度的系统工程,包括如何使有限的司法资源适应受贿案件大幅增加的需要,对数额较小、情节轻微的受贿犯罪如何适用刑罚,等等。因此,在取消受贿罪起刑点的同时,还需对相应的程序、刑罚等一并做出制度设计。

(一)改变受贿罪法定刑规定的立法模式

我国刑法分则中对各罪名法定刑的规定主要有两种模式。第一种模式是分别针对不同情节规定不同的量刑档,例如区分数额较大、数额巨大、数额特别巨大,或者情节较重、情节严重、情节特别严重规定多个量刑档,并对应不同法定刑,例如1997年《刑法》对贪污罪、受贿罪、盗窃罪、诈骗罪等所作规定;①第二种模式是在罪状之后直接规定法定刑作为第一个量刑档,之后再列举加重或减轻情节并相应规定不同的法定刑,作为其他量刑档,例如1979年《刑法》对受贿罪或者1997年《刑法》对故意杀人罪、抢劫罪、聚众斗殴罪等所作的规定。② 我国现行受贿罪的规定采用的是第一种模式,之前1979年《刑法》则采用的是第二种模式。

相比较而言,第一种模式的优点是不同的刑罚标准和法定刑层次清晰,但缺点是各量刑档对应的情节程度规定笼统,可操作性差,如果仅以此为据,难免造成司法混乱,因此还需司法解释对情节“较重”、“严

---

①　例如:1997年《刑法》第264条规定:“盗窃公私财物,数额较大的,或者多次盗窃、入户盗窃、携带凶器盗窃、扒窃的,处三年以下有期徒刑、拘役或者管制,并处或者单处罚金;数额巨大或者有其他严重情节的,处三年以上十年以下有期徒刑,并处罚金;数额特别巨大或者有其他特别严重情节的,处十年以上有期徒刑或者无期徒刑,并处罚金或者没收财产……”第266条规定:“诈骗公私财物,数额较大的,处三年以下有期徒刑、拘役或者管制,并处或者单处罚金;数额巨大或者有其他严重情节的,处三年以上十年以下有期徒刑,并处罚金;数额特别巨大或者有其他特别严重情节的,处十年以上有期徒刑或者无期徒刑,并处罚金或者没收财产。本法另有规定的,依照规定。”

②　例如:1979年《刑法》第185条规定:“国家工作人员利用职务上的便利,收受贿赂的,处五年以下有期徒刑或者拘役,赃款、赃物没收,公款、公物追还。犯前款罪,致使国家或者公民利益遭受严重损失的,处五年以上有期徒刑。”1997年《刑法》第232条规定:“故意杀人的,处死刑、无期徒刑或者十年以上有期徒刑;情节较轻的,处三年以上十年以下有期徒刑。”第292条第1款规定:“聚众斗殴的,对首要分子和其他积极参加的,处三年以下有期徒刑、拘役或者管制;有下列情形之一的,对首要分子和其他积极参加的,处三年以上十年以下有期徒刑:(一)多次聚众斗殴的;(二)聚众斗殴人数多,规模大,社会影响恶劣的;(三)在公共场所或者交通要道聚众斗殴,造成社会秩序严重混乱的;(四)持械聚众斗殴的。”

重”以及“特别严重”等含义予以进一步明确。考察司法解释对受贿罪、盗窃罪、诈骗罪规定的刑罚标准可以发现，各司法解释规定以上罪名刑罚标准的思路异曲同工，都是明确规定了不同量刑档的数额标准，同时也规定了从严处罚情节，[1]但没有直接区分何为其他情节“较重”、“严重”或者“特别严重”，而是规定，具有从严处罚情节的，根据犯罪数额的不同认定为不同的情节严重程度。[2] 可见，上述司法解释未将数额以外的其他情节作为独立区分量刑档的标准，也就是说，犯罪数额在决定犯罪情节严重程度中起到基准性的作用。这种模式对于以财产所有权为保护法益的盗窃罪、诈骗罪甚至贪污罪来说还可以说有一定合理性，但是对于受贿罪，如前文所论述，这样以犯罪数额为基准的刑罚标准无法准确判断行为危害性，难以做到罪刑相适应。实践已经证明，该模式下受贿罪的立法结合司法解释没有实现理想的效果。而且，基于受贿罪情况复杂多变的特点，即使司法解释改变解释模式，直接规定情节标准，对于不同情节程度之间的界限也很难以成文的规定进行科学、清晰的界定，再完善的司法解释也难免挂一漏万，成为司法实践新的掣肘。

第二种模式中，尽管每个量刑档对应的情节标准看起来弹性很大，部分情形需要司法解释予以明确也在所难免，但是各量刑档之间的界限是相对明确的，而且量刑标准上为司法机关留有一定的自由裁量空间也是符合客观实际的，更有利于司法的执行。特别是对于受贿罪这样影响量刑因素复杂的犯罪，刑罚标准的规定宜粗不宜细，因此笔者倾向对受贿罪采用该模式。也就是说，参照1979年《刑法》对受贿罪规定的模式，符合定罪要件而没有其他情节的规定为一个量刑档，具有一定

---

① 例如：“两高”《关于办理盗窃刑事案件适用法律若干问题的解释》第2条规定：“盗窃公私财物，具有下列情形之一的，‘数额较大’的标准可以按照前条规定标准的百分之五十确定：(一)曾因盗窃受过刑事处罚的；(二)一年内曾因盗窃受过行政处罚的；(三)组织、控制未成年人盗窃的；(四)自然灾害、事故灾害、社会安全事件等突发事件期间，在事件发生地盗窃的；(五)盗窃残疾人、孤寡老人、丧失劳动能力人的财物的；(六)在医院盗窃病人或者其亲友财物的；(七)盗窃救灾、抢险、防汛、优抚、扶贫、移民、救济款物的；(八)因盗窃造成严重后果的。”

② 例如：“两高”《关于办理盗窃刑事案件适用法律若干问题的解释》第6条规定：“盗窃公私财物，具有本解释第二条第三项至第八项规定情形之一，或者入户盗窃、携带凶器盗窃，数额达到本解释第一条规定的‘数额巨大’‘数额特别巨大’百分之五十的，可以分别认定为刑法第二百六十四条规定的‘其他严重情节’或者‘其他特别严重情节’。”

加重情节的规定为另一个量刑档。

(二)对受贿犯罪增加规定单处罚金刑

取消受贿罪起刑点直接会导致大量犯罪情节较轻的受贿行为入刑,对于这些受贿犯罪,在适用刑罚上,考虑该类受贿行为的社会危害性和犯罪人的人身危险性,笔者建议借鉴其他国家做法,充分发挥财产刑的作用,对这部分新入罪受贿犯罪增加单处罚金刑。也就是对犯罪情节较轻的受贿罪,增加规定选科罚金刑,由法官根据具体犯罪情节、犯罪人的缴纳能力等因素选择适用自由刑或者罚金刑。需要说明的是,之所以要考虑缴纳能力,是为确保罚金刑的严肃性,避免刑罚空判,对于被告人没有缴纳能力或者不愿缴纳罚金的,科处自由刑。主要考虑是:

1. 可实现罪刑相适应,符合刑罚轻缓化趋势

取消起刑点后,对于那些较轻的受贿犯罪,如果动辄处以拘役、有期徒刑等自由刑显然过重。罚金刑作为对财产自由的惩罚,与对人身自由的惩罚比较相对较轻,对于较轻受贿犯罪来说是罚当其罪的,也顺应了刑罚轻缓化的发展趋势,符合现代法治文明理念。

2. 单独适用罚金刑有很强的针对性,可以起到有效报应和预防受贿犯罪的效果

罚金刑使犯罪人在经济上受到惩罚,可以起到刑罚的积极预防效果,由罚金刑代替短期自由刑的刑罚改革方向已经被世界各国普遍接受,①在许多国家罚金刑已经取代自由刑在刑罚体系中占据主要地位。特别是对贪利性犯罪,在对犯罪人追缴犯罪所得款物之外再剥夺其一定数额的金钱,表达了国家严厉的否定性评价,向社会喻示,以非法手段获得的利益即使得到了也要失去,甚至得不偿失。② 正如贝卡里亚所说,只要刑罚的恶果大于犯罪带来的好处,刑罚就可以发挥其效用。③受贿犯罪具有明显的贪利性特征,对犯罪人施以罚金,剥夺一定数量的金钱,直击其痛处,给犯罪人带来的痛苦以及威慑力不亚于管制、拘役、短期有期徒刑等,不仅能发挥有力的报应功能,还可以起到抑制贪利性

① 1925 年伦敦第十次“国际刑法与刑务会议”、1950 年海牙第十二次“国际刑法与刑务会议”以及 1960 年第二次联合国“关于犯罪预防与罪犯处遇会议”的决议都提出,应当推荐将罚金刑作为短期自由刑的替代制度。

② 陈兴良:《刑种通论》(第 2 版),中国人民大学出版社 2007 年版,第 312 页。

③ [意]贝卡里亚:《论犯罪与刑罚》,黄风译,北京大学出版社 2013 年版,第 63 页。

犯罪动机产生的作用,并对潜在犯罪人产生震慑作用。

3. 有利于维护法律严肃性

当前实践中之所以大量存在明明已达到刑事追究的标准而未被刑事追究的受贿案件,主要原因之一就是因为一旦追究就会被判处自由刑,有关机关认为刑罚过重,从而导致刑法对受贿罪的规定屡被突破。对情节较轻的受贿罪规定单独适用罚金刑,实现刑罚轻缓化,有助于将上述受贿行为纳入法律追究的范畴,解决了实践中要么法定受贿罪追诉标准不被遵循,法律严肃性受损,要么按照法定追诉标准追究而造成罪刑不相适应的两难境地。

4. 节省国家司法资源,有利于犯罪人回归社会

较轻受贿的犯罪人,不限制其人身自由基本上也不会危害社会,因此对这些人没有关押的必要。而且判处罚金刑不仅无需占用国家为执行自由刑投入的场所、人力、物力、财力等司法资源,同时也可以避免短期自由刑产生的交叉感染等弊端,可以实现以教育为主的刑罚目的,有利于改造。

(三)对较轻受贿犯罪适用速裁程序和认罪认罚从宽制度

如果适用刑事诉讼法规定的刑事案件普通程序,取消受贿罪起刑点后司法程序中新增加的受贿案件会给司法机关带来巨大的工作量,当前本已经捉襟见肘的司法机关可能难以承受。对于这部分新增的案件,根据刑事诉讼法规定的不起诉制度,对于犯罪情节轻微的受贿案件,检察机关可以作出不起诉决定,[①]这样可以分流一部分案件。此外,根据笔者工作中掌握的情况可以预见,新增加的受贿案件普遍具有受贿情节一般、数额不大、笔数不多、案情相对简单、行为人认罪、所判刑罚较轻等特征,当前正在进行试点探索的认罪认罚从宽制度正是针对具有以上情形的案件所设计,通过最高司法机关等中央部门的顶层设计和各地司法机关的积极探索,已经在简化侦诉审办案流程、法律援助保障诉讼权利等方面建立了完善的工作机制,通过速裁程序大幅提升了诉讼效率。该制度的尝试为解决新增受贿案件的诉讼程序提供了非常有益的探索,可以预见,对新增受贿案件采用认罪认罚从宽

① 《刑事诉讼法》第173条第2款规定:"对于犯罪情节轻微,依照刑法规定不需要判处刑罚或者免除刑罚的,人民检察院可以作出不起诉决定。"

制度不仅可行,而且能够切实解决案件量加大与司法资源有限之间的矛盾。

综上,对受贿罪取消起刑点,将受贿行为一律纳入刑法规制的范围,在法理上与受贿罪保护法益相吻合,符合公平正义的价值取向;同时也增强了威慑力,符合"零容忍"的刑事政策,有利于受贿犯罪预防目的的实现。同时,通过辅之以简化诉讼程序和增加单处罚金刑等配套措施,使受贿罪取消起刑点在实践中具有可行性,亦可实现罪刑相适应。而且,立法只规定罪质因素而未规定罪量因素,原本就是我国刑法运用于抢劫、贩卖毒品等诸多罪名中的一种定罪模式,因此,对受贿罪采用该模式,能够与现行刑法框架有机融合。当然,如果对受贿罪取消起刑点,必然会引发对贪污罪以及盗窃、诈骗等其他犯罪要否取消起刑点问题的思考。笔者认为,我国刑法对贪污、盗窃、诈骗等许多罪名规定了起刑点,涉及的案件数量是海量的,对该部分犯罪是否取消起刑点,事关我国犯罪概念、定罪模式等刑法重大理论变革,该问题已超出本书研究范围,不作进一步探讨。

二、构建以其他情节为中心的受贿罪刑罚标准体系

我国长期以来实行的以数额为基准的受贿罪刑罚标准,给司法机关统一司法掌握提供了简便易操作的标准,也有学者提出,"规定具体数额可以使司法人员有明确的定罪量刑标准,严格执行罪刑法定原则,从而较好地体现立法意图,防止司法权滥用。"①但是,如前面章节所分析,该刑罚标准在法理上存在根本性的缺陷和漏洞,是导致实践中受贿罪量刑失衡的主要原因。如前所述,设置刑罚标准的原则,是对犯罪人所判刑罚应与犯罪行为对法益的侵害程度以及犯罪人的人身危险性相适应,笔者拟以该理念为指引,针对目前规定的症结所在,并借鉴其他法域的经验对完善我国受贿罪刑罚标准提出设想。

(一)单独针对受贿罪设置以情节为中心的刑罚标准体系

受贿罪与贪污罪最大的区别,就是贪污是非法将公共财物据为己有,该行为侵害的是公共财产所有权;而受贿是利用职务便利为他人谋

---

① 卢勤忠:《我国受贿罪刑罚的立法完善》,载《国家检察官学院学报》2008 年第 3 期,第 82 页。

利，非法收受他人财物，该行为侵害的是职务行为的公正性以及民众对公正性的信赖，而不是财产所有权。以上两罪的区别与抢劫罪和盗窃罪的区别有相似之处，刑法虽然把抢劫罪与盗窃罪一并列入侵犯财产罪一章，但是立法针对抢劫罪的特点规定了与盗窃罪等单纯财产性犯罪截然不同的刑罚标准，盗窃罪中最主要的数额标准在抢劫罪中只是诸多从重处罚情节之一。① 我国刑法对贪污罪规定了"以犯罪数额为中心，其他情节为辅助"的刑罚标准，与贪污罪作为财产犯罪的社会危害性基本吻合，但是规定受贿罪同样也按照上述标准判处刑罚，则偏离了受贿罪的保护法益和社会危害性，无法实现罪刑相适应，而且与国际通行的立法理念格格不入。因此，无论从应然的角度还是实然的角度，要从根本上解决受贿罪罪刑失衡问题，必须改变过去将受贿罪与贪污罪刑罚标准混为一谈的立法，对受贿罪与贪污罪分而治之，②构建一个独立的受贿罪刑罚标准体系。

1. 对受贿罪建立一个以情节为中心的刑罚标准

我国古代对受贿罪有以"计赃论罚"为基础的传统，该传统沿袭至今。根据我国1997年以来的刑法，受贿罪按照贪污罪的规定采用"以数额为中心，其他情节为辅助"的刑罚标准，实践中更是形成了"唯数额论"的倾向。直至《刑法修正案(九)》对受贿罪刑罚标准做出实质性变革，一改数额独大的状况，确定了数额与其他情节并重的刑罚标准格局，应当说，这次修法是针对受贿罪刑罚标准的弊端，综合考虑法益定位以及国际立法趋势，同时兼顾我国立法传统做出的变革，是一次具有积极意义的修法，但由于此次修法并未对受贿罪与贪污罪实行刑罚分立，因而相关规定中不可避免地存在与生俱来的缺陷，加之"两高"司法解释改变立法初衷，又将受贿罪刑罚标准重新拉回以数额为中心的格局，因此当前的规定没有从根本上实现受贿罪刑罚标准的科学化。如前面章节论述，我国受贿罪刑罚标准最大的问题是不能准确反映犯罪行为的社会危害性，归根到

---

① 1997年《刑法》第263条规定："以暴力、胁迫或者其他方法抢劫公私财物的，处三年以上十年以下有期徒刑，并处罚金；有下列情形之一的，处十年以上有期徒刑、无期徒刑或者死刑，并处罚金或者没收财产：(一)入户抢劫的；(二)在公共交通工具上抢劫的；(三)抢劫银行或者其他金融机构的；(四)多次抢劫或者抢劫数额巨大的；(五)抢劫致人重伤、死亡的；(六)冒充军警人员抢劫的；(七)持枪抢劫的；(八)抢劫军用物资或者抢险、救灾、救济物资的。"

② 于雪婷：《受贿罪法定刑设置研究》，法律出版社2013年版，第200页。

底是与受贿罪保护法益脱节,对此,其他法域建立的以背职情况等情节为核心的受贿罪刑罚标准体系提供了很好的范例。因此,完善我国受贿罪刑罚标准,需以此为突破口,密切针对受贿罪的本质特征,以受贿罪对职务行为的公正性及民众对该公正性的信赖的保护为主旨,借鉴其他法域的立法经验,兼顾我国多年形成的立法和司法习惯,建立一个以其他情节为中心的受贿罪刑罚标准体系。

在这个体系中,应当对受贿犯罪事实所涵盖的情节中,直接体现法益侵害程度的背职情况、行为后果等情节的重要性应当给予足够重视。关于数额在受贿罪刑罚中的作用,我国立法机关和最高司法机关格外看重,许多学者也提出数额是衡量受贿犯罪行为法益侵害程度的主要标准,并以贝卡里亚关于"法律必须以某种明示的方式为人们知晓"的论断为依据;还有许多研究文章都提出了削减数额在受贿罪定罪量刑中的过高权重,建立数额与情节并重的模式的建议,但对于具体如何设置各类情节在受贿案件量刑中的权重,没有具体方案。

综合考虑各方因素,笔者认为,针对我国多年形成的以数额为基准的刑罚标准,一方面要改变数额标准不能准确反映法益侵害程度、造成机械执法的流弊,提高背职情况等非数额情节的权重,另一方面也要考虑长期以来立法、司法机关对数额情节的依赖和认可,以及某种程度上受贿数额与背职程度有一定的对应关系,目前在受贿罪刑罚标准中彻底取消数额因素是不现实的。因此,笔者认为在重构的受贿罪刑罚标准体系中,强化背职情况等非数额情节作用的同时也要兼顾数额情节,可参照刑法关于抢劫罪刑罚标准的规定模式,将背职情况、损害后果等其他诸情节与数额情节并列,为法官行使自由裁量权留有余地,以实现刑罚个别化。

2. 设置受贿罪以情节为中心的刑罚标准应遵循的规则

根据罪刑法定、罪刑相适应等刑法原则要求,针对当前相关规定存在的弊端,设置受贿罪以情节为中心的刑罚标准需把握以下规则。

一是规定明确规则。该规则来源于罪刑法定原则。我国古代提倡立法神秘主义,即"法不可知,则威不可测",实际上这是不可取的。以我国关于受贿罪的刑罚标准为例,1997 年《刑法》中的"情节较重""情节严重""情节特别严重"等多处笼统规定,其本意是给法官留出根据实践情况自由裁量的空间,但是客观上造成了公众无法预测、法官难以掌握的状况，以至于刑法原本规定的是“数额加情节”模式，但是情节因素被司法机关忽视，久而久之普遍形成了数额单一标准的印象。透明国际有关人员提出，中国修改法律，要有更强的可操作性，减少模糊空间，并严格执行，这样贪腐可以减少一大半。[①] 其他法域甚至我国古代立法关于受贿罪的规定都相对具体、明确，将影响受贿罪量刑的因素进行分类详细列举，给司法提供明确的依据。这种明确化的规定值得我们在构建受贿罪刑罚标准中借鉴，这样不仅能够强化对公众的警示，同时也可增强法律规定的可操作性，避免法官对法律规定的选择性适用，有利于实现刑罚的惩治和预防功能。

二是同类解释规则。该规则来源于罪刑相适应原则，就是要求一个法条所并列规定的内容，一般在社会危害性的性质及程度上大体具有相当性或者相似性。[②] 我国刑法的规定基本上遵循了同类解释规则，例如《刑法》第 263 条规定的抢劫罪，第 240 条规定的拐卖妇女、儿童罪，第 347 条规定的走私贩卖运输制造毒品罪等，上述条款规定的从严处罚情节主要是着眼于体现犯罪行为本身社会危害性的罪中情节，各情节体现的社会危害性的性质和程度也都大体相当。然而“两高”《贪污贿赂解释》中在一个条款中列举的受贿罪八个升格处罚情节，涉及罪前、罪中和罪后情节，体现影响刑罚因素的性质和程度各不相同，难免造成实践中的罪刑失衡。只有按照同类解释规则设置受贿罪量刑情节，才能实现罪刑相适应。

三是层次分明规则。该规则也是来源于罪刑相适应原则要求。影响对具体犯罪裁量刑罚的情节很多，长期以来我国法官通常采用“估堆式”方法量刑，即对所有犯罪事实与量刑情节混杂在一起，根据经验不分层次地综合估量刑罚，各情节在对具体犯罪量刑中很难精准地发挥作用。近年来我国审判机关进行的量刑规范化改革就针对上述现象构建了“分步式”的量刑体系，根据《最高人民法院关于常见犯罪的量刑指导意见》（以下简称《量刑指导意见》），按照起点刑、基准刑、宣告刑的顺序确定具体案件的刑罚，即先按照基本犯罪事实的既遂状态确定起

---

① 廖燃：《腐败与政治制度、经济发展水平无关》，载 http://www.guancha.cn/LiaoRan/2013_04_11_137865.shtml，最后访问日期：2016 年 9 月 11 日。

② 黄祥青：《论抢劫罪情节加重犯的人都能够思路与方法》，载《政治与法律》2005 年第 6 期，第 138 页。

点刑，在不考虑任何量刑情节的情况下确定基准刑，之后再考虑各种量刑情节修正基准刑得出宣告刑。① 尽管量刑规范化改革中的一些规定过于机械，难免教条，反而造成量刑不公，②但是其中探索的分步骤量刑的方式符合量刑规律，在实现个案正义、保证同类案件刑罚相对公平等方面显现出一定优势。量刑规范化改革适用的罪名不包括受贿罪，可以说目前我国对受贿罪还基本上停留在凭法官经验和习惯的“估堆”量刑上，对各事实、情节不区分层次、主次地加以评判，刑罚作用力不同的各情节在决定刑罚中所占权重比例不稳定、不协调。根据量刑规范化中探索的量刑思路的启示，应将受贿罪的事实、情节根据其对刑罚的作用力不同，区分不同的考量顺序，建立受贿罪量刑情节体系。

3. 设置受贿罪以情节为中心的刑罚标准要对量刑情节进行分类

我国刑法对受贿罪量刑情节的规定，除了前面章节论述的缺陷外，还有一个突出的问题，就是立法和司法解释将受贿罪各类犯罪情节不加区分，混为一谈。具体体现在两点，一是刑法关于受贿罪的条文在规定不同社会危害性情节对应量刑档的同时，还规定了本应在刑法总则中规定的如实供述、真诚悔罪、积极退赃等人身危险性情节对量刑的影响；③二是“两高”司法解释在同一条款并列规定的受贿罪从严处罚情节中既有造成恶劣影响等体现社会危害性的情节，也有前科劣迹、拒不交代赃款去向等体现人身危险性的情节，而且以上情节按照同样规则适用。④ 这样

---

① 胡亚龙：《量刑规范化改革之基准刑研究》，载《长江论坛》2016 年第 2 期，第 82 页。

② 例如，一些地方的实施细则规定，“抢劫财物数额每增加 350 元，可以增加一个月刑期”，类似规定过于绝对化，在限制法官自由裁量权的同时忽略了实践中每个具体案件都有其鲜活的特征，对案件的处理除了规范化之外还需要法官的智慧。

③ 《刑法修正案（九）》修订后的《刑法》第 383 条第 3 款规定：“犯第一款罪，在提起公诉前如实供述自己罪行、真诚悔罪、积极退赃，避免、减少损害结果的发生，有第一项规定情形的，可以从轻、减轻或者免除处罚；有第二项、第三项规定情形的，可以从轻处罚。”

④ “两高”《贪污贿赂解释》第 1 条第 2、3 款规定：“贪污数额在一万元以上不满三万元，具有下列情形之一的，应当认定为刑法第三百八十三条第一款规定的‘其他较重情节’，依法判处三年以下有期徒刑或者拘役，并处罚金：……（二）曾因贪污、受贿、挪用公款受过党纪、行政处分的；（三）曾因故意犯罪受过刑事追究的；（四）赃款赃物用于非法活动的；（五）拒不交待赃款赃物去向或者拒不配合追缴工作，致使无法追缴的；（六）造成恶劣影响或者其他严重后果的。受贿数额在一万元以上不满三万元，具有前款第二项至第六项规定的情形之一，或者具有下列情形之一的，应当认定为刑法第三百八十三条第一款规定的‘其他较重情节’，依法判处三年以下有期徒刑或者拘役，并处罚金：（一）多次索贿的；（二）为他人谋取不正当利益，致使公共财产、国家和人民利益遭受损失的；（三）为他人谋取职务提拔、调整的。”

的规定，明显不符合同类解释和层次分明的规则，有这样的法律依据，就不难理解为什么司法机关对受贿罪情节“估堆”考量了。因此，要想对受贿罪规范量刑，首先需要从根本上对受贿罪两类情节的外延和内涵准确界定。

量刑规范化中探索的分步量刑思路具有积极意义，但是其对起点刑和基准刑分步确定等方面在理论和实践上均有明显缺陷，学界多有批评，[①]故只能参考，不能照搬。笔者认为，针对受贿罪的特点可以实行二分法，将受贿事实分为两类，即犯罪构成事实和非犯罪的构成事实；在此基础上，对受贿罪的量刑也分为两个步骤，即先根据犯罪构成事实确定基准刑，再根据非犯罪构成事实进行修正得出宣告刑。具体而言，犯罪构成事实是指符合某种犯罪构成要件要求的具体犯罪行为的主客观事实情况。[②] 犯罪构成事实具体包括犯罪人的故意或过失、犯罪的行为、数额、方式、次数、场合、危害结果等，[③]不包含人身危险性因素。犯罪构成事实的功能是决定基准刑，即在不考虑任何非罪中情节的情况下应被判处的刑罚，[④]体现的是刑罚的报应本质，因此要求犯罪构成事实与刑罚之间罚当其罪、罪刑相称。非犯罪构成事实是指具体犯罪中犯罪构成事实以外的反映犯罪人的人身危险性的事实情况，具体包括累犯、自首、坦白、退赃、立功等。非犯罪构成事实的功能是在基准刑的基础上进行从轻、减轻或从重调整，确定最终的宣告刑，体现的是刑罚的预防本质。

总之，改变对受贿罪“估堆式”的量刑模式，首先应当将社会危害性情节和人身危险性情节加以区分；其次本着先客观、后主观原则，建立先对社会危害性情节评价、再对人身危险性情节评价的量刑模式，这样可使各类量刑情节在量刑中发挥适当作用，实现受贿罪的量刑规范化。

---

① 例如，林维：《论量刑情节的使用和基准刑的确定》，载《法学家》2010 年第 2 期，第 40 页；王刚：《论基准刑及其裁量方法——以〈最高人民法院关于常见犯罪的量刑指导意见〉为参照》，载《学术交流》2017 年第 2 期，第 116、117 页；胡亚龙：《量刑规范化改革之基准刑研究》，载《长江论坛》2016 年第 2 期，第 82 页；等等。

② 赵廷光：《量刑公正实证研究》，武汉大学出版社 2006 年版，第 96 页。

③ 参见熊选国：《〈人民法院量刑指导意见〉与“两高三部”〈关于规范量刑程序若干问题的意见〉理解与适用》，法律出版社 2010 年版，第 76 页。

④ 王刚：《论基准刑及其裁量方法——以〈最高人民法院关于常见犯罪的量刑指导意见〉为参照》，载《学术交流》2017 年第 2 期，第 117 页。

(二)设置受贿罪刑罚标准的社会危害性情节

社会危害性情节对应的是犯罪构成事实,包括犯罪人的故意或过失、犯罪的行为方式、数额、次数、场合、危害结果等,也就是前面章节提到的罪中情节。具体到受贿罪,主要包括受贿的背职情况、次数、方式、数额、受贿人职务等,体现的是犯罪行为的社会危害程度及潜在危险性。[①] 现行刑法对受贿罪的情节标准情形没有规定,"两高"《贪污贿赂解释》中规定了八个非数额情节,除去四个体现人身危险性的罪前、罪后情节外,有四个与犯罪构成事实有关的情节,此外"两高"《关于办理行贿刑事案件具体应用法律若干问题的解释》中对认定受贿罪社会危害性情节标准情形的规定也有一定借鉴意义。[②] 笔者通过对近年来司法机关处理的重大受贿案件中暴露出来的具有典型性的犯罪情节进行总结提炼,综合考虑现有规定,并借鉴其他法域及我国古代立法经验,尝试提出以下我国评判受贿犯罪社会危害性的情节标准情形。

1. 受贿的行为方式

该情节主要区分是否索贿。与被动收受贿赂相比较,行为人索贿的,其主观上具有以牺牲职务公正性换取个人利益的积极主动性,客观上对职务公正性以及公众信赖的破坏更为严重和直接,因此应当从重处罚。

2. 受贿谋取利益的性质

根据刑法以及"两高"《贪污贿赂解释》对刑法规定的受贿罪"为他人谋取利益"所作的扩张解释,[③]受贿罪中行为人谋取利益可以分为未实施为他人谋取利益的行为、正常履职为他人谋取正当利益、违规履职

---

① 王继文、孙佰明:《浅析受贿罪量刑标准》,载《法学研究》2011 年第 7 期,第 47 页。

② "两高"《关于办理行贿刑事案件具体应用法律若干问题的解释》第 2 条规定:"因行贿谋取不正当利益,具有下列情形之一的,应当认定为刑法第三百九十条第一款规定的'情节严重':(一)行贿数额在二十万元以上不满一百万元的;(二)行贿数额在十万元以上不满二十万元,并具有下列情形之一的:1. 向三人以上行贿的;2. 将违法所得用于行贿的;3. 为实施违法犯罪活动,向负有食品、药品、安全生产、环境保护等监督管理职责的国家工作人员行贿,严重危害民生、侵犯公众生命财产安全的;4. 向行政执法机关、司法机关的国家工作人员行贿,影响行政执法和司法公正的;(三)其他情节严重的情形。"

③ "两高"《贪污贿赂解释》第 13 条规定:"具有下列情形之一的,应当认定为'为他人谋取利益',构成犯罪的,应当依照刑法关于受贿犯罪的规定定罪处罚:(一)实际或者承诺为他人谋取利益的;(二)明知他人有具体请托事项的;(三)履职时未被请托,但事后基于该履职事由收受他人财物的。国家工作人员索取、收受具有上下级关系的下属或者具有行政管理关系的被管理人员的财物价值三万元以上,可能影响职权行使的,视为承诺为他人谋取利益。"

为他人谋取不正当利益三种情形。此处的“不正当利益”应作广义理解,之前“两高”关于行贿犯罪的司法解释作出了实体或程序不正当均属“不正当利益”的界定,[①]笔者赞成这个认定思路。谋取利益的性质是体现背职情况的重要因素,是其他法域对受贿罪量刑中考虑的核心情节。按照美、英、德等其他法域通行的规定,在受贿中只要实施了利用职权的行为,无论利益是否正当,都属于不当履行职责,属于从重处罚范畴。考虑到根据我国刑法规定,利用职权为他人谋利本身是定罪要件,按照以上司法解释规定不实施谋利行为构成受贿罪的毕竟是少数,鉴于此,在我国法律规定语境下还是应当以是否谋取不正当利益作为区分标准,类似我国古代立法中所作的“受财枉法”和“受财不枉法”区分。具体来说,前两种情形下对法益侵害程度较轻,可以作为受贿罪的一般情节;至于第三种情形,受贿行为直接以妨害公权力正当行使、损害国家或他人利益为交换条件,[②]对职务公正性以及公众的信赖有更为严重的侵害,应当作为受贿罪的从重情节。

3. 受贿行为发生的领域

受贿犯罪可能发生在所有公权力参与的任何领域,通常情况下不同领域发生的受贿行为对法益侵害的程度有所不同。“两高”司法解释专门将“为他人谋取职务提拔、调整”纳入受贿罪从重处罚情节,表明最高司法机关已经认识到特定领域受贿犯罪的社会危害性更为严重,但其仅涉及人事任用领域过于片面。笔者通过梳理诸多受贿案件的案情发现,实践中在食品药品审批和安全生产监管等行政审批执法领域、工程项目招标领域、司法领域、人事任用领域等发生的受贿犯罪,通常会造成比较严重的现实和潜在的社会危害性。为促进刑法积极一般预防作用的发挥,有必要对发生在事关民众生命财产安全、国家政治稳定、重大政策实施等领域的受贿犯罪给予从重处罚。

---

① “两高”《关于办理行贿刑事案件具体应用法律若干问题的解释》第 2 条规定,“谋取不正当利益”,是指行贿人谋取的利益违反法律、法规、规章、政策规定,或者要求国家工作人员违反法律、法规、规章、政策、行业规范的规定,为自己提供帮助或者方便条件。违背公平、公正原则,在经济、组织人事管理等活动中,谋取竞争优势的,应当认定为“谋取不正当利益”。

② 裴显鼎、苗有水等:《〈关于办理贪污贿赂刑事案件适用法律若干问题的解释〉的理解与适用》,载《刑事审判参考》(总第 106 集),法律出版社 2017 年版,第 124 页。

4. 受贿行为的损害后果

受贿行为的损害后果是衡量该行为社会危害性的重要指标之一，例如药品审批部门的公职人员收受贿赂后，前者仅是对相关事项加快了审批速度，后者对不符合条件的药品给予审批，使不合格药品流入市场、严重损害公众健康。相比较而言，很显然后者的受贿行为给国家、社会和公众造成了严重的损害后果，对法益侵害程度更重，因此应当对造成严重损害后果的受贿犯罪从重处罚。

5. 受贿行为的实施频次

梳理部级以上官员受贿案件可以发现，大多数案件中受贿人的受贿行为持续 10 年以上，有的甚至 20 年以上，受贿行为数十次甚至上百次，这种具有“惯犯”特征的受贿犯罪人，已经将公权力与其个人利益作交易视作常态。与偶尔为之的受贿犯罪相比，持续时间长、次数多的受贿犯罪对职务公正性的破坏力更大，对一定范围内的官场风气也会产生恶劣影响，对公众对职务公正性的信赖造成严重侵害，因此应当从重处罚。

6. 受贿数额

尽管从保护法益角度看，受贿数额与该行为造成的社会危害性并没有直接关系，但是从受贿犯罪中总结的规律看，通常情况下受贿人收受贿赂的数额与其对公权力的滥用程度、为他人谋取的利益存在一定的对应关系。往往受贿数额越大，受贿人铤而走险违规行使职权的动力越足，作为“回报”为行贿人谋取的利益就越大，相应给国家、社会和他人造成的损失就越大。此外，受贿数额越大，越容易给社会公众造成官员权钱交易程度严重的印象，公众对职务公正性的信赖也受到更大损害。

7. 受贿人的特定身份

掌握核心权力和一般权力的公职人员收受贿赂相比，前者利用职权干预、影响的事项更为重大，造成的实际危害性更大，其受贿行为对职务公正性的侵害更为严重。同时，由于上述人员职位重要，其受贿行为更容易产生强烈的示范效应，进而引发区域性、系统性腐败。因此，对掌握核心权力的官员受贿从重处罚确有必要。对于如何界定何为“掌握核心权力”，其他法域有将具有司法裁判官员、高级公务员、各级政府首脑人员、议会成员等身份作为从重处罚情节的先例，我国古代多个朝代以“监临官”与“非监临主守”相区别。[1] 笔者认为,若以司法官员等特定职务区分,在我国的特定语境下恐难以界定,而且也难做到准确、合理,[2]而具有一定职务的领导干部与普通公职人员之间的权力和影响力却有质的不同。因此可比照古代立法,对担任一定职务的领导干部受贿从重处罚。

8. 有其他严重情节的

以上设置了受贿犯罪事实中社会危害性常见的从重情节,但是,由于实践情况纷繁复杂,而且犯罪人会不断变换花样以规避制裁,因此为防止挂一漏万,按照立法惯例在上述情节之外规定兜底性条款是有必要的。

关于以上社会危害性情节对法定刑影响的设定,不具备上述情节的受贿适用第一档法定刑,具备上述情节的适用第二档法定刑,具备上述情节而且情节特别严重的,适用第三档法定刑。

(三)修正受贿罪刑罚标准的人身危险性情节

人身危险性情节体现的是刑罚的预防本质,关注于体现犯罪人主观恶性、认罪悔罪态度、再犯可能性的非犯罪构成事实情节,主要集中在罪前情节、罪后情节中。笔者通过梳理相关案件的审理情况发现,我国受贿案件的审判中,人身危险性情节是影响受贿犯罪量刑的重要因素,特别是高官受贿案件中,“认罪态度好”“赃款全部追缴”等情节已基本上是对犯罪人从轻处罚的标配理由,适用过程中存在随意性、不均衡性等突出问题。现行立法和司法解释专门针对受贿罪的人身危险性情节作出了比较详细的规定,[3]归纳起来主要包括违纪违法记录、认罪

---

[1] 《大清律例》规定,称监临者,内外诸司统摄所属,有文案相关涉及,虽非所管百姓,但有事在手者,即为监临。称主守者,该管文案典吏,专主掌其事及守掌仓库、狱囚、杂物之类,官吏、库子(主管官库的役吏)、斗级(主管官仓的役吏)、攒拦(征税员)、禁子(狱卒),并为主守。简言之,所谓“监临”泛指领导干部,而所谓“主守”则包括一切公务人员和公勤人员。参见雪珥:《当反腐系上松紧带》,载《中国经营报》2013 年 6 月 24 日。

[2] 例如,在许多国家,司法官员拥有很大的影响力和很高的权威,因此对其受贿可从重处罚,而在我国的体制内,各级党政官员的影响力和权威很显然高于司法官员,照搬其他法域的规定显然不合理。

[3] 《刑法修正案(九)》修订后的《刑法》第 383 条第 3 款规定:“犯第一款罪,在提起公诉前如实供述自己罪行、真诚悔罪、积极退赃,避免、减少损害结果的发生,有第一项规定情形的,可以从轻、减轻或者免除处罚;有第二项、第三项规定情形的,可以从轻处罚。”“两高”《贪污贿赂解释》规定了如下人身危险性情节:曾因贪污、受贿、挪用公款受过党纪、行政处分的;曾因故意犯罪受过刑事追究的;赃款赃物用于非法活动的;拒不交待赃款赃物去向或者拒不配合追缴工作,致使无法追缴的。

态度、是否悔罪、赃款赃物去向、退赃、对损害的挽回等。这些情节中有部分在刑法总则中已有规定，但对相关情节的从宽幅度突破了刑法总则规定，体现人身危险性的情节与社会危害性的情节没有区分，混杂规定在一起。笔者认为，应当对受贿罪人身危险性情节的规定重新整合，使其更好地适应对受贿罪分步量刑的需要，以便更好地发挥刑罚的预防功能。

1. 刑法总则中已经规定的情节尽可能不作大的突破

刑法总则已有规定的量刑情节，刑法分则或者司法解释针对受贿罪再行规定，而且规定内容不尽相同，尽管可以依照"特别规定优于普通规定"的原则去适用，但是该特别规定对于刑罚体系整体平衡造成的冲击不容忽视。对比《刑法》总则与分则中受贿罪条款及相关司法解释，有两处类似规定。一是司法解释规定受贿犯罪具有"曾因故意犯罪受过刑事追究的"在上一个量刑档处罚，与《刑法》总则第 65 条第 1 款规定的"被判处有期徒刑以上刑罚的犯罪分子，刑罚执行完毕或者赦免以后，在五年以内再犯应当判处有期徒刑以上刑罚之罪的，是累犯，应当从重处罚"，二者都是规定犯罪人前科对量刑的影响，但前者规定的条件门槛低而且要升格处罚，而后者附加条件门槛高而且只是在本量刑幅度内从重处罚，相比较显而易见司法解释对受贿罪的规定严苛得多。二是根据现行《刑法》分则第 383 条第 3 款规定，犯罪人在提起公诉前如实供述自己罪行，受贿行为应处 3 年以下有期徒刑或拘役的，可以从轻、减轻或者免除处罚；受贿行为应处 3 年以上有期徒刑、无期徒刑或死刑的，可以从轻处罚；而根据《刑法》总则及相关司法解释则规定，犯罪嫌疑人在侦查终结前如实供述自己罪行的，可以从轻处罚；因其如实供述自己罪行，避免特别严重后果发生的，可以减轻处罚。两相比较，《刑法》分则对受贿罪具有坦白情节的处罚宽缓得多。以上规定造成了受贿罪与其他犯罪之间刑罚适用的不平衡，特别是对受贿罪坦白情节的格外从宽，恐对预防功能造成负面效应。

笔者认为，在当今受贿犯罪屡禁不止、反腐败形势严峻复杂的情势下，严惩受贿犯罪应是立法机关和最高司法机关始终遵循的刑事政策，即使是出于促使犯罪人主动坦白、提高效率、节省司法成本的考虑也不应当对受贿犯罪作出相比其他犯罪格外从宽的处罚规定。因此，笔者建议对犯受贿罪具有坦白情节的，依照《刑法》总则规定处理，在分则中不再另行规定。对于“曾因故意犯罪受过刑事追究”情节，可以由《刑法》分则关于受贿罪的条款中作出低于刑法总则关于累犯规定的认定条件，以实现对受贿犯罪的从严惩处，但是从严处罚的幅度不宜过大，可以比照对累犯的从严幅度，对凡是有该情节的，在受贿行为对应法定刑幅度内从重处罚。

2. 对专门针对受贿罪的人身危险性情节的现行规定进行取舍并重新整合

现行《刑法》中对受贿罪规定的“真诚悔罪、积极退赃，避免、减少损害结果的发生”，以及司法解释规定的“曾因贪污、受贿、挪用公款受过党纪、行政处分的；赃款赃物用于非法活动的；拒不交待赃款赃物去向或者拒不配合追缴工作，致使无法追缴的”，以上情节在《刑法》总则中没有规定，仅是受贿罪特有的从宽或者从严处罚情节。

第一，关于现行《刑法》第383条第3款规定的“真诚悔罪”“积极退赃”“避免、减少损害结果的发生”三个受贿罪从宽情节，[①]笔者建议与该条款的“如实供述”情节一并撤销。主要考虑：一是“真诚悔罪”并非一个具体的客观行为，而是对如实供述、退赃等客观因素的综合主观评价，其内涵与外延难以界定、很难以客观标准衡量，而具体体现悔罪的“如实供述”等已由《刑法》总则作出规定，该表述在实践中没有实际意义。二是退赃本是犯罪人应当履行的义务，而不配合退赃表明其认罪悔罪态度不好，是从重处罚情节，但主动退赃的未必一定应当从宽处理。而且，退赃对于贪污、盗窃、诈骗等侵犯财产权的犯罪而言，意味着挽回受害人损失，可以说是“避免、减少损害结果发生”，但对于受贿罪而言，退缴赃款赃物对受贿犯罪在职务公正性及公众信赖上造成的侵害于事无补。三是受贿犯罪行为对职务公正性以及公众信赖的侵害，案发后受贿人无法去弥补；如果受贿行为同时又给国家或其他个人利益造成损害，对这些损害结果的避免和减少通常也只能靠司法机关或其他有关部门通过追缴、撤销错误决定等措施实现，受贿人对此无能为力，因此受贿人“避免、减少损害结果发生”的情形实践中发生的可能性

---

① 《刑法修正案（九）》修订后的《刑法》第383条第3款规定：“犯第一款罪，在提起公诉前如实供述自己罪行、真诚悔罪、积极退赃，避免、减少损害结果的发生，有第一项规定情形的，可以从轻、减轻或者免除处罚；有第二项、第三项规定情形的，可以从轻处罚。”

很小,对受贿人规定该情节缺乏针对性。四是取消刑法对受贿罪额外规定的从宽处罚情节,避免了我国整个刑罚体系内各罪名适用刑罚之间的失衡。

第二,以专门条款对受贿罪从严处罚的人身危险性情节作出规定。

一是关于赃款赃物去向。尽管赃款赃物的用途具有事后不可罚性,但是用于非法活动的,表明受贿人具有更大的主观恶性,因此尽管将“赃款赃物用于非法活动”作为受贿罪的升格处罚情节有不妥之处,但可以作为法官量刑时适当考量的情节。

二是关于受党纪、政务处分记录。司法解释对此规定限于贪污、受贿、挪用公款三个事由,笔者猜想司法解释的初衷是想将该情节局限在因与职务有关的违纪行为而受到纪律处分的范围内,但如此规定与《中国共产党纪律处分条例》等规定并不衔接,以上三个事由在上述党内法规中没有直接对应条款;而且属于明显挂一漏万,例如《中国共产党纪律处分条例》第八章规定的多个违反廉洁纪律行为,与以上三个事由具有相似的性质和危害性,反映了行为人相似的人身危险性,但解释中均未涵盖。考虑到犯罪人的违纪记录与违法犯罪记录一样,都能够体现犯罪人不思悔改的主观恶性,因此,该情节的规定具有合理性,应予保留。但在表述上建议删除三个具体事由,作出相对概括性的规定,即改为“曾因利用职权谋取个人私利的行为受过党纪、行政处分的”,这样不仅涵盖了以上三个事由,党纪、政务处分中的类似行为也可包括在内。

三是关于追赃退赃情况。司法解释规定“拒不交待赃款赃物去向或者拒不配合追缴工作,致使无法追缴的”升格处罚,根据该规定,符合犯罪人态度和追缴结果两个要件才能适用。笔者认为,首先,不交代赃款赃物去向与不配合签字委托等行为一样,都属于“拒不配合追缴工作”,无需另行规定;其次,按照该规定,将犯罪人拒不配合追赃但司法机关经过努力追缴到案的情形排除在外没有合理性。本情节属于体现人身危险性的情节,犯罪人对于赃款赃物退缴的态度应当是关注的焦点,司法解释的规定导致是否对犯罪人适用该升格处罚情节,很大程度上取决于司法机关的工作力度,偏离了规定该情节的初衷。建议将追赃和退赃区分开,此外突出犯罪人的配合态度对量刑的影响,淡化追赃结果,具体修改为“拒不退赃或拒不配合追赃工作的”。

综上,“两高”《贪污贿赂解释》中规定的以上三个情节从不同角度反映了犯罪人的主观恶性、再犯可能性等，为体现对受贿犯罪的从严惩处，可以作为受贿罪的人身危险性情节专门予以规定。但是“两高”解释将其作为升格处罚情节有些过度，调整为从重处罚更为适宜。

三、合理设置刑罚结构

如前面章节论述，从理性的刑罚价值观进行审视，我国关于受贿罪的刑罚结构在体现功利与报应的有机统一，体现公正、谦抑、人道的价值取向上存在诸多非理性因素，对刑罚功能的实现造成掣肘。因此，为了使受贿罪刑罚结构能够在实现刑罚功能的同时，还能够实现正义、秩序的价值追求，体现刑罚的文明，有必要对当前的规定作出大的调整，重构受贿罪的刑罚结构。在重构受贿罪刑罚结构时需把握以下几点：一是准确把握刑罚“整体趋缓，兼顾合理”的趋势；二是刑罚的设置应当针对犯罪的特质，关注犯罪人对刑罚的敏感度，要使刑罚对犯罪人的心理产生足够冲击力；[①]三是刑罚的设置应当具有正当性、必要性。

（一）设置替代性措施以达废除受贿罪死刑之目的

在当今废除死刑已经成为不可逆转的潮流的背景之下，我国立法依然保留对受贿罪的死刑，并称是为了体现对腐败犯罪的严惩，对腐败分子产生震慑。有学者也对死缓制度给予肯定，提出当前形势下应当充分发挥死缓的作用，认为死缓就是宽严相济刑事政策的重要体现，“它所具有的该重而轻的政策蕴涵在保留死刑的前提下使之存有一丝暖意。”[②]但笔者认为，从刑法理论和司法实践综合分析来看，死刑并不比其他刑罚产生更大的震慑作用，对受贿罪保留死刑最大的意义也就在于满足人们严惩贪腐官员的心理需求了。因此为使刑罚更加具有正当性，符合谦抑性原则和人道主义价值追求，应当对受贿罪废除死刑，同时考虑到社会公众接受程度，为避免法律规定落差过大，在废止死刑的同时设置适当的替代性刑罚措施。

1. 废除受贿罪死刑

由于死刑与人道主义原则的违背，废除死刑是当今各国刑罚改革

---

① 张智辉：《论刑罚适用的价值取向》，载刘家琛主编：《当代刑罚价值研究》，法律出版社2003年版，第51页。

② 陈兴良主编：《宽严相济的刑事政策研究》，中国人民大学出版社2007年版，第13页。

的趋势，我国亦不例外。从司法采取“坚持严格控制和慎重适用死刑”的刑事政策，[①]死刑实际执行数量稳步下降，到立法在修订刑法中对多个非暴力犯罪的罪名废除死刑的适用，[②]可以说我国在废除死刑的道路上已经迈出一大步。但是，废除死刑的进程却在受贿、贪污这两个典型的非暴力犯罪面前止步，这不仅与我国已签署的《公民权利和政治权利国际公约》中“只有最严重犯罪才可以判处死刑，在最严重犯罪中排除财产犯罪、经济犯罪和政治犯罪”的规定不符，而且也不能实现严惩腐败犯罪的立法初衷。当前，支持保留死刑的观点主要基于两个理由，即报应的情绪以及最大震慑的预期。[③] 对于受贿犯罪而言，以上两个理由均不成立，对受贿罪保留死刑不具有正当性和必要性。

随着我国理论界、实务界以及社会公众在看待死刑刑罚价值上越来越理性，加之实践中死刑立即执行的刑罚在受贿等职务犯罪中已经多年没有适用过，绝大多数死缓刑与无期徒刑并无实质性区别。因此，理性分析当前对受贿罪废除死刑的可行性，笔者认为，经过近年来我国立法和司法在废除死刑方面采取的措施和获得的积累，即使基于渐进决策模式，[④]采取“阶段性废除死刑”，[⑤]当前也已经具备对受贿罪废除死刑的条件，对受贿罪废除死刑是必然的趋势。

2. 探寻受贿罪死刑替代措施的尝试

在对死刑存废的讨论中，必然涉及死刑替代措施，即“基于限制死

---

① 参见2017年3月12日最高人民法院院长周强向第十二届全国人民代表大会第五次会议所做最高人民法院工作报告。

② 《刑法修正案(八)》取消了13个罪名的死刑，包括走私文物罪，走私贵金属罪，走私珍贵动物、珍贵动物制品罪，走私普通货物、物品罪，票据诈骗罪，金融凭证诈骗罪，信用证诈骗罪，虚开增值税专用发票用于骗取出口退税、抵扣税款发票罪，伪造、出售伪造的增值税专用发票罪，盗窃罪，传授犯罪方法罪，盗窃古文化遗址、古墓葬罪，盗掘古人类化石、古脊椎动物化石罪。《刑法修正案(九)》取消9个罪名的死刑，包括走私武器、弹药罪，走私核材料罪，走私假币罪，伪造货币罪，集资诈骗罪，组织卖淫罪，强迫卖淫罪，阻碍执行军事职务罪，战时造谣惑众罪。

③ [西]胡塞·刘易斯·德拉奎斯塔：《遵循人道主义原则的刑罚(尤其是死刑、无期徒刑和长期监禁刑)》，周骞译，载赵秉志主编：《当代刑罚制度改革研究》，清华大学出版社2015年版，第6页。

④ 渐进决策理论最早由美国耶鲁大学林德布洛姆教授提出，政策大起大落势必危及社会稳定，要在保持稳定的前提下积小变为大变。参见党建军：《基于渐进(多元)决策：死刑政策的分析与展望》，载赵秉志主编：《当代刑罚制度改革研究》，清华大学出版社2015年版，第67页。

⑤ 赵秉志：《中国逐步废止死刑论纲》，载《法学》2005年第1期，第57页。

刑适用的目的,对于立法上特定性质的犯罪,司法中特殊情况下的罪犯,不适用死刑立即执行,而代之以其他的刑罚处罚方法。”[①]废除死刑的进程能否顺利推进,死刑替代措施的选择是一个重要的因素。例如我国台湾地区的一项民意调查显示,80%的民众反对废除死刑,但如果废除死刑后将代之以终身监禁并且严格控制假释,40%的民众表示可以接受废除死刑。[②] 民众反对废除死刑除了认为降低刑罚会纵容犯罪外,最大的忧虑来自于功利的考虑,即对严重犯罪的罪犯不判处死刑对社会公众造成的威胁,这也是决策者关心的问题。因此,要废除死刑,设置适当的死刑替代措施是先决条件。本书中笔者无意研究在我国全面废除死刑问题,仅涉及对受贿罪废除死刑适用,因此,在此探索的是在刑法总则保留死刑的前提下,用以惩罚最严重受贿罪的刑罚,即对受贿罪的死刑替代措施。这个探索不仅对受贿罪废除死刑有意义,对于废除贪污罪、贩卖毒品罪等其他非暴力犯罪死刑,进而全面废除死刑均有前瞻性意义。

我国《刑法修正案(九)》虽未对受贿罪、贪污罪废除死刑,但对受贿罪、贪污罪规定了死缓减为无期徒刑后终身监禁,尝试以此作为受贿罪死刑的替代措施。立法机关起草说明中指出,希望通过该规定来减少死刑立即执行的适用;最高司法机关的解读是为贯彻严格控制、慎重适用死刑政策,用以填补死刑立即执行和一般死缓之间的空当,维护死缓刑的严肃性;[③]原立法机关官员黄太云提出,该规定就是对贪污、受贿罪犯的死刑替代措施,没有减轻对贪官的惩处力度,也使对非暴力犯罪严格限制适用死刑的观念容易为社会所接受。[④] 可见,实务界都将该规定解读为贪污罪、受贿罪死刑的替代措施。

在我国刑法中,无期徒刑是剥夺罪犯终身自由并监禁于一定场所

---

① 高铭暄:《略论中国刑法中的死刑替代措施》,载《法学杂志》2008年第2期,第18页。

② 武晓雯:《再议死刑之存废与替代——以欧美等国废止死刑的历史实践为切入》,载《河北法学》2016年第11期,第165页。

③ 裴显鼎、苗有水等:《〈关于办理贪污贿赂刑事案件适用法律若干问题的解释〉的理解与适用》,载《刑事审判参考》(总第106集),法律出版社2017年版,第126页。

④ 黄太云:《〈刑法修正案(九)〉对贪污贿赂犯罪的立法完善》,载《刑事审判参考》(总第106集),法律出版社2017年版,第229页。

的刑罚，[1]是与死刑衔接的次位阶刑种，[2]而实践中通过减刑、假释，被判处无期徒刑的罪犯无需终身服刑，出现实质上的无期徒刑有期化现象，导致从实际执行效果看无期徒刑与死刑之间存在巨大落差；《刑法修正案（九）》规定的终身监禁并非独立刑种，只是死缓的一种执行方式，执行效果就是使无期徒刑实质化，即实现真正意义上的剥夺罪犯终身自由。[3] 由此可见，修正案规定的终身监禁与不得减刑、假释的无期徒刑有着相同的法律效果，立法作出上述修改无非是明确了死缓减为无期徒刑后的刚性执行，笔者认为，该目的完全可以通过对现有无期徒刑进行改造，增加刚性执行的规定来实现，修正案增加规定死缓减为无期徒刑后终身监禁这一独创的刑罚执行方式并非理想的死刑替代性措施，其必要性和科学性值得商榷。

3. 中国刑法语境下的受贿罪死刑替代措施

我国学者对死刑替代刑罚进行了充分讨论，形成了不同观点。高铭暄教授等人认为，现行刑法框架内应将死缓作为死刑立即执行的替代措施。[4] 李希慧教授提出，可将 25 年不得假释的有期徒刑作为死刑替代措施。[5] 王志祥教授提出，我国废除死刑，无需设置新的死刑替代措施，司法机关合理运用、执行死缓与无期徒刑即可。[6] 还有观点认为，应将绝对的无期徒刑作为死刑替代措施。[7] 从我国刑罚改革进程看，相当一段时期内刑法对某些犯罪仍将保留死刑，本书将在此语境下研究受贿罪的死刑替代措施。对于多名学者提出以死缓作为死刑替代措施的观点，笔者认为，该观点解决的是死刑立即执行在司法中的适用问

---

① 高铭暄、楼伯坤：《死刑替代位阶上无期徒刑的改良》，载《现代法学》2010 年第 6 期，第 92 页。

② 高长富：《废除无期徒刑的思考——兼论相对不定期刑的替代性价值》，载《行政与法》2008 年第 6 期，第 58 页。

③ 赵秉志、商浩文：《论死刑改革视野下的终身监禁制度》，载《华东政法大学学报》2017 年第 1 期，第 131 页。

④ 高铭暄：《略论中国刑法中的死刑替代措施》，载《法学杂志》2008 年第 2 期，第 20 页。

⑤ 李希慧：《死刑替代措施——以我国刑法立法为基点》，载《河北法学》2008 年第 2 期，第 9 页。

⑥ 王志祥：《死刑替代措施——一个需要警惕的刑法概念》，载《中国法学》2015 年第 1 期，第 296 页。

⑦ 袁彬：《我国民众死刑替代观念的实证分析》，载《刑法论丛》（第 4 卷），法律出版社 2009 年版，第 175 页。

题,而无法从立法上解决废除死刑的问题,受贿罪是非暴力犯罪,本身就不应当规定死刑,在此情况下就不具有将死缓作为受贿罪死刑替代措施的前提。对于直接以有期徒刑替代死刑的建议,无论从刑法稳定性还是当前我国民众的诉求和接受程度考虑都是不切实际的,因此也不可行。权衡之下,利用和改造现有刑罚资源中的无期徒刑作为受贿罪死刑替代措施是现实之举。我国的无期徒刑虽然也是重刑,但是通过减刑和假释,根据《刑法》第 78 条第 2 款规定,最短服刑十几年即可出狱,宣告刑与实际执行刑罚之间存在明显反差,造成无期徒刑与死刑立即执行之间巨大的落差,如果以现行无期徒刑作为死刑替代措施,则存在明显的不均衡以及罪刑不相适应问题。因此,要使无期徒刑能够成为受贿罪死刑替代措施,还需对其进一步改造。

目前已废除死刑的国家都经历了在此过程中对死刑替代刑罚的选择和探索,基本上分为三种模式:一是有假释的终身监禁,大多数欧洲国家采用该模式,即判处终身监禁,在服刑一定时间后可以申请假释,各国对服刑的最低期限作出了不同规定;二是无假释的终身监禁,美国废除死刑的州均采用该模式,即判处终身监禁后没有任何假释机会;三是有期徒刑,巴西、挪威等少数国家以有期徒刑替代死刑。以上各国对死刑替代刑罚的设置模式可为我国提供有益的借鉴。笔者认为,相比较而言,借鉴无假释终身监禁模式改造无期徒刑,作为我国受贿罪死刑替代措施更为适宜。具体而言,就是在刑法总则中仍保留现有刑罚种类,但对无期徒刑补充规定“终身监禁,不得减刑、假释”的执行方式;同时,在受贿罪条款中规定,受贿被判处无期徒刑的,法院根据犯罪情节等情况可以决定终身监禁,不得减刑、假释。简言之,就是对现有无期徒刑进行改造,将其区分为可以减刑、假释的无期徒刑和不可减刑、假释的无期徒刑,并以不可减刑、假释的无期徒刑代替受贿罪的死刑。主要考虑:

第一,有助于实现对受贿罪取消死刑的平稳过渡,兼顾罪刑相适应与人权保障。尽管有学者提出终身刑的残酷性并不亚于死刑,由此不赞成由其代替死刑。[①] 笔者认为,从社会危害性和人身危险性角度看,

---

① 例如,武晓雯:《再议死刑之存废与替代——以欧美等国废止死刑的历史实践为切入》,载《河北法学》2016 年第 11 期,第 169 页。

对受贿罪最高刑设置为有期徒刑或者限定最低服刑期限的无期徒刑是适宜的,但是在我国长期对受贿罪规定死刑,而且民众对贪官施以重刑严惩的报复观念根深蒂固的情况下不宜在立法上形成巨大落差,需要循序渐进。因此,当前在受贿罪中以不得减刑、假释的无期徒刑代替死刑,一方面与死刑相比毕竟已经跨越了生与死的鸿沟,是人道主义的巨大进步;另一方面在刑法总则仍保留死刑的情况下对受贿罪废除死刑是对公众意愿的巨大挑战,以实质上的终身监禁刑替代死刑,能够更大程度上满足民众报复犯罪和保护自身的要求,民众更易于接受。①

第二,有利于维护我国刑罚体系的稳定并为进一步推进废除死刑进程创造条件。采用该方案,我国刑法总则规定的刑罚种类没有变化。刑法分则中,《刑法修正案(九)》对受贿罪规定的死缓减为无期徒刑后终身监禁,就是对无期徒刑的实质化或终身化,②如果将不得减刑、假释的无期徒刑替代死刑,实际上是对现行死缓减为无期徒刑后终身监禁相关规定的重新整合和完善,并非创新和突破。此外,该模式也为我国下一步废除其他非暴力犯罪直至全面废除死刑探索出一条可行的路径。

(二)合理配置资格刑

依据从罪行特质出发设置刑罚的原则,针对受贿罪具有的贪利性和渎职性特征选择适当的刑罚种类,才能够最大限度地实现刑罚目的。对于贪利性,《刑法修正案(九)》已经有针对性地对受贿罪增加规定了罚金刑。对于渎职性,最直接的预防措施就是剥夺其担任公职的资格,但是我国现行刑法未针对受贿罪规定任何资格刑,以至于资格刑在预防职务犯罪方面所具有的无可替代的功效在我国无法发挥。因此,要完善受贿罪刑罚结构,改革资格刑是其中一项不可或缺的重要内容,而且由于我国在刑罚体系中对资格刑的设置存在根本性缺陷,因此完善受贿罪资格刑是个系统工程,须先从改造资格刑入手,在此基础上再针对受贿罪资格刑适用加以完善。

---

① 有学者研究中,通过 3381 份有效调查问卷分析发现,超过 62% 的被调查者表示可以接受“绝对无期徒刑”作为死刑替代措施。参见袁彬:《我国民众死刑替代观念的实证分析》,载《刑法论丛》(第 4 卷),法律出版社 2009 年版,第 175 页。

② 林维:《贪污受贿犯罪如何适用死刑》,载《刑事审判参考》(总第 106 集),法律出版社 2017 年版,第 242 页。

1. 完善刑罚体系中资格刑的设置

第一，对“剥夺政治权利”作去政治化改造。对剥夺政治权利去政治化改造的建议已是学界的共同呼吁。[①] 首先就是将刑罚名称改为“剥夺公权”，以使资格刑的内涵和外延更加科学、更有针对性，使我国刑罚体系更加符合现代刑法理念。其次除了名称上的改变外，还要实现资格刑内容的非政治化，取消对《刑法》第 54 条规定的资格刑四项内容中“言论、出版、集会、结社、游行、示威自由的权利”的剥夺，上述权力是宪法赋予公民的基本权利之一，可能涉及公民个人社会生活的方方面面，绝大多数情况下剥夺上述权利对犯罪没有针对性，取消将上述权利作为政治权利予以剥夺，去除了对公民权利过于政治化的强调，是刑罚设置民主法治化的进步。

第二，对资格刑的内容进行重新设置。一是对刑法规定的现有资格刑内容进行整合、分解。《刑法》第 54 条规定的“担任国家机关职务的权利”和“担任国有公司、企业、事业单位和人民团体领导职务的权利”远不能涵盖所有公职，而且显得内容烦琐，故可将该两项内容整合为“担任公职的权利”，这样可以涵盖职务犯罪所利用的所有职务，不会有所遗漏，不仅可使立法更加明确和精练，而且有利于立法与国际通行做法的接轨。[②] 二是将游离于刑罚体系之外的剥夺资格的处罚纳入资格刑。对于我国刑法之外其他法律法规中关于禁止从事特定职业或实施特定活动，以及《刑法修正案（九）》中禁止从事相关职业这两类不具有资格刑之名，却行资格刑之实的规定，整合优化后纳入资格刑范畴。具体做法就是，在刑法总则规定的资格刑中增加禁止从事特定职业或实施特定活动的内容，使资格刑的内容更加充实、完善，同时也增强了针对性，使其更好地发挥预防的效果，对此刑法总则作出概括性规定，在刑法分则的具体条款中作出具体规定。

第三，实行资格刑分立并选择适用。根据以上论述，剥夺公权刑罚包括剥夺选举权和被选举权、担任公职的权利，以及从事特定职业或实施特定活动权利三方面的内容。为解决我国刑法中资格刑只能整体适

---

① 例如，李海滢、麻锐：《腐败犯罪控制视野下的资格刑研究》，载《法学杂志》2009 年第 7 期，第 51 页；李荣：《试论我国资格刑的缺陷与完善》，载《河北法学》2007 年第 7 期，第 69 页；等等。

② 李荣：《试论我国资格刑的缺陷与完善》，载《河北法学》2007 年第 7 期，第 69 页。

用所造成的刑罚过剩且缺少针对性问题,[1]应当实行资格刑分立。具体而言就是由刑法总则和分则分别规定,在总则中对资格刑限制的各项权利分别规定,在分则对具体罪名明确规定适用资格刑的种类、期限等,由司法机关选择适用,改变过去一旦判处资格刑就意味着四项权利全部被剥夺的做法,由法官根据不同犯罪情况,依法选择适用资格刑,这样不仅提高了资格刑的针对性,符合刑罚个别化要求,而且有利于解决资格刑的刑罚过剩问题。

第四,调整资格刑的适用对象。撤销刑法总则中对资格刑适用对象的规定,对于现行《刑法》第 56 条第 1 款规定的资格刑适用的罪名,[2]可在刑法分则中予以具体规定,以增强资格刑的针对性;对于《刑法》第 57 条规定的被判处死刑和无期徒刑的犯罪人,考虑到这些人或者生命权已被剥夺,或者终身身陷囹圄,其已不具备再次实施特定犯罪的可能性,因此针对被判处上述刑罚的犯罪人规定资格刑并无必要,因此可以撤销《刑法》第 56 条第 1 款和第 57 条关于资格刑适用对象的规定。[3]如果基于预防上述人员经过减刑、假释等被提前释放后利用一定资格、职务重新犯罪的需要,通过前述对具体罪名所作的资格刑适用的规定就可以解决判处资格刑问题。

2. 对受贿罪增加规定资格刑

基于受贿罪渎职性的特性,并借鉴我国古代及其他法域实践证明行之有效的立法先例,对受贿罪增加规定资格刑确有必要,这不仅是预防犯罪人再度实施受贿犯罪的需要,而且也是我国履行《联合国反腐败公约》义务的要求。[4] 具体建议就是,在刑法总则中对资格刑的适用范围等作出总的调整,规定"对于贪污、受贿、欺诈发行股票、债券、交通肇

---

① 房金玲:《资格刑改革论要——以适用于我国公民犯罪的资格刑为中心》,载《北京政法职业学院学报》2009 年第 2 期,第 38 页。

② 1997 年《刑法》第 56 条第 1 款规定:"对于危害国家安全的犯罪分子应当附加剥夺政治权利;对于故意杀人、强奸、放火、爆炸、投毒、抢劫等严重破坏社会秩序的犯罪分子,可以附加剥夺政治权利。"

③ 1997 年《刑法》第 57 条第 1 款规定:"对于被判处死刑、无期徒刑的犯罪分子,应当剥夺政治权利终身。"

④ 《联合国反腐败公约》第 30 条第 7 款规定:"各缔约国均应当在符合本国法律制度基本原则的范围内,根据犯罪的严重性,考虑建立程序,据以通过法院令或者任何其他适当手段,取消被判定实施了根据本公约确立的犯罪的人在本国法律确定的一段期限内担任下列职务的资格:(一)公职;(二)完全国有或者部分国有的企业中的职务。"

事等利用一定职务、职业或资格犯罪的犯罪分子，可以附加剥夺公权”；同时对各项资格刑的选择适用作出规定，增加“判处剥夺公权，人民法院根据犯罪决定具体剥夺的权利”。

此外，有不少学者建议，在刑法分则中对于情节较轻的受贿犯罪规定可以单独判处资格刑。[①] 笔者认为，要从减少短期自由刑、实现刑罚人性化的角度考虑，以上建议理论上讲有其合理性，但是刑罚设置必须立足于现实的土壤，在我国当前的法律、党纪和政务制度下实施较轻受贿行为的人员可能不受刑事追究，保留公职甚至继续提拔使用是一种客观现实，在修改法律时必须考虑。根据现行党纪、政务等制度规定并参照长期以来的实践做法可以预想，在取消受贿罪起刑点，所有受贿行为入罪的情况下，受贿情节显著较轻的，可能还会继续担任公职，如果规定对情节较轻的受贿罪单独适用资格刑，看似刑罚轻缓，实则剥夺了被告人担任公职的资格，与现行规定相比实质上惩罚更为严厉，因此不宜规定对情节较轻的受贿罪单独适用资格刑，也不宜规定对受贿罪一律适用资格刑，而是赋予法官对受贿犯罪根据具体情节选择附加适用的权力。这样一方面有利于实现资格刑对受贿罪的惩罚与预防功能，另一方面与其他制度有序衔接，在实践中也更具有可行性。

（三）增加单独适用罚金刑

我国现行《刑法》对受贿罪规定了罚金刑和没收财产刑，判处 3 年以下有期徒刑或拘役的并处罚金；判处 3 年以上有期徒刑的选择并处罚金或者没收财产；判处无期徒刑或死刑的并处没收财产。可以看出，罚金刑和没收财产刑在受贿罪的财产刑中各自占据了半壁江山。如前面章节所述，由于没收财产刑自身存在弊端，已经逐渐被绝大多数国家立法弃用，而罚金刑功能的凸显，已经成为绝大多数国家唯一的财产刑。我国对受贿罪财产刑的规定存在两方面问题：一是没收财产刑本身存在的弊端，之前章节已经论述，在此不再重复；二是罚金刑作为附加刑选择并罚适用，其功能没有充分发挥。关于没收财产刑，基于该刑罚存在诸多不合理之处，笔者的观点是长远来看应当废除，但是考虑到没收财产刑是我国刑法总则规定的一项重要的财产刑，有较大的适用

---

① 李海滢、麻锐：《腐败犯罪控制视野下的资格刑研究》，载《法学杂志》2009 年第 7 期，第 51 页。

范围，对于该项刑罚的存废涉及面广，本书不敢仓促地轻言废除，因此，本书对受贿罪财产刑的构建拟暂不触及没收财产刑，调整的重心放在如何充分发挥罚金刑的作用上。

罚金刑所具有的合理性、灵活性和有效性使其在多数国家已经逐渐成为刑罚体系的中心，[①]特别是对于受贿罪等贪利性犯罪，罚金刑是其他法域规定的必要刑罚之一。我国《刑法修正案（九）》对受贿罪增加规定选择并处罚金刑在完善受贿罪财产刑上向前迈进了一步，但是不得不说这次修法仅仅解决了受贿罪第一个量刑档缺少财产刑的问题，仍然远远脱节于罚金刑被广泛适用的世界刑罚发展趋势。事实上，对犯罪情节较轻、可不动用自由刑的犯罪选择单独适用罚金刑也已是我国刑法的立法惯例。[②] 综上，当前对受贿罪财产刑的改造，赋予罚金刑单独适用的功能应当是必由之路，具体方式已在本节第一部分中作出详细阐述，即结合取消起刑点的改造，对情节较轻的受贿罪增加规定选科罚金刑，具体理由和考虑在此不再重复。

四、重构受贿罪刑罚制度的具体路径

本节提出通过对受贿罪取消起刑点、单独设置以情节为中心的刑罚标准体系，以及重构受贿罪刑罚结构三方面的举措对我国受贿罪刑罚制度进行完善。现提出实现上述构想，重构受贿罪刑罚制度的具体路径。

（一）制度构建遵循的规则

1. 通过修正立法从根本上完善受贿罪的刑罚制度。如前所述，当前我国关于受贿罪的规定由刑法和诸多司法解释共同组成，而且司法解释的规定对刑法有着不同程度的突破，尽管司法解释事实上对立法的不足起到了重要弥补作用，但是对立法权的僭越也是不争的事实。为遵循良法善治的要求，应当通过对刑法的修订进行完善，对刑法具体规定的解释、说明可由司法解释作出规定。

2. 立法规定要繁简得当，给法官自由裁量权留有空间。多年来我

---

① 于雪婷：《受贿罪法定刑之立法完善》，法律出版社 2013 年版，第 192 页。

② 例如，1997 年《刑法》对盗窃罪、诈骗罪、非法经营同类营业罪、假冒注册商标罪等规定了单处罚金刑。

国刑法对受贿罪规定了具体而明确的量刑数额标准,看起来符合罪刑法定原则的明确性要求,但实践证明过于具体的规定使司法机关在面对具体案件的复杂情况时无所适从,因此选择将该规定束之高阁,[①]不仅损害了法律的严肃性,而且也使民众难以预测。只强调形式明确性,而忽视实质明确性的做法,会使法律丧失适应性。[②] 因此,在构建受贿罪刑罚制度的条款中应当掌握好概括与详细之间的度,特别是受贿罪刑罚标准中,情节严重程度的认定属于价值判断的范畴,很难通过条款进行界定,因此刑法对于受贿罪情节只适宜作出相对概括的规定。这样规定一方面不会违背刑法的明确性要求,另一方面在当前以审判为中心的诉讼制度改革要求实现庭审实质化的背景下,立法采取概括规定情节的方式赋予法官较大的自由裁量权,使法官能够根据案件的具体情况,综合各因素判断受贿行为的社会危害性,实现刑罚个别化。[③]

(二)对刑法规定调整的主要内容

根据本书研究,完善受贿罪刑罚制度涉及刑法关于刑罚种类的整体规定,因此需要重构的条文不仅是关于受贿罪的规定,也包括刑法总则中相关条款的规定。此外,由于本书仅研究受贿罪的刑罚制度,因此对法条中的定罪部分仍保留现行刑法规定,仅作些文字性调整。总的归纳,重构受贿罪刑罚制度拟调整的主要内容如下:

1. 对应不同情节设置三个量刑档,根据犯罪情节的轻重设置法定刑梯次。针对基本犯罪构成事实规定第一量刑档;具有加重社会危害性情节的适用第二量刑档;具有特别严重社会危害性情节的适用第三量刑档。

需要说明的是,第二个量刑档对应的是有期徒刑 3 年至 15 年,看似刑期跨度很大,但与其他刑法条文相比是适中的。纵向来比,1979 年《刑法》对受贿罪规定的第二档刑罚幅度是 5 年以上有期徒刑,1997 年《刑法》对受贿罪规定的第三档刑罚幅度从有期徒刑 10 年直至死刑;横

---

① 最典型的就是《刑法修正案(九)》修订前 1997 年《刑法》关于受贿罪起刑点的规定,几乎所有司法机关的实际掌握都大幅度突破了该规定。

② 卢建平、孙本雄:《我国受贿罪定罪量刑标准之重构》,载《中国人民公安大学学报》(社会科学版)2016 年第 3 期,第 86 页。

③ 卢建平、孙本雄:《我国受贿罪定罪量刑标准之重构》,载《中国人民公安大学学报》(社会科学版)2016 年第 3 期,第 85 页。

向来讲,1997 年《刑法》规定的组织他人出卖人体器官罪第二档量刑幅度是从有期徒刑 5 年至 15 年,[①]日本刑法规定枉法受贿罪的刑期甚至是 1 年至 15 年惩役。通过以上横向和纵向比较可以看出,笔者建议的受贿罪第二档刑罚的跨度是符合立法惯例的,这样的幅度也是为司法机关自由裁量预留应有的空间。

2. 将社会危害性情节与人身危险性情节在不同条款中分别规定。其中,社会危害性情节主要包括索贿,为他人谋取不正当利益,致使公共财产、国家和人民利益遭受损失,涉及人民生命财产安全、国计民生、政治生态等重大领域的,多次受贿或者受贿数额巨大等;人身危险性情节包括担任领导职务的国家工作人员犯受贿罪,曾因利用职务谋取个人私利行为受过党纪、行政处分的,受贿赃款赃物用于非法活动的,犯罪人拒不退赃或者拒不配合追赃工作。

3. 刑罚总则中规定无期徒刑可以同时决定终身监禁,不得减刑、假释,同时规定受贿罪的最高刑为无期徒刑。

4. 修改刑法总则中关于资格刑的规定。将资格刑名称修改为“剥夺公权”,具体内容包括剥夺选举权和被选举权、剥夺担任公职的权利、禁止从事特定职业或者实施特定活动。将资格刑的适用范围修改为“对于贪污、受贿、欺诈发行股票、债券、交通肇事等利用一定职务、职业或资格犯罪的犯罪分子,可以附加剥夺公权”。同时,删除关于对死刑、无期徒刑罪犯剥夺政治权利的条款。规定对各项资格刑可以选择适用。

5. 规定情节较轻的受贿罪可以单独适用罚金刑。

五、重构受贿罪刑罚制度的具体条款设计

(一)刑法总则部分

【无期徒刑】在《刑法》第一章第四节中增加规定:“对于应当判处无期徒刑的犯罪分子,人民法院根据犯罪情节等情况可以同时决定终身监禁,不得减刑、假释。”

【资格刑】将第一章第七节修改为:

---

① 1997 年《刑法》第 234 条之一第 1 款规定:“组织他人出卖人体器官的,处五年以下有期徒刑,并处罚金;情节严重的,处五年以上有期徒刑,并处罚金或者没收财产。”

剥夺公权是剥夺下列权利:(一)选举权和被选举权;(二)担任公职的权利;(三)禁止从事特定职业或者实施特定活动。

对于贪污、受贿、欺诈发行股票、债券、交通肇事等利用一定职务、职业或资格犯罪的犯罪分子,可以附加剥夺公权。

判处剥夺公权,人民法院根据犯罪决定具体剥夺的权利。

(二)刑法分则受贿罪部分

【受贿罪】将《刑法》第383条修改为:

国家工作人员利用职务上的便利,非法收受他人财物,为他人谋取利益的,是受贿罪。国家工作人员在经济往来中,违反国家规定,收受各种名义的回扣、手续费,归个人所有的,以受贿论处。

对犯受贿罪的,处三年以下有期徒刑或者拘役,并处或者单处罚金。有下列情形之一的,处三年以上有期徒刑,并处罚金或者没收财产:

(一)索贿的;

(二)为他人谋取不正当利益的;

(三)致使公共财产、国家和人民利益遭受损失的;

(四)在人事任用、食品药品审批、安全生产监管等事关人民生命财产安全、国计民生、政治生态等领域实施受贿的;

(五)多次受贿或者受贿数额巨大的;

(六)有其他严重情节的。

犯前款罪,情节特别严重的,处无期徒刑。被判处无期徒刑的,人民法院根据犯罪情节等情况可以同时决定终身监禁,不得减刑、假释。

犯受贿罪,有下列情节之一的,从重处罚:

(一)担任领导职务的国家工作人员犯受贿罪的;

(二)曾因利用职务谋取个人私利行为受过党纪、行政处分的;

(三)受贿赃款赃物用于非法活动的;

(四)犯罪人拒不退赃或者拒不配合追赃工作的。

第四节　小　结

本章在前文研究的基础上对进一步完善我国受贿罪刑罚制度提出

设想和建议。首先总结梳理了重构该制度的必要性和可行性。其次是对重构受贿罪刑罚制度所依赖的理念和价值观进行厘清，为完善制度奠定坚实的理论基础。最后是针对问题，在前述理论和价值观指引下，借鉴其他法域及我国古代立法的成功经验，对重构我国受贿罪刑罚制度提出具体设想和路径：一是取消受贿罪起刑点，并对相应的立法模式、适用刑罚和诉讼程序等提出建议；二是单独针对受贿罪设置以情节为中心的刑罚标准体系；三是重新设置受贿罪的刑罚结构，设置死刑替代措施以废除受贿罪的死刑，改造资格刑并对受贿罪增加适用资格刑，增加对受贿罪单独适用罚金刑。

结　语

受贿犯罪是一个困扰各国的社会问题，对于我国而言，更是一个已经严重到影响国家政权稳固的难题。究其原因，改革开放以来国家的经济体制、社会结构、利益格局等方面发生巨大变革，然而有效的权力运行监督制约机制尚未建立，因此产生了滋生权钱交易的土壤，这是其中的根本性原因；此外，现行法律规定的受贿罪刑罚制度存在的“厉而不严”、刑罚标准与社会危害性不匹配等缺陷，导致刑罚预防受贿犯罪的功能难以发挥是另一个重要原因。党的十九大向全世界宣告，将始终保持惩治腐败高压态势，坚持无禁区、全覆盖、零容忍，夺取反腐败斗争压倒性胜利。要实现这一目标，除规范权力运行外，科学、理性的反腐败刑事立法至关重要，唯有如此，才能够真正实现对受贿犯罪的“零容忍”和公正处理，才能够对潜在犯罪人产生震慑，有效遏制受贿犯罪的蔓延。

本书通过对我国受贿罪刑罚制度中的起刑点设置、刑罚标准、量刑情节、刑罚体系等问题进行研究，发现对受贿罪设置起刑点，将大量受贿行为排除在犯罪圈之外，背离了受贿罪保护法益，不利于惩治与预防受贿犯罪的刑罚目的实现；受贿罪适用贪污罪“以数额为中心，其他情节为辅助”的刑罚标准，使得真正体现受贿行为社会危害性的违背职责情况、造成损害后果、受贿次数等情节在刑罚评价体系中所占权重很小，导致罪刑失衡，难以实现公平正义的价值追求；受贿罪刑罚体系严酷性有余而针对性不足，以死刑为代表的重刑的适应明显属于报应过度，有违刑法谦抑性原则，而财产刑与资格刑设置的不科学和缺失又使得上述刑罚的价值在预防受贿犯罪中难以发挥应有的作用。

上述发现并非本书的首创，在之前的研究文献中已有涉及，本书的研究价值在于透过以上现象，进一步深层次地探讨了相关制度设置的法理基础、立法理念和价值观指引，厘清了科学设置受贿罪刑罚制度的理论基础。具体而言，包括以下几点：一是受贿罪保护法益是职务行为的公正性以及公众对该公正性的信赖，该法益的准确认定是设置受贿罪刑罚标准的基础，现行法律规定受贿罪按照贪污罪刑罚标准进行处罚与保护法益明显背离；二是刑法谦抑性原则的考量应当结合法网严密程度与刑罚严厉程度综合考量，对受贿罪规定包括起刑点在内的高门槛的同时又设置了包括死刑在内的严厉刑罚，这样的立法无论如何称不上符合谦抑性原则，相反，严密法网的同时进行刑罚轻缓化并不一定必然违反谦抑性原则；三是在当前刑事规制与纪律处分并行的二元模式下，将反腐败“零容忍”界定在纪律层面，在刑事规制层面为受贿行为预留了可以一定程度容忍的“法外之地”，违法成本过低易于产生侥幸心理，而界定在刑事规制层面，则体现了国家对受贿行为最严厉、根本性的否定，有更强的震慑作用和宣示意义，有利于遏制受贿犯意的产生，发挥预防功能；四是严惩腐败的刑事政策，应体现在法网严密和有罪必罚上，严厉的刑罚无助于从严惩处刑事政策目标的实现。此外，本书的另一价值是在前述理论和价值观指引下，针对现有制度存在的问题，借鉴其他法域及我国古代立法的经验，对重构我国受贿罪刑罚制度从罪量因素、刑罚标准、刑罚结构三方面提出了系统的设想和完善路径。

对我国受贿罪刑罚制度的完善是当前反腐败形势下的当务之急，但同时也应当清醒地知道其不可能一蹴而就。本书讨论了当前阻碍受贿罪刑罚制度进行科学化构建的一些理论桎梏，并对进一步重构完善作出了设想，期望本书所提观点能够在丰富和发展我国的受贿罪刑罚理论上有所贡献。囿于学力，本书的研究还有很多不成熟之处，期冀能够有抛砖引玉之用，如果能够引起更多学界同仁的关注并继续深入研究下去，进而推动受贿罪刑罚制度逐步完善，也算是本书对我国反腐败事业所尽的绵薄之力。

参考文献

一、中文著作

1. 毕志强等编著:《受贿罪定罪量刑案例评析》,中国民主法制出版社 2003 年版。

2. 陈新民:《反腐镜鉴的新加坡法治主义——一个东方版本的法治国家》,法律出版社 2009 年版。

3. 陈兴良主编:《刑法总论精释》,人民法院出版社 2011 年版。

4. 陈兴良:《口授刑法学》,中国人民大学出版社 2007 年版。

5. 陈兴良主编:《宽严相济刑事政策研究》,清华大学出版社 2012 年版。

6. 陈兴良:《本体刑法学》,商务印书馆 2001 年版。

7. 陈兴良主编:《刑事司法研究——情节·判例·解释·裁量》,中国方正出版社 1996 年版。

8. 陈兴良:《刑法哲学》,中国政法大学出版社 1997 年版。

9. 陈兴良:《刑法理念导读》,法律出版社 2003 年版。

10. 陈兴良主编:《刑种通论》,中国人民大学出版社 2007 年版。

11. 陈忠林主编:《刑法(总论)》,中国人民大学出版社 2004 年版。

12. 储槐植:《刑事一体化与关系刑法论》,北京大学出版社 1997 年版。

13. 储槐植:《美国刑法》,北京大学出版社 1996 年版。

14. 冯军主编:《比较刑法研究》,中国人民大学出版社 2007 年版。

15. 高铭暄、赵秉志主编:《刑罚总论比较研究》,北京大学出版社 2008 年版。

16. 高铭暄、马克昌主编:《刑法学》,北京大学出版社、高等教育出版社 2010 年版。

17. 高铭暄、赵秉志主编:《新中国刑法立法文献资料总览》,中国人民公安大学出版社 1998 年版。

18. 高铭喧主编:《新中国刑法学研究综述》,河南人民出版社 1986 年版。

19. 胡学相:《量刑的基本理论研究》,武汉大学出版社 1998 年版。

20. 景景:《受贿罪量刑均衡问题研究》,人民法院出版社 2015 年版。

21. 孔庆明:《秦汉法律史》,陕西人民出版社 1992 年版。

22. 李希慧主编:《贪污贿赂犯罪研究》,知识产权出版社 2004 年版。

23. 李洁:《罪与刑立法规定模式》,北京大学出版社 2008 年版。

24. 黎宏:《刑法学》,法律出版社 2012 年版。

25. 梁国庆主编:《国际反贪污贿赂理论与司法实践》,人民法院出版社 2000 年版。

26. 林山田:《刑法特论》(下),台湾地区三民书局 1979 年版。

27. 刘家琛主编:《当代刑罚价值研究》,法律出版社 2003 年版。

28. 刘晓山:《目的刑论研究》,中国人民公安大学出版社 2011 年版。

29. 刘白笔、刘用生:《经济刑法学》,群众出版社 1995 年版。

30. 刘光显、张泗汉主编:《贪污贿赂罪的认定与处理》,人民法院出版社 1996 年版。

31. 卢建平:《刑事政策与刑法变革》,中国人民公安大学出版社 2011 年版。

32. 马长生主编:《渎职犯罪的定罪量刑》,湖南人民出版社 1989 年版。

33. 马克昌主编:《刑罚通论》,武汉大学出版社 1999 年版。

34. 马克昌主编:《近代西方刑法学说史略》,中国检察出版社 1996 年版。

35. 马克昌等主编:《刑法学全书》,上海科学技术文献出版社 1993 年版。

36. 麦高伟、崔永康主编:《法律研究的方法》,中国法制出版社 2009 年版。

37. 曲新久、陈兴良等:《刑法学》,中国政法大学出版社 2004 年版。

38. 孙谦主编:《国家工作人员职务犯罪研究》,法律出版社 1998 年版。

39. 王作富主编:《刑法分则实务研究》,中国方正出版社 2007 年版。

40. 王云海:《美国的贿赂罪——实体法与程序法》,中国政法大学出版社 2002 年版。

41. 熊选国主编:《〈人民法院量刑指导意见〉与"两高三部"〈关于规范量刑程序若干问题的意见〉理解与适用》,法律出版社 2010 年版。

42. 熊选国、任卫华主编:《刑法罪名适用指南——贪污贿赂罪》,中国人民公安大学出版社 2007 年版。

43. 许章润主编:《犯罪学》,法律出版社 2007 年版。

44. 杨春洗、杨敦先主编:《中国刑法论》,北京大学出版社 1994 年版。

45. 杨敦先主编:《新刑法实施问题研究与适用》,中国检察出版社 1999 年版。

46. 杨鸿烈:《中国法律发达史》,商务印书馆 1989 年版。

47. 游伟主编:《刑法理论与司法问题研究》,上海文艺出版社 2001 年版。

48. 于雪婷:《受贿罪法定刑设置研究》,法律出版社 2013 年版。

49. 于志刚主编:《刑罚制度适用中的疑难问题研究》,吉林人民出版社 2001 年版。

50. 张明楷:《刑法学》,法律出版社 2007 年版。

51. 张明楷:《法益初探》,中国政法大学出版社 2003 年版。

52. 张明楷:《外国刑法纲要》,清华大学出版社 1999 年版。

53. 张明楷:《刑法格言的展开》,法律出版社 2003 年版。

54. 张明楷:《刑法原理》,商务印书馆 2011 年版。

55. 张耕主编:《刑事案例诉辩审评——受贿罪》,中国检察出版社 2005 年版。

56. 张穹主编:《受贿罪定罪量刑案例评析》,中国民主法制出版社 2003 年版。

57. 张文显主编:《法理学》,法律出版社 2007 年版。

58. 张小虎:《刑罚论的比较与建构》,群众出版社 2010 年版。

59. 赵秉志主编:《刑法评论》,法律出版社 2014 年版。

60. 赵秉志主编:《刑罚总论问题探索》,法律出版社 2002 年版。

61. 赵廷光:《量刑公正实证研究》,武汉大学出版社 2006 年版。

62. 赵廷光主编:《中国刑法原理》,武汉大学出版社 1992 年版。

63. 周道鸾、张军主编:《刑法罪名精释》,人民法院出版社 1998 年版。

64. 周光权:《法定刑研究——罪刑均衡的建构与实现》,中国方正出版社 2000 年版。

二、外文译著

1. [法]埃米尔·迪尔凯姆:《社会学方法的规则》,胡伟译,华夏出版社 1999 年版。

2. [意]贝卡里亚:《论犯罪与刑罚》,黄风译,北京大学出版社 2008 年版。

3. [日]大谷实:《刑法讲义各论》(第 2 版),黎宏译,中国人民大学出版社 2008 年版。

4. [日]大塚仁:《刑法概说》,冯军译,中国人民大学出版社 2003 年版。

5. [德]弗兰茨·冯·李斯特:《德国刑法教科书》,许久生译,法律出版社 2000 年版。

6. [德]黑格尔:《法哲学原理》,范扬、张企泰译,商务印书馆 1996 年版。

7. [英]吉米·边沁:《立法理论——刑法典原理》,中国人民公安大学出版社 1993 年版。

8. [日]吉川经夫:《改订刑法总论》,日本法律文化社 1974 年版。

9. [法]卡·斯特法尼:《法国刑法总论精义》,罗结珍译,中国政法大学出版社1998年版。

10. [德]拉德布鲁赫:《法学导论》,米健、朱林译,中国大百科全书出版社1997年版。

11. [美]理查德·A. 波斯纳:《法律的经济分析》(上),蒋兆康译,中国大百科全书出版社1997年版。

12. [日]山口厚:《从新判例看刑法》,付立庆、刘隽译,中国人民大学出版社2009年版。

13. [美]魏德安:《双重悖论——腐败如何影响中国的经济增长》,蒋宗强译,中信出版社2013年版。

14. [日]西田典之:《日本刑法各论》(第3版),刘明祥、王昭武译,中国人民大学出版社2007年版。

15. [美]约翰·杜威:《经验与自然》,傅统先译,江苏教育出版社2005年版。

三、期刊、报刊文章

1. 蔡长春:《宽严相济"简"程序不"减"权利》,载《法制日报》2016年9月5日。

2. 车浩:《行贿罪之"谋取不正当利益"的法理内涵》,载《法学研究》2017年第2期。

3. 陈国庆、韩耀元等:《关于办理渎职刑事案件适用法律若干问题的解释(一)理解与适用》,载《人民检察》2013年第5期。

4. 陈国庆:《我看刑事司法中"唯数额"倾向》,载《光明日报》2001年1月2日。

5. 陈荣飞、肖敏:《关于犯罪人人格态度对定罪量刑的影响问题》,载《理论探索》2009年第3期。

6. 陈兴良:《〈关于办理贪污贿赂刑事案件适用法律若干问题的解释〉总置评》,载《浙江社会科学》2016年第8期。

7. 陈兴良、莫开勤:《论量刑情节》,载《法律科学》1995年第2期。

8. 陈兴良:《禁止重复评价研究》,载《现代法学》1994年第1期。

9. 陈学勇:《谈量刑情节的适用》,载《法律适用》2007年第10期。

10. 程宝库:《唐朝反贿赂法律制度的成就与缺陷综析》,载《广州大学学报》(社会科学版)2007 年第 12 期。

11. 储槐植、张永红:《善待社会危害性观念——从我国刑法第 13 条但书说起》,载《法学研究》2002 年第 3 期。

12. 储槐植、何群:《刑法谦抑性实践理性辨析》,载《苏州大学学报》(哲学社会科学版)2016 年第 3 期。

13. 储槐植:《论教养处遇的合理性》,载《法制日报》1999 年 6 月 3 日。

14. 敦宁:《量刑情节适用的基本原则》,载《河北大学学报》(哲学社会科学版)2012 年第 6 期。

15. 樊文:《罪刑法定与社会危害性的冲突——兼析新刑法第 13 条关于犯罪的概念》,载《法律科学》1998 年第 1 期。

16. 房慧颖、李舒俊:《反腐败视野中贪污受贿犯罪定罪量刑模式的问题与出路——基于〈刑法修正案(九)〉的分析》,载《北京政法职业学院学报》2016 年第 1 期。

17. 房金玲:《资格刑改革论要——以适用于我国公民犯罪的资格刑为中心》,载《北京政法职业学院学报》2009 年第 2 期。

18. 付凤鸣、张文生:《浅析美国联邦贿赂罪》,载《当代经理人》2005 年第 13 期。

19. 傅义、周林:《死缓制度的法理探疑》,载《当代法学》2002 年第 1 期。

20. 高铭暄、曹波:《中英受贿犯罪立法比较研究》,载《法学杂志》2016 年第 8 期。

21. 高铭暄、张慧:《论受贿犯罪的几个问题》,载《法学论坛》2015 年第 1 期。

22. 高铭暄、王秀梅:《死刑替代利弊分析》,载《江苏行政学院学报》2008 年第 1 期。

23. 高铭暄:《略论中国刑法中的死刑替代措施》,见《河北法学》2008 年第 2 期。

24. 公培华:《中外罚金刑比较》,载《东岳论丛》1996 年第 5 期。

25. 郭世杰:《犯罪概念二元论之提倡——基于比较法的视角》,载《河南司法警官职业学院学报》2011 年第 1 期。

26. 韩劲松:《论起刑点》,载《学术交流》2012 年第 8 期。

27. 何承斌:《受贿罪客体比较研究》,载《西南政法大学学报》2004年第5期。

28. 何家弘:《中国腐败犯罪的原因分析》,载《法学评论》2015年第1期。

29. 何显兵:《论没收财产刑的改革与完善》,载《中国刑事法杂志》2011年第1期。

30. 胡云腾:《谈〈刑法修正案(九)〉的理论与实践创新》,载《中国审判》2015年第20期。

31. 胡元强:《渎职犯罪中"非物质性损失后果"的研究》,载《犯罪研究》2013年第3期。

32. 胡亚龙:《量刑规范化改革之基准刑研究》,载《长江论坛》2016年第2期。

33. 黄京平:《终身监禁的法律定位与司法适用》,载《北京联合大学学报》(人文社会科学版)2015年第4期。

34. 黄太云:《〈刑法修正案(九)〉对贪污贿赂犯罪的立法完善》,载《刑事审判参考》(总第106集),法律出版社2017年版。

35. 黄祥青:《论抢劫罪情节加重犯的认定思路与方法》,载《政治与法律》2005年第6期。

36. 黄铁文:《浅谈新时期受贿罪客体的新探讨》,载《法制与经济》2012年第12期。

37. 黄子耘:《受贿罪刑罚的缺陷问题研究》,载《法制与社会》2013年第7期。

38. 蒋香兰:《论受贿罪选择客体及其对定罪量刑的影响》,载《行政与法》(吉林省行政学院学报)2005年第7期。

39. 李永升、胡冬阳:《渎职罪中徇私舞弊情节的重复评价问题研究——兼论尽量充分评价原则之提倡》,载《时代法学》2017年第1期。

40. 李邦友、黄悦:《受贿罪法益新论》,载《武汉理工大学学报》(社会科学版)2013年第2期。

41. 李芳芳:《威慑理论视角下贪贿犯罪罚金刑的配置及其实践——基于〈关于办理贪污贿赂刑事案件适用法律若干问题的解释〉十九条的思考》,载《学习论坛》2017年第7期。

42. 李海滢、麻锐:《腐败犯罪控制视野下的资格刑研究》,载《法学杂志》2009 年第 7 期。

43. 李洁:《日本受贿罪立法及对我国的借鉴价值》,载《北方法学》2007 年第 1 期。

44. 李洁:《法定最高刑与最低刑之设定研究》,载《河南省政法管理干部学院学报》2008 年第 3 期。

45. 李洁:《论中国罚金刑的改革方向》,载《吉林大学社会科学学报》1997 年第 1 期。

46. 李居全:《也论我国刑法中犯罪概念的定量因素——与储槐植教授和汪永乐博士商榷》,载《法律科学》2001 年第 1 期。

47. 李隽:《关于量刑情节的法律适用问题——兼析两起受贿案件》,载《法律适用》2000 年第 6 期。

48. 李荣:《试论我国资格刑的缺陷与完善》,载《河北法学》2007 年第 7 期。

49. 李希慧、刘期湘:《论量刑情节的法理基础》,载《甘肃政法学院学报》2006 年第 11 期。

50. 李元玉:《受贿罪"唯数额论"的探究与反思——以刑法修正案(九)(草案)为视角》,载《公民与法》2014 年第 10 期。

51. 黎宏、江伟:《财产刑的执行现状和对策建言》,载《云南大学学报》(法学版)2006 年第 5 期。

52. 黎其武、徐玮:《量刑情节适用的若干问题研究》,载《中国刑事法杂志》2005 年第 3 期。

53. 栗旸:《犯罪定量因素定位实例分析》,载《中国刑事法杂志》2015 年第 6 期。

54. 梁根林:《受贿罪法网的漏洞及其补救——兼论刑法的适用解释》,载《中国法学》2001 年第 6 期。

55. 林维:《论量刑情节的适用和基准刑的确定》,载《法学家》2010 年第 2 期。

56. 林维:《贪污受贿犯罪如何适用死刑》,载《刑事审判参考》(总第 106 集),法律出版社 2017 年版。

57. 林亚刚、周娅:《罚金易科制度探析》,载《法制与社会发展》2002 年第 1 期。

58. 刘海军、符维:《论罚金刑的适用——罚金刑适用率低之原因与对策》，载《甘肃政法成人教育学院学报》2003 年第 2 期。

59. 刘雷：《香港刑法中的受贿犯罪》，载《传承》2009 年第 3 期。

60. 刘莎莎：《浅谈中国古代廉政法律制度》，载《法制与社会》2009 年第 5 期（上）。

61. 刘守芬、王洪波、姜涛、陈新旺：《对中国古代廉政法律制度的历史考察》，载《北京大学学报》（哲学社会科学版）2003 年第 3 期。

62. 刘守芬、许道敏：《制度反腐败论》，载《北京大学学报》（哲学社会科学版）2000 年第 1 期。

63. 刘松山：《宪法文本中的公民"政治权利"——兼论刑法中的"剥夺政治权利"》，载《华东政法学院学报》2006 年第 2 期。

64. 刘为波：《贪污贿赂罪刑罚体系的修正与适用》，载《中国审判》2015 年第 20 期。

65. 刘晓莉：《降低入罪门槛的当代价值探究——以〈刑法修正案（八）〉对生产销售假药罪的修正为视角》，载《政治与法律》2011 年第 1 期。

66. 卢勤忠：《我国受贿罪刑罚的立法完善》，载《国家检察官学院学报》2008 年第 3 期。

67. 卢志坚、张剑轩：《张家港反贪这样"上台阶"》，载《检察日报》2011 年 4 月 20 日。

68. 卢建平、孙本雄：《我国受贿罪定罪量刑标准之重构》，载《中国人民公安大学学报》（社会科学版）2016 年第 3 期。

69. 卢建平、朱贺：《酌定量刑情节法定化的路径选择及评析——以我国〈刑法〉第 383 条第 3 款为例》，载《政治与法律》2016 年第 3 期。

70. 卢建平：《宽严相济与刑法修正》，载《清华法学》2017 年第 1 期。

71. 陆怡澄：《论我国贿赂犯罪的立法完善——以新加坡刑事法律比较研究为视角》，载《广西政法管理干部学院学报》2016 年第 2 期。

72. 骆群：《受贿罪刑罚配置发展中的立法思辨》，载《社会科学辑刊》2016 年第 4 期。

73. 吕天奇、何显兵：《论剥夺政治权利刑内容的改革》，载《社会科学研究》2006 年第 3 期。

74. 苗有水：《关于办理渎职刑事案件适用法律问题的解释（一）的

理解与适用》,载《人民司法》2014 年第 7 期。

75. 莫晓宇:《非数额情节在受贿案件中定罪量刑的功能分析——〈关于办理贪污贿赂刑事案件适用法律若干问题的解释〉第 1 ~ 3 条评析》,载《浙江社会科学》2016 年第 8 期。

76. 牛猛:《论受贿罪的法益》,载《福建公安高等专科学校学报》2007 年第 2 期。

77. 裴显鼎、苗有水等:《〈关于办理贪污贿赂刑事案件适用法律若干问题的解释〉的理解与适用》,载《刑事审判参考》(总第 106 集),法律出版社 2017 年版。

78. 钱小平:《贿赂犯罪情节与数额配置关系矫正之辨析》,载《法学》2016 年第 11 期。

79. 渠帆:《逆向情节并存时如何把握量刑的一般原则》,载《刑事审判参考》(总第 98 集),法律出版社 2014 年版。

80. 曲新久:《没收财产,一种应当废除的刑罚》,载《检察日报》2000 年 3 月 16 日。

81. 阮齐林:《论财产刑的正当理由及其立法完善》,载《中国法学》1997 年第 1 期。

82. 阮齐林:《依法从严惩处贪污贿赂犯罪——解读〈关于办理贪污贿赂刑事案件适用法律若干问题的解释〉》,载《刑事审判参考》(总第 106 集),法律出版社 2017 年版。

83. 戎明昌:《贪污贿赂犯罪起刑点该不该调高》,载《法制与经济》2009 年第 12 期。

84. 谢望原、游涛:《我国刑罚制度的主要缺陷与变革》,载《政治与法律》2010 年第 10 期。

85. 单民:《贪污受贿犯罪的刑罚设置改革》,载《人民检察》2015 年第 18 期。

86. 时延安:《论没收财产刑的废除》,载《南都学坛》(人文社会科学学报)2017 年第 3 期。

87. 孙超然:《论贪污罪、受贿罪中的"情节"——以高官贪腐案中裁判考量因素的实证分析为切入点》,载《政治与法律》2015 年第 10 期。

88. 孙道萃:《论"零容忍"反腐作为具体刑事政策及其展开》,载《河南师范大学学报》2015 年第 5 期。

89. 孙国祥:《腐败定罪“零容忍”之审思》,载《江海学刊》2013 年第 4 期。

90. 孙国祥:《受贿罪量刑中的宽严失据问题——基于 2010 年省部级高官受贿案件的研析》,载《法学》2011 年第 8 期。

91. 孙国祥:《贪污贿赂犯罪刑法修正的得与失》,载《东南大学学报》(哲学社会科学版)2016 年第 3 期。

92. 孙浩文:《浅析“终身监禁”入刑之合理性——以刑法目的论为展开》,载《中州大学学报》2016 年第 2 期。

93. 孙钰涵:《重典治吏,奈何朝杀而暮犯——浅析朱元璋吏治失败的制度根源及当今借鉴意义》,载《今日南国》2009 年第 7 期。

94. 万春、缐杰等:《办理贪污贿赂案件法律适用标准》,载《检察日报》2016 年 5 月 23 日。

95. 王春福:《受贿罪法益之展开》,载《人民检察》2009 年第 21 期。

96. 王刚:《我国贪污受贿犯罪依情节定罪量刑之数额问题研究——以两高贪污贿赂司法解释为考察中心》,载《浙江万里学院学报》2016 年第 6 期。

97. 王刚:《我国受贿罪处罚标准立法评析》,载《环球法律评论》2016 年第 1 期。

98. 王刚、娄霞等:《我国贪污受贿犯罪量刑情节适用状况研究》,载《太原师范学院学报》(社会科学版)2016 年第 2 期。

99. 王刚:《论基准刑及其裁量方法——以〈最高人民法院关于常见犯罪的量刑指导意见〉为参照》,载《学术交流》2017 年第 2 期。

100. 王继文、孙佰明:《浅析受贿罪量刑标准》,载《法学研究》2011 年第 7 期。

101. 王利荣:《案外情节与人身危险性》,载《现代法学》2006 年第 4 期。

102. 王林林:《贪污、受贿犯罪后情节适用的规范化研究——基于 200 例贪污、受贿判决文本的实证分析》,载《法律适用》2016 年第 9 期。

103. 王秀梅:《论贿赂犯罪的破窗理论与零容忍惩治对策》,载《法学评论》2009 年第 4 期。

104. 王志祥:《死刑替代措施——一个需要警惕的刑法概念》,载《中国法学》2015 年第 1 期。

105. 王祖书:《论刑事司法解释的粗疏性及其克服——以涉税犯罪形式司法解释为中心》,载《辽宁警专学报》2010 年第 1 期。

106. 魏东:《当下中国反腐政策的考量诠释》,载《法治研究》2013 年第 9 期。

107. 武功:《日本的贿赂犯罪及其预防》,载《中国刑事法杂志》1999 年第 2 期。

108. 武晓雯:《再议死刑之存废与替代——以欧美等国废止死刑的历史实践为切入》,载《河北法学》2016 年第 11 期。

109. 项谷、耿建:《受贿罪定罪量刑标准的立法完善——对〈刑法修正案(九)〉修订受贿罪的解读及适用》,载《上海政法学院学报》(法治论丛)2015 年第 6 期。

110. 邢立娟:《罚金刑相关替代制度分析及我国罚金刑的完善》,载《法制博览》2016 年第 2 期。

111. 熊谋林:《我国罚金刑司法再认识——基于跨国比较的追踪研究(1945—2011)》,载《清华法学》2013 年第 5 期。

112. 徐龙、褚文丽:《我国贪污、受贿罪定罪量刑的立法变迁及设想——以〈刑法修正案(九)(草案)〉为契机》,载《法制与社会》2015 年第 8 期(上)。

113. 杨雪:《对初犯偶犯的理解与法律评判》,载《检察日报》2011 年 7 月 8 日。

114. 杨勇:《死缓本质新探——从死缓规定本身的法理逻辑矛盾谈起》,载《中北大学学报》2005 年第 1 期。

115. 雍自元:《从相对剥夺到理性选择:贪污贿赂犯罪原因解析》,载《犯罪研究》2013 年第 2 期。

116. 游伟:《调整贪污贿赂罪标准怎可轻言》,载《检察风云》2009 年第 23 期。

117. 于阳:《我国刑罚体系之适应性调整研究》,载《东方法学》2016 年第 1 期。

118. 于志刚:《贪污贿赂犯罪定罪数额的现实化思考》,载《人民检察》2011 年第 12 期。

119. 袁彬:《我国民众死刑替代观念的实证分析》,载《刑法论丛》(第 20 卷),法律出版社 2009 年版。

120. 袁跃民:《“情理法”融汇一体的一份英国判决书》,载《人民法院报》2016 年 10 月 21 日。

121. 张明楷:《论受贿罪中的“为他人谋取利益”》,载《政法论坛》2004 年第 5 期。

122. 张明楷:《死刑的废止不需要终身刑替代》,载《中国法学》2008 年第 2 期。

123. 张蓉:《论职务犯罪刑罚体系的调整——刑事政策视角下之比较研究》,载《湖北社会科学》2008 年第 9 期。

124. 张胜英:《解读〈刑法修正案(九)〉对贪污受贿犯罪定罪量刑标准的修正——略谈贪污受贿犯罪定罪量刑》,载《中州大学学报》2016 年第 6 期。

125. 张兆松:《〈刑法修正案(九)〉(草案)对贪贿犯罪的修改述评》,载《山东警察学院学报》2015 年第 2 期。

126. 赵秉志:《贪污受贿犯罪定罪量刑标准问题研究》,载《中国法学》2015 年第 1 期。

127. 赵秉志、杨正根:《海峡两岸生命刑之比较研究》,载台湾地区《刑事法杂志》1998 年第 4 期。

128. 钟铖:《揭开终身监禁的面纱——且谈刑(九)贪贿犯罪》,载《学术前沿》2016 年第 3 期。

129. 周光权:《社会转型时期职务犯罪预防的新课题》,载《政治与法律》2007 年第 5 期。

130. 周光权:《论受贿罪的情节——基于最新司法解释的分析》,载《政治与法律》2016 年第 8 期。

四、学位论文

1. 陈炜:《量刑情节研究》,武汉大学 2005 年博士学位论文。

2. 林竹静:《受贿罪罪量要素研究》,华东政法大学 2014 年博士学位论文。

3. 穆妍:《受贿罪研究——以疑难问题为主要视角》,吉林大学 2006 年博士学位论文。

4. 肖洁:《受贿犯罪研究》,西南政法大学 2011 年博士学位论文。

5. 于雪婷:《受贿罪法定刑设置研究》,吉林大学 2011 年博士学位论文。

五、中文网站类文章

1. 陈丽平:《刑法修正案(九)的七大亮点》,载法制网:http://finance.sina.com.cn/sf/news/2015-08-31/09162718.html,最后访问日期:2017年2月23日。

2. 李适时:《关于〈中华人民共和国刑法修正案(九)(草案)〉的说明》,载中国人大网:http://www.npc.gov.cn/npc/lfzt/rlys/2014-11/03/content_1885123.htm,最后访问日期:2017年3月23日。

3.《建议尽快出台贪污受贿犯罪量刑标准过渡措施》,载http://shtzb.eastday.com/node2124/node2143/node2194/u1ai1846405.html,最后访问日期:2016年5月1日。

4. 赵秉志:《略谈最新司法解释中贪污受贿犯罪的定罪量刑标准》,载新华网:http://news.xinhuanet.com/legal/2016-04/18/c_128906410.htm,最后访问日期:2016年5月13日。

5.《纽约警方"零容忍"见效》,载http://www.nmg.xinhuanet.com/nmgwq/2006-12/18/content_8816890.htmhttp://www.nmg.xinhuanet.com/nmgwq/2006-12/18/content_8816890.htm,最后访问日期:2017年4月20日。

6.《最高法:承诺不判处死刑是缉捕赖昌星的必要条件》,载http://news.xinhuanet.com/legal/2007-03/13/content_5841673.htm,最后访问日期:2016年7月23日。

7.《中国修改刑法:对重特大贪污受贿罪犯可采取终身监禁》,载中国新闻网:http://www.chinanews.com/gn/2015/08-29/7496315.shtml,最后访问日期:2016年7月23日。

8. 透明国际发布的数据,载http://www.transparency.org,最后访问日期:2017年2月22日。

9. 廖燃:《腐败与政治制度、经济发展水平无关》,载http://www.guancha.cn/LiaoRan/2013_04_11_137865.shtml,最后访问日期:2016年9月12日。

10. 张居正:《请稽查奏章随事考成以修实政疏》,载中国教育出版网:《写作名句词典》,http://chengyu.zzstep.com/mingju_content.php?

classid = 788&contentid = 16432,最后访问日期:2017 年 2 月 23 日。

六、案例来源网站

中国裁判文书网:http://wenshu. court. gov. cn/,最后访问日期:2017 年 5 月 20 日。

后　记

本书是在我的博士论文的基础上修订而成。论文的写作，构思于工作生活间隙，行文在夜半凌晨之时，阅卷千宗，书稿百卷，字字推敲，句句斟酌，前后历时两年，最终付梓，成此簿册。写作的过程虽然艰辛，但于我，却甘之如饴。一则，写作中梳理总结了我在职务犯罪案件审判中的所思所想，是对我法官生涯一份沉甸甸的回顾；二则，写作中尝试运用了在香港城市大学习得的研究方法，换位思考，促使理论研究能力得到了质的提升，收获满满。

回想起来，临近不惑之年攻读博士学位，面临工作生活学习多重压力，所幸最终坚持了下来。这几年的学习，我汲取了知识的养分，领略了外法域的司法理念与实践，收获了师生同学情谊，点点滴滴，都是我人生中永不褪色的珍贵记忆。

本书能够顺利完成并出版，得益于众人的帮助与支持。

感谢恩师顾敏康教授对论文的悉心指导，大到把握研究方向、指引研究思路，小到修改文字表述，数度往返的文稿中都倾注着老师的心血。恩师严谨的治学态度和勤勉的为师之道，使学生受益匪浅，获益终身。

感谢我的同窗、朋友们，他们毫无保留地与我分享心得，在我写作陷于瓶颈时启发我的思路，在我懒怠时给予督促、迷惘时给予鼓励，感谢他们的鼎力相助。

最后，更要感谢我的家人。他们的理解与体谅，体贴和付出,尤为温暖的是稚子无时不在的贴心与懂事,这些都是我夜以继日,伏案疾书的最大动力源泉。

昼耕夜颂,成文成册,是,以记之。

韩晋萍

2018 年 9 月于北京

图书在版编目(CIP)数据

受贿罪刑罚制度研究 / 韩晋萍著. -- 北京 : 法律出版社, 2019
ISBN 978-7-5197-3049-9

Ⅰ. ①受… Ⅱ. ①韩… Ⅲ. ①受贿罪—刑罚—研究—中国 Ⅳ. ①D924.392.4

中国版本图书馆 CIP 数据核字(2019)第 018919 号

受贿罪刑罚制度研究
SHOUHUIZUI XINGFA ZHIDU YANJIU

韩晋萍 著

责任编辑 孙东育 王 珊
营销编辑 张心萌
装帧设计 李 瞻

出版 法律出版社
总发行 中国法律图书有限公司
经销 新华书店
印刷 永清县金鑫印刷有限公司
责任校对 杨锦华
责任印制 陶 松

编辑统筹 学术·对外出版分社
开本 710 毫米×1000 毫米 1/16
印张 17.5
字数 273 千
版本 2019 年 6 月第 1 版
印次 2019 年 6 月第 1 次印刷

法律出版社/北京市丰台区莲花池西里 7 号(100073)
网址/www.lawpress.com.cn
投稿邮箱/info@lawpress.com.cn
举报维权邮箱/jbwq@lawpress.com.cn
销售热线/010-83938336
咨询电话/010-63939796

中国法律图书有限公司/北京市丰台区莲花池西里 7 号(100073)
全国各地中法图分、子公司销售电话:
统一销售客服/400-660-6393
第一法律书店/010-83938334/8335
西安分公司/029-85330678
重庆分公司/023-67453036
上海分公司/021-62071639/1636
深圳分公司/0755-83072995

书号:ISBN 978-7-5197-3049-9
定价:69.00 元
(如有缺页或倒装,中国法律图书有限公司负责退换)